LA CORTE DE FELIPE VI

Daniel Forcada y Alberto Lardiés

LA CORTE DE FELIPE VI

Amigos, enemigos y validos:
las claves de la nueva monarquía

la esfera de los libros

Primera edición: octubre de 2015

Avenida de Alfonso XIII, 1, bajos
28002 Madrid
Tel.: 91 296 02 00 • Fax: 91 296 02 06
www.esferalibros.com

Fotografías de interior: Getty Images, Agencia EFE, GTRES, Casa Real, Ramsés Collado/Xanas, José Pérez Gegundez y archivo de los autores

ISBN: 978-84-9060-449-6
Depósito legal: M. 20.783-2015
Fotocomposición: Creative XML, S. L.
Impresión: Cofás
Encuadernación: De Diego
Impreso en España-*Printed in Spain*

ÍNDICE

A Charo, Gonzalo, Eduardo y Ana, por su permanente apoyo y cariño.
DANIEL FORCADA

A Mai, por su alegría y paciencia infinitas.
ALBERTO LARDIÉS

AGRADECIMIENTOS

Explorar los círculos concéntricos que se despliegan alrededor de la nueva corte de Felipe VI no ha resultado tarea sencilla. La monarquía sigue siendo una esfera un tanto opaca e inaccesible en muchos recovecos. Y mientras, los que mejor la conocen suelen ser, en la mayor parte de las ocasiones, fuentes «secas» que, amparándose en no traicionar sus lealtades, se niegan a aportar información que ayude a entender los cambios que se han sucedido a lo largo de los últimos años en la más alta magistratura del Estado. Un erróneo concepto de lealtad que contribuye a seguir levantando muros en torno a la corona y que, a su vez, alienta todo tipo de cábalas, rumores y maledicencias en torno a estos personajes de carne y hueso. Queda una larga hoja de ruta hacia la transparencia que reclama la sociedad en su conjunto a todos sus representantes.

Hecha esta aclaración, mención especial merecen todas aquellas personas que, pese a todo, han compartido su tiempo, su información y sus impresiones con los autores. Entre ellos, destaca en especial Javier Ayuso, último responsable de comunicación de la era Juan Carlos, que nos ayudó a desentrañar los entresijos de la abdicación del rey. Información que luego completaron personajes como el presidente del Congreso, Jesús Posada, el subsecretario de Estado de la Presidencia, Jaime Pérez Renovales, o el entonces líder de la oposición, Alfredo Pérez Rubalcaba.

Muchos de los interlocutores que han ayudado a escribir estas páginas —extrabajadores de La Zarzuela y amigos cercanos a Felipe VI, especialmente— han pedido estrictamente su confidencialidad. A ellos, en genérico, se extiende este agradecimiento, junto al que enviamos a otros nombres como Fernando Almansa, exjefe de la Casa. Una referencia especial merece el periodista Eduardo Verbo, gran especialista en la nobleza y la monarquía españolas, cuya ayuda ha sido impagable a la hora de sumergirnos en un mundo tan ajeno al nuestro. Igualmente, nos han ayudado desde diferentes perspectivas otros compañeros de profesión como Pedro J. Ramírez, Luis María Anson, Eduardo Inda, Esteban Urreiztieta, Pepe Oneto, Carlos Hugo Arriazu, Almudena Martínez-Fornés, Ana Romero, Joaquín Vidal, Jaime Peñafiel, Pilar Urbano, Carmen Rigalt, Paloma Barrientos, María Eugenia Yagüe, Ana S. Juárez y Paloma Esteban. Palabras de gratitud que se extienden también al diplomático Inocencio Arias y al embajador de Colombia en España, Fernando Carrillo Flórez; al almirante Jaime Rodríguez-Toubes, patrón de todos los barcos de la Armada en los que ha navegado don Felipe y amigo personal del monarca; al marqués de la Floresta, Alfonso de Ceballos-Escalera, y a los empresarios Aldo Olcese y Arturo Fernández.

El sustituto de Ayuso en La Zarzuela, Jordi Gutiérrez, aunque más encorsetado por las obligaciones de su cargo, también nos dedicó parte de su tiempo. Nos quedamos con las ganas, eso sí, de haber podido conocer personalmente al propio jefe de la Casa, Jaime Alfonsín, cuya prudencia todo el mundo alaba, y a los propios protagonistas centrales de este libro. Asunto que queda pendiente para futuras y nuevas incursiones editoriales dentro de esta familia tan impermeable como fuera de lo común.

1

Un cambio de rey en diecisiete días

A las ocho y media de la mañana del 2 de junio de 2014 los gestos son de enorme sorpresa entre los ocho componentes del equipo de Radiotelevisión Española (RTVE) dedicado a las instituciones del Estado. Este grupo de empleados públicos capitaneado por María José Dupré se dirige a la sede del Centro Nacional de Inteligencia (CNI), ubicada a las afueras de Madrid, en la carretera de La Coruña, no muy lejos del Palacio de La Moncloa. Los informadores han sido requeridos para grabar un mensaje de la vicepresidenta del Gobierno, Soraya Sáenz de Santamaría. Se trata de un encargo extraño, sin precedentes, asombroso.

Al llegar a la sede de la casa de los espías, les están esperando el entonces presidente de RTVE, Leopoldo González-Echenique, y el director del CNI, Félix Sanz Roldán. Entran en el recinto y, como es habitual allí, las autoridades les requisan sus teléfonos móviles por motivos de seguridad. Cuando piensan que van a adentrarse todavía más en las instalaciones, les conducen hasta un minibús. Una vez dentro del vehículo, se sorprenden más, si cabe, al ver que se marchan y se dirigen hacia otro lugar. Empiezan a hacer preguntas, pero no encuentran las respuestas. No saben ni tienen motivos para imaginar que se encaminan hacia el Palacio de La Zarzuela.

El ejecutivo y la Casa del Rey habían preparado esa suerte de *gymkana* para evitar cualquier fuga de información. En concreto, la decisión se tomó en una reunión en la que estaban presentes el jefe de la Casa, Rafael Spottorno, la propia Soraya y el subsecretario de Presidencia, Jaime Pérez Renovales. La idea surgió de la número dos del gobierno. Uno de los presentes en el encuentro confirma a los autores que se barajaron distintas posibilidades: «Sabíamos que no se podía decir que se iba a Zarzuela. Otra posibilidad era señalar que se iba a Presidencia del Gobierno y la gente pensaría, como de hecho pensaron, que se iba a anunciar una crisis de gobierno. Tenía que ser un sitio en el que se pudieran controlar las posibles filtraciones. Y así surgió la posibilidad del CNI, que fue idea de Soraya. Además, aprovechando que el centro depende de Vicepresidencia, parecía bastante natural que se dijese que ella tenía que hacer una grabación relacionada con ese tema».

Cuando llegan a su inesperado destino, los trabajadores de RTVE ya han empezado a ser conscientes de que van a grabar un mensaje de calado más importante del que creían. Es evidente que les han puesto un señuelo para quitarles sus teléfonos. Ya en palacio, Dupré se dirige a los responsables de comunicación de la Casa del Rey.

—¿Qué está pasando? ¿Qué hacemos aquí?

—Nada, solo es que este año vamos a grabar el mensaje de Navidad seis meses antes.

Tras las risas preceptivas, los empleados de Zarzuela piden un poco de calma al equipo de grabación. En paralelo, muy cerca de allí, el presidente del Gobierno, Mariano Rajoy, está reunido con Juan Carlos I para la firma de la abdicación. Y tras la rúbrica se dirige a La Moncloa. El plan conjunto es que el mensaje del monarca no se grabará hasta que Rajoy cuente a los españoles la decisión del rey. Una vez que el jefe del Ejecutivo se dirige a los micrófonos, Javier Ayuso, responsable de prensa de la Casa, entrega a Dupré un *pendrive* donde está el texto que va a ser leído. La periodista conecta el pincho al ordenador para que las palabras aparezcan en el *teleprompter* y el monarca pueda leerlas mirando a la cámara. Al ver el contenido, ella y sus compañeros se quedan definitivamente atónitos. Aunque quisieran, no pueden avisar a nadie, porque carecen de teléfonos. El plan ha sido un éxito.

Aún ajenos a la grabación de este mensaje, los españoles solo saben que Moncloa ha anunciado una comparecencia extraordinaria de Rajoy a las diez y media de la mañana de ese lunes. Además de los implicados en la operación secreta del gobierno y la corona, solo algunos pocos periodistas muy bien informados saben qué va a decir el presidente. Los ciudadanos verán por la tele una noticia histórica: Juan Carlos I ha decidido abdicar y ceder el testigo a su hijo.

El anuncio de Rajoy

Con su flema y frialdad habituales, Mariano Rajoy se dirige al micrófono instalado en el Salón de Tapices del Palacio de La Moncloa. Y empieza a hablar. «Su Majestad el rey don Juan Carlos acaba de comunicarme su voluntad de renunciar al trono y abrir el proceso sucesorio. Los motivos que han llevado al rey a tomar esta decisión es algo que Su Majestad desea comunicar oficialmente a todos los españoles a lo largo de esta misma mañana». Ya es pública la renuncia del monarca. Se abre un nuevo periodo en la historia de España. «Quiero decirles que he encontrado al rey convencido de que este es el mejor momento para que pueda producirse con toda normalidad el cambio en la Jefatura del Estado y la transmisión de la corona al príncipe de Asturias».

Además, anuncia que va a convocar «un Consejo de Ministros extraordinario para este martes, con el objetivo de cumplir las previsiones constitucionales en esta materia». Aunque adelanta, eso sí, que por tratarse de una abdicación «será necesario aprobar una ley orgánica, tal y como señala el artículo 57.5 de nuestra Constitución». «Yo espero que en un plazo muy breve las Cortes Españolas puedan proceder a la proclamación como rey de España del que hoy es príncipe de Asturias». El jefe del Ejecutivo no se limita a anunciar el cambio, sino que aporta su propia valoración, por supuesto edulcorada, sobre el reinado que ahora termina.

«Fue el principal impulsor de la democracia tan pronto como accedió al trono que ahora abandona. Supo ser su baluarte cuando la vio amenazada. Ha sido el mejor portavoz y la mejor imagen del Reino de España por todos los rincones del mundo y un defensor infatigable de nuestros intereses en todo aquello que pudiera contribuir a mejorar el bienestar de los españoles. Renuncia al trono una figura histórica, tan estrechamente vinculada a la democracia española que no se puede entender la una sin la otra. A todos nos deja una impagable deuda de gratitud».

La operación para el cambio en el trono está cocinada de antemano y al milímetro por la corona y el gobierno. Y en el plan maquinado en secreto durante meses, lógicamente, se incluye la sucesión sin género de dudas. Por ello, Rajoy loa al nuevo rey, aunque aún no ocupe el trono. «Quiero expresar también nuestra más firme confianza en quien está constitucionalmente llamado a sucederle en su magistratura, el príncipe de Asturias. Su preparación, su carácter y la amplia experiencia en los asuntos públicos que ha ido adquiriendo a lo largo de estos últimos veinte años constituyen una sólida garantía de que su desempeño como jefe de Estado estará a la altura de las expectativas más exigentes».

«Por último, quiero transmitirles a todos que este proceso se va a desarrollar con plena normalidad, en un contexto de estabilidad institucional y como una expresión más de la madurez de nuestra democracia». Es decir, el presidente del Gobierno pronostica y pide al mismo tiempo tranquilidad, calma y buenos alimentos para el trascendental cambio en la Jefatura del Estado. Los ciudadanos serán solo testigos, y no protagonistas, de la sucesión borbónica planeada por los mandamases del poder.

La despedida del rey

Un par de horas después, a eso de la una del mediodía, con algunos minutos de retraso, por fin Juan Carlos I aparece en pantalla frente a los ciudadanos en todas las cadenas de televisión. Es la última vez que el monarca hablará así, cara a cara, a sus súbditos, a través de un mensaje recién grabado. El rey está sentado en su despacho, flanqueado por las enseñas nacional y europea, a su derecha, y por fotografías junto a su hijo y heredero, Felipe, y junto a su padre, el conde de Barcelona. Es una imagen cuidada hasta el detalle para simbolizar la continuidad en la corona de la dinastía de los Borbones.

«Me acerco a todos vosotros esta mañana a través de este mensaje para transmitiros, con singular emoción, una importante decisión y las razones que me mueven a tomarla». Justamente eso, el conjunto de razones, es lo que esperan escuchar quienes siguen en directo la emisión.

En línea con lo dicho por Rajoy y con el relato oficial que se impone sobre su propia figura, destaca su papel en la llegada de la democracia. «En mi proclamación como rey, hace ya cerca de cuatro décadas, asumí el firme compromiso de servir a los intereses generales de España, con el afán de que llegaran a ser los ciudadanos los protagonistas de su propio destino y nuestra nación una democracia moderna, plenamente integrada en Europa. Me propuse encabezar entonces la ilusionante tarea nacional que permitió a los ciudadanos elegir a sus legítimos representantes y llevar a cabo esa gran y positiva transformación de España que tanto necesitábamos».

El monarca, no tan emocionado como podría esperarse en un trance de semejante magnitud, expone su particular balance de sus años en el trono. «Hoy, cuando vuelvo atrás la mirada, no puedo sino sentir orgullo y gratitud hacia vosotros. Orgullo, por lo mucho y bueno que entre todos hemos conseguido en estos años. Y gratitud, por el apoyo que me habéis dado para hacer de mi reinado, iniciado en plena juventud y en momentos de grandes incertidumbres y dificultades, un largo periodo de paz, libertad, estabilidad y progreso».

No podía faltar el recuerdo de su progenitor, Juan de Borbón, hijo y padre de reyes, hombre que tuvo que pasar por el trago de que el dictador Francisco Franco, enemistado con él, decidiera restituir la monarquía y elegir como sucesor en la Jefatura del Estado precisamente a su propio hijo. «Fiel al anhelo político de mi padre, el conde de Barcelona, de quien heredé el legado histórico de la monarquía española, he querido ser rey de todos los españoles. Me he sentido identificado y comprometido con vuestras aspiraciones, he gozado con vuestros éxitos y he sufrido cuando el dolor o la frustración os han embargado».

Una nueva generación

La tesis principal que esgrime tiene que ver con la crisis y con el necesario cambio generacional. «La larga y profunda crisis económica que padecemos ha dejado serias cicatrices en el tejido social, pero también nos está señalando un camino de futuro cargado de esperanza. Estos difíciles años nos han permitido hacer un balance autocrítico de nuestros errores y de nuestras limitaciones como sociedad. Y, como contrapeso, también han reavivado la conciencia orgullosa de lo que hemos sabido y sabemos hacer y de lo que hemos sido y somos: una gran nación. Todo ello ha despertado en nosotros un impulso de renovación, de superación, de corregir errores y abrir camino a un futuro decididamente mejor. En la forja de ese futuro, una nueva generación reclama con justa causa el papel protagonista, el mismo que correspondió en una coyuntura crucial de nuestra historia a la generación a la que yo pertenezco. Hoy merece pasar a la primera línea una generación más joven, con nuevas energías, decidida a emprender con determinación las transformaciones y reformas que la coyuntura actual está demandando y a afrontar con renovada intensidad y dedicación los desafíos del mañana».

Como no podía ser de otra manera en un discurso como este, se refiere a su sucesor en el trono: «Mi hijo Felipe, heredero de la corona, encarna la estabilidad, que es seña de identidad de la institución monárquica. Cuando el pasado enero cumplí setenta y seis años consideré llegado el momento de preparar en unos meses el relevo para dejar paso a quien se encuentra en inmejorables condiciones de asegurar esa estabilidad. El príncipe de Asturias tiene la madurez, la preparación y el sentido de la responsabilidad necesarios para asumir con plenas garantías la Jefatura del Estado y abrir una nueva etapa de esperanza en la que se combinen la experiencia adquirida y el impulso de una nueva generación. Contará para ello, estoy seguro, con el apoyo que siempre tendrá de la princesa Letizia. Por todo ello, guiado por el convencimiento de prestar el mejor servicio a los españoles y una vez recuperado tanto físicamente como en mi actividad institucional, he decidido poner fin a mi reinado y abdicar la corona de España, de manera que por el gobierno y las Cortes Generales se provea a la efectividad de la sucesión conforme a las previsiones constitucionales. Así acabo de comunicárselo oficialmente esta mañana al presidente del Gobierno. Deseo expresar mi gratitud al pueblo español, a todas las personas que han encarnado los poderes y las instituciones del Estado durante mi reinado y a cuantos me han ayudado con generosidad y lealtad a cumplir mis funciones. Y mi gratitud a la reina, cuya colaboración y generoso apoyo no me han faltado nunca. Guardo y guardaré siempre a España en lo más hondo de mi corazón».

Con el repentino adiós del monarca se inicia un proceso frenético que culminará con la proclamación del nuevo rey, Felipe VI, el 19 de junio. Un cambio de reinado exprés, en tan solo diecisiete días. Algunos dirán, en una versión tan edulcorada como exagerada, que son los días en que se salvó la monarquía, como si graves peligros acechasen a la institución, cuando en realidad cada detalle estaba previamente maquinado y, de hecho, todo funcionó casi a la perfección. Es, en puridad, la esperada pero anticipada sustitución en el trono. Justo cuando los ciudadanos andaban ya relajados, acaso desprevenidos, pensando en sus vacaciones de verano.

El primer paso relevante en el proceso se da al día siguiente, martes 3 de junio, con un Consejo de Ministros extraordinario. Un cónclave que toma conocimiento del escrito de abdicación aprueba el proyecto de ley orgánica por la que se hace efectiva la renuncia de Juan Carlos y lo remite a las Cortes Generales. El gobierno aprueba además una declaración institucional por la abdicación del rey, en la que dice que sin su «impulso y liderazgo» la Transición «no habría sido posible». Ya por la tarde, la Mesa del Congreso admite a trámite el proyecto de ley orgánica de abdicación y dispone su tramitación por el procedimiento de urgencia.

A falta de homenajes, ovaciones

En la jornada siguiente, dos días después de la noticia de su inminente llegada al trono en sustitución de su padre, el aún príncipe de Asturias aparece públicamente por primera vez desde que se ha conocido la noticia. Lo hace en la tradicional entrega del Premio Príncipe de Viana, que cada año se otorga en el Monasterio de Leyre (Navarra). En esta ocasión, el galardonado es el sacerdote Tarsicio de Azcona, aunque pocos piensan en sus méritos o milagros eclesiásticos cuando toma la palabra Felipe, que, acompañado por su esposa, va a pronunciar un discurso analizado con lupa. Solo hace dos menciones, una directa y otra indirecta, al cambio en el trono.

«Es evidente que el día de hoy tiene una significación especial —con permiso padre Tarsicio— después de que, este pasado lunes, el rey anunciara su decisión de abdicar la corona de España y poner fin a su reinado. De manera que las circunstancias llevan a que mis primeras palabras después del anuncio de Su Majestad tengan lugar en esta querida tierra navarra, uno de los solares originarios de nuestra patria española. Me permitirán, señoras y señores, que respetando el procedimiento parlamentario iniciado, les reitere mi empeño y convicción de dedicar todas mis fuerzas, con esperanza y con ilusión, a la apasionante tarea de seguir sirviendo a los españoles, a nuestra querida España; una nación, una comunidad social y política unida y diversa que hunde sus raíces en una historia milenaria. En periodos de dificultades como los que atravesamos, la experiencia de tiempos pasados plasmada en la historia nos enseña que solo uniendo nuestros afanes, anteponiendo el bien común a los intereses particulares e impulsando la iniciativa, la investigación y la creatividad de cada persona lograremos avanzar hacia escenarios mejores. Ese es el ánimo que todos —responsables institucionales, agentes sociales y económicos, entidades y ciudadanos— debemos tener para afrontar con decisión el futuro y ampliar el campo de esperanza que se abre ante nosotros».

Casi en paralelo a las palabras que su hijo pronunciaba en Viana, Juan Carlos I preside en el Palacio de El Pardo la entrega del Premio Reino de España a la Trayectoria Empresarial. El galardonado es Enrique Sendagorta Aramburu, fundador en 1956 de SENER, prestigiosa empresa de ingeniería naval. Pero también en este caso el premio es lo de menos. Las decenas de empresarios presentes tributan una cálida ovación al monarca a su entrada al acto. El ministro de Economía, Luis de Guindos, comprueba de primera mano cómo el rey se emociona al escuchar los aplausos. Al final de su discurso, con solo una pequeña referencia al fin de su reinado, la ovación se repite y crece sobremanera, con los empresarios puestos en pie y aplaudiendo durante más de dos minutos.

Esa misma tarde del miércoles 4 de junio, Juan Carlos acude a la plaza de toros de las Ventas para la tradicional Corrida de la Beneficencia. Y allí, nuevamente, se desatan los aplausos de recuerdo y tributo a su figura. La ovación nace mientras suenan los acordes del himno nacional y se acrecienta más cuando termina la música. Más de un minuto de palmas entrechocando. Después, Julián López, *El Juli*, y Alejandro Talavante, dos de los toreros de la tarde, dedican sus faenas al monarca. Estas ovaciones de los empresarios y los aficionados taurinos, unos como cortesanos y otros como plebe, serán, de hecho, lo más parecido a un homenaje de los ciudadanos que tendrá Juan Carlos I en el crepúsculo de su reinado.

Tal y como tienen previsto los hacedores de la operación secreta, los acontecimientos se suceden a gran velocidad. El jueves 5 se filtra que, con toda probabilidad, la ceremonia de proclamación del rey en el Congreso se celebrará el 19 de junio. Aunque no se hayan celebrado las preceptivas votaciones en el Congreso y el Senado, el resultado de las mismas está cantado de antemano. El viernes 6 la vicepresidenta del Gobierno, Soraya Sáenz de Santamaría, confirma en rueda de prensa que el ejecutivo regulará el aforamiento de Juan Carlos I mediante una ley orgánica que deberán aprobar las Cortes. No aclara cómo, pero dice que «lo importante» ya está preparado.

El pacto soterrado entre PP y PSOE

En las cámaras parlamentarias se debatió, en efecto, pero fue entre bastidores donde se cocinó previamente la vía legal para permitir la transición entre los dos reyes. Como casi siempre en la política española, todo dependía del acuerdo, más o menos taimado, entre el PP y el PSOE. Pacto que se entrelaza con toda la operación secreta, que se detalla en otro capítulo de este libro, para garantizar la continuidad de la corona. Un exmiembro de la Casa del Rey y conocedor de las negociaciones explica a los autores lo que ocurrió: «Para todo el proceso era importante el apoyo de PP y PSOE. Era decisivo conseguir los 300 votos del parlamento o los 299 que fueron. Es decir, era decisivo que la ley de abdicación tuviera el apoyo del 90 por ciento de los diputados. También era muy importante que Rubalcaba se sintiera cómodo y él se comprometió desde el principio a apoyar el proceso. Pero el día 25 de mayo, por las elecciones europeas, pidió a Rafael Spottorno unos días para ver qué pasaba. El día 26 anunció que lo iba a dejar, pero no dimitió. Y, según ha contado él mismo, no dimitió para dejar este tema solucionado. Rubalcaba se ha portado con un alto sentido de Estado».

Personas muy cercanas a Alfredo Pérez Rubalcaba, en ese momento líder del PSOE, explican que «no podía irse en ese momento, no podía dejar al partido sin liderazgo, porque a ver quién ordenaba esto. No era posible». Era, en todo caso, una posición difícil tras la catástrofe de su partido, en caída libre, en las elecciones europeas. «En el fondo, a él le fastidiaba, porque una vez que decides irte, lo mejor es irte cuanto antes. Esta cosa de irte pero quedarte supuso algunas críticas injustas dentro del partido y luego la incomodidad porque él estaba ahí dimitido y de cuerpo presente». Las citadas fuentes del entorno *rubalcabista* matizan que «el tema del aforamiento es un tema menor, el tema gordo es el de la abdicación, porque es lo que cuestiona el sistema y donde nuestra alma republicana sale a pasear». Y admiten que hubo resistencias internas en ambos debates.

Blindar al rey saliente, una chapuza

Peleas del PSOE aparte, quienes estaban en la operación discutieron la arquitectura legal que necesitaba el plan para llegar a buen puerto. Era necesaria una ley de abdicación, obviamente, pero también había otras cuestiones a debate. Una de las más importantes era encontrar la manera de blindar legalmente a Juan Carlos I. La Constitución de 1978 establece que la persona del rey es inviolable. Es decir, el monarca no puede ser juzgado por nada de lo que haga, aunque sea un flagrante delito. Pero con la llegada del nuevo rey, ¿qué pasaría con el anterior? ¿Acaso habría una lluvia de denuncias o reclamaciones legales contra él? ¿Lograrían su objetivo todos aquellos que siempre han pedido que se investiguen los negocios ocultos de Juan Carlos I? ¿Por fin los supuestos hijos ilegítimos del monarca podrían encontrar justicia en los tribunales?

«Surgió un debate sobre si debía incluirse el aforamiento del rey o no en la propia ley de abdicación —explica el confidente de la Casa—. Había distintas teorías. Tanto Jaime Alfonsín como Jaime Pérez Renovales,[1] sobre todo Alfonsín, tuvieron muy claro que la ley de abdicación tenía que ser mínima y no incluir nada más que la abdicación, porque se entendía que se tenía que evitar un debate largo en el Congreso. Siempre teníamos muy claro que, desde que se anunciase hasta que se produjese la proclamación del nuevo rey, había que hacerlo todo muy rápido. Al final fueron diecisiete días. Yo siempre digo que fueron los diecisiete días que salvaron la monarquía, porque se hizo todo muy bien, muy rápido. Teníamos muy claro, y eso nos convenció a todos, que la ley tenía que ser una ley de un solo artículo: el rey abdica. Luego, se pusieron algunas cositas».

La alianza entre PP y PSOE otorgó la legitimidad del 90 por ciento del Congreso al cambio de rey y, de paso, eliminó cualquier atisbo de sueño republicano. Los dos grandes partidos cumplieron lo acordado en sede parlamentaria. El bipartidismo blindó la monarquía como forma de Estado. Las protestas en las calles con la bandera tricolor fueron demasiado tímidas, casi inexistentes y poco publicitadas, de manera que no inquietaron a los defensores del statu quo. Más problemas tuvieron, eso sí, con la forma de garantizar la inviolabilidad de Juan Carlos I para el resto de sus días. Nuestro confidente explica con claridad cómo hubo que cambiar el plan inicial:

---

[1] Jaime Alfonsín es el hombre de confianza de Felipe VI. Fue el jefe de su Secretaría como príncipe y después se convirtió en jefe de la Casa. Jaime Pérez Renovales era el subsecretario de Presidencia del Gobierno.

«Como es sabido, hay dos tipos de leyes: los proyectos de ley, que los presenta el gobierno en el Congreso, y las proposiciones de ley, que las presenta algún partido al Congreso. Los proyectos de ley exigen informes del Consejo de Estado y un montón de trámites y las proposiciones de ley las puede presentar un partido y ya está. La idea inicial era un proyecto de ley de abdicación y una proposición de ley de aforamiento, que inicialmente se pensaba que la podían presentar juntos PP y PSOE. Pero se quedó en que esta cuestión se decidiría después de la proclamación».

Rubalcaba tuvo problemas serios para conseguir la unanimidad del PSOE en la votación de la ley de abdicación y transmitió al gobierno que no podía comprometerse a sacar la ley de aforamiento. «Por eso, hubo que hacer un plan B. A Soraya se le ocurrió la opción de meter el aforamiento en una ley que ya estaba en curso. Eso es algo que el propio presidente del Congreso calificó de chapucero, pero era muy importante también que esa ley saliera adelante porque había bastante gente que le tenía muchas ganas al rey».

Semanas después del proceso, cuando se garantizó el aforamiento de Juan Carlos I a través de una enmienda en la Ley Orgánica del Poder Judicial, Jesús Posada dijo públicamente que la forma había sido «un poco chapuza», al tener que tramitarse «a toda velocidad», aunque no discutió, eso sí, el fondo de la cuestión. Para la mayoría de los ciudadanos, el asunto se quedó en una menudencia jurídica contra la que nadie protestó, porque lo importante era la llegada del nuevo monarca con su propia corte. Para otros, fue, en efecto, una chapuza más del *establishment* para impedir que el rey saliente pudiera acabar en un tribunal para responder de presuntos delitos. Una suerte de pago de los prohombres del régimen al monarca por sus servicios prestados durante su reinado.

«Cuanto más simple, mejor»

Jaime Pérez Renovales es otra voz autorizada para hablar de todas estas maquinaciones previas, porque estuvo en la pomada de la operación secreta para el cambio de rey. «Una vez se llega a la conclusión de que tiene que ser una ley orgánica de abdicación, se anticipaba que se iba a suceder, como efectivamente se produjo, un debate sobre la forma de Estado. Entonces, cuanto más simple fuera la ley, mejor. Por otro lado, había gente que discutía que fuera necesaria una ley específica para la abdicación. Había autores muy respetables y con opiniones muy fundadas que decían que había que hacer una ley orgánica de la corona que regulase, entre otras cosas, el proceso a través del cual se debe producir la abdicación y que sería en aplicación de esa ley y de ese proceso como debería materializarse». Para ese proceso no había tiempo.

«Nosotros [gobierno y PSOE] llegamos a una conclusión distinta: hacía falta una ley orgánica que lo único que hiciera es dar efectividad legal y constitucional a la voluntad del monarca y decir en qué fecha era efectiva. Nada más. Conocíamos cuál era el limitado objeto de la ley de abdicación y sabíamos que era mejor que se suscitasen menos cuestiones en un debate público acerca de otros factores que no tenían que ser objeto de la ley. Ambas cosas te llevaban a la conclusión, efectivamente, de que tenía que ser una ley bastante simple».

Respecto a si existió un pacto total entre PP y PSOE, Pérez Renovales es más cauto, aunque apunta en esa dirección. «Sobre ese acuerdo no puedo dar toda la información, porque no la tengo. Sí puedo decir varias cosas. En primer lugar, había bastante consenso técnico en que la ley de abdicación debía ser con este único objetivo. Luego, en segundo lugar, uno de los temas que se vio desde el principio que había que resolver era el del aforamiento. Podía criticarse todo, porque hay muchas opiniones al respecto. Lo único que no es absolutamente cierto es que lo de la enmienda posterior fuera fruto de la improvisación. Para nada. Se utilizó una enmienda con el conocimiento previo de que sabíamos que iba una modificación de la Ley Orgánica del Poder Judicial en tramitación parlamentaria. Se sabía, además, que era en esa ley donde tenía que producirse la modificación sobre el aforamiento, y, por tanto, se utilizó un procedimiento que se utiliza cientos de veces». Es decir, pese a las dificultades que surgieron, todo estaba atado y bien atado.

Y, para finalizar, el subsecretario de Presidencia matiza que la interlocución del gobierno y el PSOE fue permanente. «Se habló con el PSOE de todo. ¿Si hubo un acuerdo previo que luego se rompió? No lo sé. Sí sé que desde el principio hubo bastante consenso con el Partido Socialista, con la interlocución de Rubalcaba, en todos los temas, o esa es la sensación que me daba a mí».

El calendario, perfecto

Más allá de los hechos acaecidos en la sombra, el curso de los acontecimientos sigue las líneas trazadas con anterioridad. El calendario, que es perfecto para los intereses de la corona, el gobierno del PP y el PSOE, se va cumpliendo, paso a paso, según lo previsto. Así, el lunes 9 de junio, una semana después del anuncio, hasta cinco grupos parlamentarios diferentes presentan en el Congreso sus enmiendas a la totalidad de la ley de abdicación. Enmiendas destinadas a perderse como el agua que choca contra las rocas. Entretanto, esa noche los reyes reciben en el Palacio Real al presidente de México, Enrique Peña Nieto, y su esposa, Angélica Rivera de Peña. Es la última visita de Estado a España que preside Juan Carlos. Se celebra una cena de gala a la que asisten Rajoy, varios ministros, como Gallardón y Montoro, los presidentes del Congreso y el Senado y, cómo no, algunos empresarios de renombre.

El miércoles 11 el Pleno del Congreso debate el proyecto de ley orgánica de abdicación, que es votada por llamamiento y aprobada con 299 votos a favor, 23 abstenciones y 19 votos en contra. La ley se remite después al Senado. Mientras tanto, desde la Casa del Rey, el gobierno y el Congreso se preparan minuciosamente los actos de proclamación del nuevo monarca. Una mujer de confianza de la omnipresente vicepresidenta trabaja junto al jefe de Gabinete del Presidente del Congreso y junto al equipo de Zarzuela para ultimar todos los detalles.

Siguiendo el guión preestablecido, el martes 17 de junio los reyes Juan Carlos y Sofía dedican su última actividad oficial a ofrecer un almuerzo de despedida a los máximos representantes de los poderes ejecutivo, legislativo y judicial, con quienes conversan de forma amistosa ante las cámaras de televisión. Esa misma tarde, los trámites parlamentarios terminan cuando el Pleno del Senado aprueba el proyecto de ley mediante votación electrónica por el 90,3 por ciento de los senadores presentes (233 a favor, 5 en contra y 20 abstenciones). Ya solo quedan dos actos: Juan Carlos firmará la ley de su abdicación en un acto en el Palacio Real, el miércoles 18, y, por fin, Felipe será proclamado rey el jueves 19 de junio.

La despedida de un rey, la llegada de otro ¿y un desaire a Letizia?

El primer acto, la firma de la abdicación, tuvo lugar en el majestuoso Salón de Columnas del Palacio Real, el miércoles por la tarde. El propio Pérez Renovales se encarga de leer el texto de la ley y elevar la solemnidad de la ceremonia. A continuación, ante unas 150 autoridades, entre ellos el gobierno en pleno, los representantes de las principales instituciones y casi todos los presidentes de comunidades autónomas, Juan Carlos I, con gesto triste y emocionado, se levanta de su asiento y se dirige con paso excesivamente torpe, apoyado en una muleta que se afana por ocultar, mostrando su innegable declive físico, hasta la mesa donde rubrica la ley de abdicación que pone fin a su reinado. Acto seguido, Rajoy refrenda también el texto legal.

Tras el preceptivo apretón de manos, el rey vuelve sobre sus pasos, otra vez con dificultades enormes, se frena un momento para recibir un beso imprevisto de la reina Sofía y después le da un efusivo abrazo a su hijo, lo que despierta los aplausos de los presentes. Juan Carlos le cede su asiento en la ceremonia a Felipe, en una imagen que simboliza el relevo en la corona. Los nuevos reyes se suman al aplauso, que se prolonga durante un minuto. Juan Carlos está muy afectado y se adivina, incluso, alguna lágrima en su rostro. Pero se recompone y él mismo llama a sus nietas, las infantas Leonor y Sofía, para besarlas. Al dar el primero de los besos, se trastabilla y se cae hacia atrás, pero aterriza, por suerte, en el asiento. Un susto más para quienes se han comprometido a que nada salga mal.

Es una ceremonia solemne, austera, difícil para sus protagonistas, porque se entremezclan la tristeza por la despedida de un rey y la alegría por la llegada de otro. Para algunos pasa inadvertido, pero en este sencillo acto se produce un detalle que evidencia, como también mostraron algunas imágenes y ausencias del día siguiente, los problemas entre los miembros de la familia real. Cuando Letizia hizo ademán de acercarse a Juan Carlos para besarle en un momento de tanta emoción, el rey saliente hizo un claro y feo desaire a la mujer que en unas horas se convertiría en reina. La mala relación entre ambos, que se tratará con profundidad en otro capítulo junto a más problemas familiares, quedaba en evidencia en el peor momento posible, ante millones de españoles. Además, las lágrimas de la infanta Elena contrastaban con la ausencia de su hermana, la infanta Cristina.

«El día de la abdicación, por la cabeza de Juan Carlos pasaban muchas cosas», aduce un hombre que trabajaba codo a codo con él en ese momento. «Estaba melancólico, o triste, o no sé qué le pasaba. Por un lado quería que pasara rápido y, por otro, no quería hablar. Él se acordaba de cuando don Juan renuncia a los derechos sucesorios y dice eso de "Por España, todo por España, ¡viva el rey!". Estuvimos mucho tiempo pensando si tenía que decir algo o no y al final decidimos que no y lo que hicimos fue eso, que una vez que firmase la abdicación, el rey le diera un abrazo y le cediera el sitio en el centro al nuevo rey. Como digo, no sé muy bien qué pasaba por su cabeza ese día, pero llega un momento que no le gusta, cuando empieza el besuqueo. Cuando llega la reina Sofía y aprovecha la situación para darle un beso, él ya está incómodo. Luego llega Leonor y él se cae; menos mal que estaba la silla. Yo no creo que le hiciera un feo a Letizia, pero pareció que se lo hacía clarísimamente». Fuera como fuese, el caso es que tras el acto, a las doce de la noche, cuando se publica la ley en el BOE, Felipe VI es ya el rey y su padre camina hacia el ingrato desván de la Historia.

Los tres actos de proclamación

El programa de la proclamación de Felipe VI consta de tres partes preparadas milimétricamente como si de una obra teatral se tratase. El primer acto de la *función* se ha ideado ad hoc para reunir a los dos reyes porque había que resolver un problema: Juan Carlos se empeñó en no acudir a la ceremonia de las Cortes. «Él decidió, y no hubo forma de convencerle, que no quería quitar protagonismo, porque ese era el día de su hijo y era él el rey».

La conversación que sigue se produjo literalmente:

—No voy a estar en el Congreso porque ese día es su día —afirma Juan Carlos.

—Pero tendrá que participar en algo, señor.

—Pues inventad algo para que yo participe.

«Y en ese marco nos inventamos dos cosas: por un lado, la entrega del fajín de general a las nueve de la mañana y, por otro lado, la salida al balcón, que eso ya estaba decidido, aunque no contado, porque no queríamos anunciarlo hasta el final por temas de seguridad, al igual que no queríamos decir hasta el último momento que iban a ir en coche descubierto por el centro de Madrid».

El invento para la ocasión no salió del todo mal. En la sala de audiencias del Palacio de La Zarzuela, Juan Carlos coloca a su hijo el fajín rojo de capitán general de las Fuerzas Armadas. Ambos monarcas van vestidos con el uniforme de gala del Ejército de Tierra. Tras la imposición de esta prenda tan simbólica, cuyo origen se remonta más de tres siglos, Felipe VI, ataviado también con la venera de la Orden del Toisón de Oro, la banda del Collar de Carlos III, la Gran Cruz de Carlos III y las del Mérito Militar, Naval y Aeronáutico, saluda a los presentes.

Es un evento pensado de cara a la galería, para que los fotógrafos y cámaras lo muestren al mundo. Asisten las autoridades militares, las dos reinas, Sofía y Letizia, la infanta Elena, la ya princesa de Asturias, Leonor, su hermana Sofía y, siguiendo el orden sucesorio, aparece Felipe Juan Froilán, el joven más travieso de la corte. Además, están las dos hermanas del monarca saliente, las infantas Pilar y Margarita. En suma, una imagen impostada de unidad justo antes de que el nuevo monarca parta hacia el Congreso de los Diputados.

En el Congreso: el vaso de agua

En las Cortes, sede de la soberanía nacional, la preparación también ha sido minuciosa, aunque siempre hay detalles de última hora. «Se trataba de hacer un acto corto, que iba a ser retransmitido y en el que no podía haber ningún fallo», recuerda Jesús Posada. «Lo que necesitábamos era suerte, porque, sin culpa de nadie, podía haber quinientos fallos. Y la tuvimos porque no hubo ninguno y salió todo perfectamente. Hubo una pequeña discusión previa con el tema de la retransmisión. No sé por qué, de pronto, se empeñaron desde Presidencia y desde Televisión Española en que ellos querían dar la señal, pero, dentro del Congreso, la señal la tenemos concesionada por concurso a Telefónica. Presionaron, pero yo dije que no y la señal la dimos nosotros».

El presidente del Congreso organizó el orden del pleno, preparó un discurso que él mismo se impuso que no debía durar más de cuatro minutos y que tenía que «elevar el espíritu de la gente sin decirle al rey lo que tenía que hacer» y cuidó la puesta en escena de cómo se haría el juramento para que el presidente del Gobierno quedase situado en el centro de la imagen. «El que tenía que aparecer detrás era el presidente del Gobierno. Esa foto, mentalmente, sí la cuidé. Porque creo que cuando se nos haya olvidado a todos qué época era, eso perdurará para siempre».

Posada asegura que preparó su discurso, seguramente el más relevante en su dilatada trayectoria política, «con tranquilidad», aunque excitado, como revela el hecho de que la noche previa se despertarse en medio del sueño enormemente preocupado. «De pronto, a las cinco de la mañana me desperté diciendo: "¡El agua del rey!". Porque aquí lo teníamos todo muy preparado, salió muy bien, me daban la Constitución, juraba el rey, devolvía la Constitución, me daban otro papel, proclamaba a Felipe VI, aplaudían y luego el rey daba su discurso y le sacaban un atril. Un atril que se hizo especial a su medida. Pero nadie había pensado que al sacar el atril había que sacar un vaso de agua. Fui al Congreso para organizarlo y fue la leche».

El presidente del Congreso recuerda la anécdota del vaso de agua entre risas. Y cuenta que informó al propio rey de lo ocurrido. «Se lo conté cuando terminamos y me dijo: "Pues has estado muy bien, porque cada vez que me aplaudían, yo aprovechaba para beber agua"». Por otro lado, eran tantos los que pretendían acudir al acto que hubo que hacer hueco. «Aplicamos el protocolo del Estado, la ley de precedencias», relata Posada. «Querían un perfil más nacional que internacional y yo estaba de acuerdo en eso. Yo prefiero que vengan los presidentes de las comunidades autónomas que la ministra de un país que no conocemos de nada. Estuvo bien hecho».

Los reyes llegan al Parlamento en un Rolls Royce y saludan a las autoridades. Felipe VI pasa revista a tropas de los tres Ejércitos y de la Guardia Civil. Los monarcas se adentran en el edificio por la Puerta de los Leones, que solo se abre en grandes ocasiones como esta, cubierta por un dosel con un gran escudo nacional. Cuando entran en el hemiciclo son recibidos con una sonora ovación de todos los presentes. Los presidentes de los ejecutivos catalán y vasco, Artur Mas e Íñigo Urkullu, son los únicos que no aplauden. Tras unas palabras de Posada, el nuevo rey jura la Constitución. El presidente del Congreso pone el colofón definitivo y arranca una cerrada ovación de toda la cámara: «Queda proclamado rey de España don Felipe de Borbón. ¡Viva el rey! ¡Viva España!».

El discurso del rey

El momento culminante del segundo acto de la jornada tenía que ser, por fuerza, el discurso de Felipe VI. Junto a una corona y un cetro real que fueron utilizados por primera vez como juego de proclamación de Isabel II, el nuevo rey empieza por expresar el «reconocimiento y el respeto» de la corona a las Cortes. «Inicio mi reinado con una profunda emoción por el honor que supone asumir la corona, consciente de la responsabilidad que comporta y con la mayor esperanza en el futuro de España».

Después, destaca la figura de sus progenitores. «Ante todos los españoles, también con una gran emoción, quiero rendir un homenaje de gratitud y respeto hacia mi padre, el rey Juan Carlos I. Un reinado excepcional pasa hoy a formar parte de nuestra historia con un legado político extraordinario (...). Y me permitirán también, señorías, que agradezca a mi madre, la reina Sofía, toda una vida de trabajo impecable al servicio de los españoles. Su dedicación y lealtad al rey Juan Carlos, su dignidad y sentido de la responsabilidad son un ejemplo que merece un emocionado tributo de gratitud que hoy —como hijo y como rey— quiero dedicarle. Juntos, los reyes Juan Carlos y Sofía, desde hace más de cincuenta años, se han entregado a España. Espero que podamos seguir contando muchos años con su apoyo, su experiencia y su cariño».

Algunos analistas hicieron hincapié en el hecho de que el nuevo rey dedicase una mención más afectuosa y cercana a su madre, allí presente, y solo el obligatorio guiño institucional, más frío, a su padre. Lógico si se tienen en cuenta los mencionados y conocidos problemas en el seno de la familia. Quizás es que Felipe VI recuerda, por encima de cargos y responsabilidades históricas, los tormentos y las soledades que ha sufrido su progenitora al saberse engañada y despreciada por su marido tantas y tantas veces.

En tiempos donde la corrupción asfixia toda la vida pública, sin estamento libre de pecado, en este cainita trozo de planeta, el monarca apuesta por hablar de ejemplaridad. «La corona debe buscar la cercanía con los ciudadanos, saber ganarse continuamente su aprecio, su respeto y su confianza; y para ello, velar por la dignidad de la institución, preservar su prestigio y observar una conducta íntegra, honesta y transparente, como corresponde a su función institucional y a su responsabilidad social. Porque, solo de esa manera, se hará acreedora de la autoridad moral necesaria para el ejercicio de sus funciones (...). Hoy, más que nunca, los ciudadanos demandan con toda la razón que los principios morales y éticos inspiren —y la ejemplaridad presida— nuestra vida pública. Y el rey, a la cabeza del Estado, tiene que ser no solo un referente sino también un servidor de esa justa y legítima exigencia de todos los ciudadanos. Estas son, señorías, mis convicciones sobre la corona que, desde hoy, encarno: una monarquía renovada para un tiempo nuevo. Y afronto mi tarea con energía, con ilusión y con el espíritu abierto y renovador que inspira a los hombres y mujeres de mi generación».

Entre otras muchas cuestiones relevantes, no podía faltar la mención a la coyuntura económica, que tanto ha dañado a la sociedad. Continúa con varias referencias a la unidad de España y con más propósitos de enmienda. Para finalizar, el rey elige una cita de *El Quijote*: «No es un hombre más que otro si no hace más que otro». Y, como guiño para simbolizar esa unidad mencionada, da las gracias a los presentes en castellano, catalán, euskera y gallego, todas las lenguas oficiales del Estado. Los presentes se ponen en pie para aplaudir y se escuchan algunos vítores en el hemiciclo.

El tercer acto evidencia los problemas familiares

En la película *El truco final* el personaje interpretado por Michael Caine explica que todo truco de magia, toda ilusión para cautivar al espectador consta de tres partes diferenciadas. Y, según dice, la más importante y difícil es la tercera, «el prestigio». Siguiendo el símil teatral, en el momento del desenlace, toda la obra se corona —nunca mejor dicho en este caso— con un final que permanezca en las memorias de quienes asisten al espectáculo. En esa línea, los organizadores han diseñado un paseo en coche por las calles de Madrid hasta el Palacio Real. Allí, los nuevos reyes saludarán a la multitud que acuda a la Plaza de Oriente.

Al salir del Parlamento, Felipe y Letizia se montan de nuevo en el Rolls Royce Phanton IV. La conocida firma de lujo británica solo fabricó dieciocho coches de esta gama, de los que se conservan dieciséis. El elegido por los reyes pertenece a Patrimonio Nacional, después de que en los años cincuenta Rolls Royce se lo enviase al Estado por expresa petición de Franco. Quizás ajenos a esta circunstancia anecdótica, el jefe del Estado y su esposa pasean sonrientes por unas calles semidesiertas. No fue, esa es la verdad, un día de especial fervor monárquico.

Como ha ocurrido en las monarquías desde tiempos inmemoriales, los reyes tienen que darse el preceptivo baño de masas frente a sus súbditos. En el balcón principal del Palacio Real, el mismo lugar donde diez años antes mostraron su afecto a quienes acudieron a presenciar en primera línea su enlace matrimonial, aparecen ahora los nuevos monarcas. Después les toca el turno a sus hijas, la princesa Leonor y la infanta Sofía, y por último salen ante el público los predecesores en el trono, Juan Carlos y Sofía. Todos ellos saludan efusivamente a varios miles de personas que gritan enfervorizadas. Este tercer acto final es un momento de alborozo y simbolismo para la corona, repleto de besos, aunque en el balcón vuelven a quedar al descubierto, como en el acto del día anterior, las discrepancias de una familia desestructurada.

De hecho, para las cabezas pensantes que idearon los actos lo más importante era, y así consta en sus planes de comunicación, vender la imagen de una familia sólida, unida, tradicional. «La familia real es primero familia y luego real y había que recuperar esa imagen —explica uno de los hacedores—. Si uno se fija en la retransmisión, si repasa las cinco horas que hubo de Televisión Española, era todo familia. En la imposición del fajín de general, que fue en la sala de audiencias, estaban el ministro de Defensa y un montón de militares, pero todos quedaron fuera de cámara. Ahí solo aparecieron los dos reyes y la familia. Todo familia, como en el balcón». Quizá por eso tenían tanto empeño en controlar la señal institucional que iba a realizar el Congreso de los Diputados.

Ocurre, sin embargo, que una cosa es vender una imagen y otra bien distinta es que dicha imagen sea sostenible, real, verdadera. Y es que en el balcón destacó sobremanera otro desaire del rey emérito a la nueva reina. «En el balcón, donde además habíamos puesto una cámara detrás para hacer el contraplano, se ve muy bien que cuando llega la reina Sofía para darle un beso, vuelve a ocurrir otra vez lo del día anterior. Y llega Letizia y está otra vez igual de incómodo. Juan Carlos aceptó todo el plan de vender familia, pero con unos límites. Siempre piensa que se puede vender lo que es vendible, pero que hay cosas que no se pueden vender. Tú no puedes hacer que parezca que el rey Juan Carlos y la reina Sofía se quieren mucho», remarca este colaborador del rey emérito a los autores de estas líneas.

No ayudaba a la imagen de la familia real, ni mucho menos, la obligada y esperada, pero igualmente clamorosa, ausencia ante los focos de la infanta Cristina. La hermana del nuevo rey sí estuvo en el Palacio de La Zarzuela, pero en un segundo plano, apartada por sus pecados éticos y quizás delictivos. Por supuesto, su marido, Iñaki Urdangarin, ni siquiera pisó suelo español, apartado en Suiza por el escándalo Nóos, que tanto ha erosionado a la monarquía. Tampoco vivió su mejor día la infanta Elena, desplazada colateralmente de la Casa por el escándalo de su hermana y sin marido como está tras aquel «cese temporal de la convivencia» que finalmente se ha hecho eterno. Pese a los intentos, la Casa no consiguió el prestigio mágico que pretendía.

Al evento acuden dos mil personalidades. El listado de asistentes es casi interminable. No obstante, ya se sabe que *Spain is different* y, aunque parezca surrealista, la presencia más recordada en la proclamación será, con el tiempo, la de un joven en aquel momento desconocido que se coló en palacio. Se trata de Francisco Nicolás Gómez Iglesias, alias *el pequeño Nicolás*, cuya instantánea en el besamanos es ya inolvidable. Pero esa, como suele decirse para ahuyentar problemas, es otra historia.

La flor y nata de la política, el empresariado, la cultura y la sociedad civil van al Palacio Real para formar parte de los actos de un día clave en la historia de España. Todos los invitados saludan a los monarcas y degustan un *catering* que costó 62.000 euros de las arcas públicas. Una de las asistentes remarca que «había jamones y cortadores de jamón, algo que yo nunca había visto en palacio. De hecho, las tortillas de patata, el queso y el jamón se agotaron pronto. Era un *catering* muy elaborado y moderno. Se nota que ahí hubo un toque personal de parte de los nuevos reyes».

Otro empresario que también estuvo allí destaca que en esta ocasión no solo estaban los grandes mandamases del Ibex 35, como siempre ocurría en tiempos de Juan Carlos I, junto al que pululaban por palacio sujetos del pelaje más variopinto. Una celebración, en definitiva, más sencilla, transparente y hasta menos elitista y más abierta. Por exagerado que parezca, se trata de signos de los tiempos que llegan para la corona, con un estilo renovado.

Un nuevo reinado comienza. Y, por ende, una nueva corte, la de Felipe VI, toma las riendas en palacio.

2

Felipe VI: trazos de un hombre contrario al legado de su padre

Felipe VI es un gran desconocido para los españoles. Pese a ser el jefe del Estado y pese a haber seguido su trayectoria al detalle desde el mismo día de su nacimiento, su figura y su personalidad constituyen, aún hoy, una gran incógnita en todo aquello que traspasa su faceta puramente institucional y se adentra en los aspectos más íntimos y domésticos. Terreno poco explorado por la rigidez de una Casa que sobreprotege la imagen pública de la institución y de la familia y, también, por la atracción que ejercen, sobre la opinión pública y sobre los medios de comunicación, tanto su esposa, la reina Letizia, como su padre, el rey Juan Carlos. En el primer caso, por su fuerte personalidad y estilo propio, que generan a partes iguales enconados detractores y apasionados defensores. En el segundo, por el peso lógico de la historia y las cuatro décadas de reinado que acarrea a sus espaldas y que ejercen una prolongada sombra, con sus luces y sus penumbras, sobre la nueva etapa iniciada por Felipe VI el 19 de junio de 2014. No obstante, quien toma las decisiones hoy es este hombre tan entrenado para reinar y cuyo temperamento parece indefinible, acaso diluido por su excesiva discreción.

Suele decirse que una vivienda nos cuenta mucho sobre quienes habitan en su interior. La residencia privada de Felipe VI dentro del complejo de La Zarzuela es un pabellón inaugurado en 2002, a tan solo un kilómetro del despacho oficial heredado de su padre. Una vivienda lujosa pero no estridente, acaso innecesaria, repleta de matices, como la personalidad de quien se encaprichó en construirla. Está compuesta de dos plantas y una buhardilla. Leonor, la princesa de Asturias, y su hermana Sofía, ocupan el primer piso. Y encima, en la última planta, se ubica el dormitorio de los reyes, jamás expuesto a la prensa. Es una habitación grande y para llegar a ella hay que cruzar primero una salita con una mesa y dos sofás. Cada uno tiene, además, su propio vestidor. El de ella, lleno de zapatos y vestidos perfectamente etiquetados con el día de estreno y la fecha de su último uso; y el de él, con su ropa de civil y de militar, sus camisas a medida confeccionadas en la Camisería Burgos o en Mirto, y también con su formidable colección de relojes, complemento del que Felipe de Borbón y Grecia es un empedernido coleccionista.

En la planta principal hay un recibidor y un gran salón de 100 metros cuadrados con suelos de tarima de roble y rematado en su decoración con una chimenea francesa. Hay una cocina en cada piso, cinco dormitorios, tres salas de estar, cuatro vestidores, cinco cuartos de baño y un cuarto de aseo, dos despachos y una espectacular terraza con vistas a los montes de El Pardo. Un oasis de paz y de tranquilidad, en medio de la naturaleza, alejado del mundanal ruido de la capital de España, el búnker más privado e infranqueable de cuantos se despliegan en torno a los reyes de España dentro del perímetro del Palacio de La Zarzuela.

Según juzgan los que lo han visitado y frecuentado, se parece más a la vivienda de un diplomático que a los aposentos privados del jefe del Estado, y su decoración es más bien austera. Así al menos lo ha dejado escrito David Rocasolano, el primo de Letizia, en su controvertida obra *Adiós, princesa*, el relato de una traición familiar que más adelante se desgranará en estas páginas. «Tampoco es excesivamente lujosa. O no tanto como la gente tiende a imaginar —explica—. A veces creo que, si la Casa Real fuera más transparente y abriera sus puertas a [la posibilidad de que se vea] cómo viven, no habría tanto resquemor contra ellos».

En los sótanos, donde se encuentran la lavandería de 65 metros cuadrados y dos vestuarios para el servicio, se esconde también uno de los secretos mejor custodiados de todo el complejo. Tras un portalón, se accede a una bodega inmensa, que solo ha sido descrita una vez, también por el primo de la reina. Aunque lo que más sorprende y denota unos gustos un tanto excéntricos y elitistas es que el suelo de esta vinoteca está alfombrado de arena de playa traída expresamente del Índico, según le confió el entonces príncipe de Asturias a Rocasolano, porque «tiene las condiciones perfectas para mantener la humedad».

De Leonor y Sofía se ocupan habitualmente dos chicas jóvenes encargadas de sus cuidados, aunque Letizia se responsabiliza en persona de todo lo que atañe a sus hijas. «Las que yo conozco, si no han cambiado, son dos chicas españolas», asegura un amigo del monarca. Pero ella misma las despierta cada mañana, les prepara su desayuno (cereales, lácteos, fruta e infusiones) y las viste sin ayuda de nadie del servicio. Cada una a su gusto y según su estilo, pues la nueva reina siempre ha querido que desarrollen su propia personalidad y evita por ello ataviarlas con idénticos atuendos, como le aconsejaban en el pasado algunas voces de la Casa —un tanto machistas— vinculadas al rey padre y que no terminaban de entender sus normas domésticas.

«Las niñas son muy dicharacheras —asegura este amigo de Felipe—. Pero con ellas el trato es de Alteza. Se guarda ese protocolo para acostumbrarlas y para que cuando vayan a un sitio no les choque. Les enseñan, por ejemplo, a que cuando vean a mamá o a papá en público, les hagan una reverencia y, después, les den dos besos». Vetustas costumbres que son propias de la institución y que Letizia combate en la medida que puede.

El personal al servicio de Su Majestad se completa con los chóferes, el equipo de seguridad, los camareros que los atienden y el servicio doméstico que hace las camas y se ocupa de la limpieza general de la casa. Un pequeño batallón de cortesanos leales a la pareja, anónimos para el gran público y custodios de la intimidad familiar de don Felipe y doña Letizia.

«En mi época me parece que tenían una *nanny* para las niñas, un ama de llaves o gobernanta, dos camareros y algún cocinero», recuerda un antiguo empleado de Zarzuela que trabajó para Juan Carlos y para la pareja hasta hace no muchos años. Al frente de la Casa estuvo, hasta 2009, una gobernanta de San Sebastián, Elena Vergara-Jáuregui, reubicada actualmente en el departamento de actos oficiales y culturales del Palacio de Oriente como empleada de Patrimonio Nacional. «Era excesivamente formal y tenía excesiva preparación para el aire nuevo que, supuestamente, Letizia quería para esa casa —asegura este mismo confidente—. Porque ella no quería a nadie que se lo supiera todo y que le dijera que esto se hace así o asá». En su lugar, la entonces princesa fichó a la asturiana María José Arbesú, que fue durante más de una década gobernanta del hotel Miguel Ángel de Madrid.

Son, en todo caso, las formalidades mínimas inherentes a tan alta magistratura. Aunque en los dominios de Felipe y Letizia, todo es mucho menos almibarado que en el cercano Palacio de La Zarzuela, donde siguen viviendo los reyes eméritos con unas normas de protocolo más estrictas y con un equipo de ayudas de cámara mucho mayor. «En la casa de Felipe, te sientas a comer y no hay tres tenedores a la izquierda y cinco cuchillos a la derecha —confesaba David Rocasolano—. Ni cubiertos de plata ni copas de cristal de Bohemia. Felipe descorcha su botella de Vega Sicilia de 250 euros, la vierte en el decantador y cada uno se sirve. A veces incluso no había camareros. Ponían una mesa muy grande con bufé y fuera protocolos».[1] Un escenario difícil de imaginar en la otra Zarzuela, en casa de su padre. «El rey Juan Carlos tenía tres ayudas de cámara que se iban turnando y siempre había uno con él», explica un exportavoz de Zarzuela. «El nuevo rey no sé cuántos tiene, pero yo creo que es menos dependiente».

Desde hace años, Felipe suele hacer deporte por la mañana, en el gimnasio de La Zarzuela, en la misma sala de máquinas en la que su progenitor hacía sus ejercicios de rehabilitación tras las operaciones de cadera. Letizia, aunque también lo usa, prefiere salir a correr por las inmediaciones de su casa. «En cenas y almuerzos solo hablan de *footing*», confiesa una conocida periodista amiga de la pareja. Pero lo cierto es que Felipe también suele jugar al pádel con algunos de sus amigos de

---

[1] David Rocasolano, *Adiós, princesa*, FOCA, Madrid, 2013, p. 206.

la Guardia Real en las pistas que se construyeron en su día dentro del recinto del palacio. Ella practica también yoga en palacio o en la casa de su amiga Silvia Villar Mir y de Javier López Madrid, uno de los mejores amigos del rey, aunque envuelto últimamente, como se relata más adelante, en varios charcos. A estas clases particulares de yoga acuden varias de sus amigas más íntimas.

El ojito derecho de la reina Sofía

Si Felipe VI es un gran desconocido para los españoles, también lo ha sido durante años su madre, la reina Sofía, a quien se dirige siempre en inglés, tanto dentro como fuera de palacio, y con quien Felipe mantiene una relación de afecto muy especial. No puede decirse que el vínculo del heredero sea inexistente con su padre, porque de hecho el primero ha aprendido numerosos consejos del segundo, pero sí está claro que el lazo forjado con doña Sofía es mucho más robusto. Ahí, sin duda, se entremezclan los deberes institucionales con los afectos puros y duros. En la corte casi todos coinciden en que Sofía se impone a Juan Carlos I en el corazón del rey, que ha vivido no pocos problemas familiares en los que casi siempre ella sufría las afrentas públicas y privadas del rey emérito.

En una de esas ocasiones, en una entrega de despachos en la Escuela Naval de Marín, el propio don Juan Carlos le reprochó personalmente a un periodista que no se hubiera puesto en pie mientras se interpretaba el himno nacional. Sofía le reprendió suavemente: «Esas cosas deben decirlas otros y no tú». Y el rey, en otro de sus desplantes habituales hacia su esposa, le contestó sonriendo: «Eso, Sofi, se lo dices a tu nieto, pero no a mí, que soy el rey».[2]

Como revela uno de los cinco jefes de la Casa que trabajaron para su padre durante el reinado de don Juan Carlos, Felipe es un gran profesional de este oficio tan particular y a la vez tan ancestral. «Siempre he destacado en él su extraordinaria vocación de ser príncipe heredero

---

[2] José Bono, *Diario de un ministro*, Planeta, Barcelona, 2015, p. 119.

y, ahora, de ser rey. Como rey constitucional, es de libro», explica este antiguo alto funcionario hoy recolocado en el consejo de una gran empresa del Ibex.

¿Pero en qué se traduce esa vocación? El diplomático Inocencio Arias, que lo ha tratado en muchos viajes internacionales desde que Felipe era muy joven, y que ha visto su progresiva preparación para el trono, lo ejemplifica con una anécdota que vivió a su lado en una ruta por varios países iberoamericanos, con escala en la capital de Bolivia. «En el avión, me preguntó qué consejo le podía dar y le recomendé que, para sortear el mal de altura, el primer día se lo tomase con mucha calma. Que estuviese todo el rato sentado y muy poco tiempo de pie y, por supuesto, que no cogiese el menor bulto ni subiese escaleras, pues eso sería casi una blasfemia. Llegamos al Palacio Quemado y el presidente Paz Zamora, que era muy jovial, le empezó a enseñar una colección de mapas topográficos de Bolivia desde su independencia hasta ahora. Como buen boliviano, el presidente comentaba cada uno de los mapas muy acalorada y muy detalladamente. Iban dando vueltas a la habitación y se iban deteniendo en cada plano un buen rato… Fue larguísimo. Después, cruzamos a la otra ala del palacio para la recepción. Se hizo el besamanos y había mucha expectación por saludar al príncipe. La gente fue desfilando y Felipe aguantó hasta el final. Pero al terminar, salió disparado hacia un cuarto de baño y vomitó. Le afectó el mal de altura, claro, pero había estado ahí aguantando y sonriendo hasta que pasó el último de la fila».

En estos años de espera y de largo camino hasta la corona que se han sucedido desde que completó su etapa de formación académica y militar, Felipe ha acentuado su perfil como experto en relaciones internacionales —materia de la que se graduó en Georgetown en 1995— y se ha convertido en uno de los mayores conocedores de Iberoamérica. Sobre todo, por su privilegiada posición como testigo, durante años, de todas las tomas de posesión de los presidentes de la región. «No creo que haya nadie en el Ministerio de Exteriores que sepa tanto de Iberoamérica como él», asegura Arias.

El rey disfruta hablando de la actualidad política y social de América Latina y citándose con diplomáticos, políticos o periodistas que conozcan a fondo estas latitudes. Así lo puso de manifiesto, por ejemplo, cuando invitó a Zarzuela, por primera vez, al entonces desconocido parlamentario del PSOE Pedro Sánchez. Fue en 2010 y la audiencia, que duró casi tres horas, se centró en estos temas. En aquella época, el príncipe estableció una ronda de contactos con diferentes políticos y diputados de su generación con los que iba a compartir protagonismo en el futuro. Antonio Basagoiti, del PP, Juan Moscoso, Eduardo Madina o Rafael Simancas, del PSOE, entre otros tantos, también fueron convocados dentro de esa tanda con la que el heredero tomaba el pulso de forma directa a la actualidad española.

Tal y como recuerda el secretario general de los socialistas, entonces «hubo mucha sintonía generacional» entre ambos. Otro de los que frecuentó su despacho rememora que eran audiencias muy largas, en las que se repasaba un sinfín de asuntos relacionados con la crisis, el partido, las elecciones, la Unión Europea... «Te citaba a las diez de la mañana y acababas a la hora de comer y de un asunto pasaba a otro», explica uno de estos diputados. «Es un hombre muy correcto, muy formado y con el que conectas enseguida».

Sin campechanía y más concienzudo en el trabajo

Felipe no ha heredado ese carácter tan campechano que popularizó su padre a lo largo de todo su reinado y sobre el que Juan Carlos ha dejado el listón en un punto irrepetible para quienes vienen tras él. El rey es más parecido a su madre, más atado al guión y al protocolo de lo que se puede esperar de él, y con menos margen para la espontaneidad. Pero a Felipe tampoco le falta sentido del humor y sencillez a la hora de tratar a quienes recibe en audiencia y es también lo suficientemente astuto como para hacer sentir cómodo a su interlocutor en pocos minutos.

La segunda vez en su vida que Pedro Sánchez pisó La Zarzuela, ya en julio de 2014 y recién proclamado líder de los socialistas, el rey lo tuteó en todo momento, generando esas curiosas situaciones envaradas en las que uno no sabe si dirigirse a él con el trato de «señor» —como establecen los cánones— o jugar con sus mismas bazas y relajarse despreocupadamente en un tono más coloquial. Felipe, además, se había informado previamente del nombre de sus dos hijas, para preguntarle por ellas, y se había puesto al día sobre el contenido del libro que Sánchez escribió en 2013, *La nueva diplomacia económica española*.

Tácticas de *borboneo* para un tiempo nuevo, con estilos diferentes a los que seguía su padre. Todas las voces consultadas para la elaboración de este libro subrayan su esfuerzo en prepararse a conciencia los asuntos sobre los que va a tratar una reunión, una visita de trabajo o un viaje de Estado. «Se toma auténtico interés en hacer su trabajo. Va todo el rato en el avión leyendo sus notas, subrayando cosas, preguntando a los ministros y diplomáticos que le acompañan —asegura Inocencio Arias—. Otra cosa que hacía de forma más meticulosa que su padre es que se leía los discursos previamente con mucha atención. Y en un par de ocasiones nos dijo algo así como "esto no creo que deba decirlo como príncipe de Asturias" y lo tachaba. Otra característica suya es que en los discursos no le gustaban las cosas repetitivas ni las frases grandilocuentes». Colabora activamente en la redacción de los discursos relevantes, más implicado de lo que lo estaba su padre, y siempre, además, con la supervisión de Letizia. Como en aquella ocasión en la que —según relata el exministro Bono en sus memorias—, la pareja visitó, recién casada, la Academia Militar de Zaragoza, donde se formó el príncipe como militar del Ejército de Tierra. Felipe firmó entonces en el libro de visitas y ella, tras leer lo que había escrito su marido, le puso dos acentos que le faltaban.

El vizconde de Ayala y marqués de la Floresta, Alfonso Ceballos-Escalera, ha sido asesor de palacio en asuntos nobiliarios de 1990 a 1999 y también coincide en esta apreciación sobre lo meticuloso que es el rey en su trabajo. «Antes, cuando desde la Casa me pedían un informe, me insistían en que fuera una nota de medio folio. Que no sea un folio —me decían—, que el señor no se la lee. Y es verdad, el rey Juan Carlos no solía leer nada. Era muy Borbón a la hora de hacer cosas en el trato personal pero, por escrito, nada. Felipe es exactamente lo contrario. Poco antes de la abdicación fuimos a Zarzuela a presentarle un libro de autoría colectiva sobre la historia de los príncipes de Asturias, Gerona y Viana, una coedición entre los tres principados en la que yo había escrito dos capítulos. Cuál fue mi sorpresa cuando le empezamos a explicar el libro y nos hizo tres o cuatro preguntas con las que nos demostró que se lo había leído. Preguntaba cosas muy precisas de aspectos de su propio título de príncipe. Es decir, los expedientes se los empolla».

Una prudencia aprendida

No es un hombre taxativo, sino lleno de las cautelas que requiere el cargo. Todo lo contrario que Letizia, que puede llegar a apabullar con su capacidad para hacer quince afirmaciones por minuto o incluso corregir a su marido en público, como alguna vez ha hecho en encuentros informales con grupos de periodistas. El extremo cuidado de Felipe para verter opiniones no es de nacimiento, sino que lo ha entrenado durante mucho tiempo, porque ha cultivado la virtud de la prudencia siguiendo las instrucciones de su inseparable secretario y preceptor desde hace veinte años, el abogado del Estado Jaime Alfonsín. De hecho, Felipe VI no siempre fue tan cuidadoso con sus palabras. Por ejemplo, en 1995 se desató una fuerte polémica porque en una reunión con periodistas en Washington se le ocurrió comentar que había visto España «demasiado crispada». En realidad, se quedaba corto, porque eran los últimos estertores del régimen *felipista*, con numerosos casos de una corrupción tan galopante como vergonzosa. Sin embargo, se armó un lío tremendo para la corona por aquella declaración, a priori inocente, y el príncipe fue duramente criticado por aquellos periodistas que, desde los medios más críticos con el gobierno, denunciaban los excesos del socialismo de aquella etapa.

Teniendo en cuenta ese ejemplo, parece lógico que el rey se haya acostumbrado a medir cada palabra que elige antes de pronunciarla, porque cada cosa que dice puede ser malinterpretada, retorcida o utilizada en su contra. Aunque también ha cometido errores, como el día en el que —en Pamplona— se enzarzó en una discusión con una joven partidaria de la república y de la convocatoria de un referéndum y él la despidió de malas formas.

—Desde luego, has conseguido un minuto de gloria —le espetó.

—No era lo que quería.

—Pues lo has conseguido, porque esto no lleva a ningún sitio.

Igualmente desastroso para su imagen fue otro comentado traspié que, con muy mala fortuna, protagonizó en octubre de 2012, al salir de una iglesia tras el funeral de un amigo aristócrata. El príncipe le estrechó la mano a una mendiga que, aparentemente, esperaba unas monedas como limosna. Como recogía el editorial del diario *El Periódico*, «fue uno de esos momentos embarazosos que se producen cuando las reglas del protocolo chocan con la vida misma, o mejor dicho, con la miseria».

Pero estamos, sin embargo, ante un carácter que ha tenido que domarse con los años, porque así lo requería el puesto para el que estaba destinado. Teniendo en cuenta que cuando era niño, sus hermanas, Cristina y Elena, lo apodaban *Napoleón*, parece obvio que Felipe, tras esa pátina de hombre pausado y calmado, también tiene hueco entre sus emociones para la ira y el enfado, sentimientos solo desatados en la intimidad.

De contradicciones como la antedicha está hecho todo ser humano. Así, Felipe VI, al que más bien podría calificarse de tímido, reservado o tranquilo, también es, según quienes le conocen, un gran bailarín, ducho en moverse a ritmo de salsa. Su bebida predilecta es el *gin-tonic* y, de hecho, sus buenos amigos, tanto los del círculo elitista de Madrid como los aficionados a la vela de Palma, saben bien que el hijo de Juan Carlos I esconde también su lado travieso y divertido. Aunque lo acaecido en sus fiestas privadas, de las que se esparcen todo tipo de rumores, esté custodiado por todos sus íntimos como si fuera un asunto de Estado, quizás porque lo es.

En suma, un hombre de contrastes que, por poner otro ejemplo, disfruta conduciendo coches a gran velocidad o pilotando aviones, tareas para amantes de la adrenalina que no parecen encajar con el perfil de hombre serio que en él siempre se describe. También resulta contradictorio que un hombre obligatoriamente recto, educado por severos preceptores en valores como el orden y el trabajo, acostumbrado a viajar por medio mundo con horarios apretados e instruido marcialmente en obligaciones como la puntualidad, sea al mismo tiempo un enemigo declarado del despertador. Su primer preceptor, José Antonio Alcina, se las veía y se las deseaba para lograr arrancarle de la cama cuando estaba bajo su custodia en el internado de Canadá donde Felipe hizo el equivalente al antiguo Curso de Orientación Universitaria (COU).

Mucho se ha especulado también desde tiempos inmemoriales con la afición de Felipe VI al Atlético de Madrid. Pero lo cierto es que al rey no le apasiona el fútbol, aunque todos los españoles recuerden cómo él y Letizia vibraban con la selección nacional cuando imponía su dominio en el fútbol mundial entre 2008 y 2012, cuatro años en los que La Roja conquistó dos eurocopas y un mundial. Como aficionado, se decanta por el baloncesto, sin duda influenciado por sus años en Estados Unidos, donde pudo conocer de cerca la NBA.

Con sus 197 centímetros de estatura y sus 90 kilos de peso, sus ojos azules y su barba encanecida, es un hombre atractivo. Seguramente de forma exagerada, en ocasiones se le ha colocado en diversas listas de los más apuestos, aunque no puede olvidarse que en los años noventa una marca suiza de artículos eróticos empezó a utilizar la imagen del entonces príncipe de Asturias como reclamo para vender un vibrador. En el folleto se decía que «este es un hombre que hace palpitar a las mujeres». La Casa del Rey no tardó en mover ficha para impedir la venta del artilugio.[3]

Una pareja moderna

A los reyes les gusta transmitir a los ciudadanos una imagen de cierta modernidad. Son, en verdad, una pareja que sigue los usos y costumbres de la corona, sí, pero que también encuentra momentos para la

[3] Juan Gasparini, «Una empresa suiza explota el atractivo del príncipe para vender su vibrador», *Tiempo*, 23/I/1995.

diversión, como cualquiera de sus contemporáneos, aunque con unas obligadas limitaciones. Felipe y Letizia, sobre todo ella, evidencian de vez en cuando que no han perdido sus gustos por un ocio alternativo, urbano, al compás de los tiempos. Y por ello acuden alguna vez a un concierto de música *indie* en la sala Costello, a tomar unas tapas en el barrio de Chueca o a degustar un buen menú en el Matadero de Madrid, lugar de encuentro cultural ubicado en la boyante zona sur de la ciudad. Sitios y lugares que Felipe ha descubierto gracias a su mujer, que —como se relata más adelante— lo ha despegado de los círculos más adinerados en los que se movía el heredero para introducirlo en esferas completamente nuevas para él y más pegadas al mundo de a pie, donde antes era impensable encontrarlo.

Una afición compartida por el rey y Letizia es el cine. Normalmente, acuden los viernes por la noche y eligen salas ubicadas en el centro de Madrid. Les gustan los cines Princesa o los Ideal, en la plaza de Jacinto Benavente, porque emiten sus películas de habla inglesa en versión original. Siempre rodeados de las inevitables medidas de seguridad, suelen entrar a la sala cuando ya ha empezado la publicidad, para no generar demasiados murmullos. No obstante, es imposible que dejen de levantar expectación cuando hacen cola para sacar sus entradas igual que cualquier otro hijo de vecino y, por el mismo precio, su presencia allí contribuye a vender a los españoles una imagen de normalidad con la que aumentar su popularidad en los sondeos.

Los primeros meses en el trono

Por sus hechos los conoceréis. Y, en efecto, los primeros meses de reinado de Felipe VI explican en buena medida, o al menos ofrecen claves determinantes sobre la verdadera personalidad de este hombre que ocupa la Jefatura del Estado. Las actividades meramente institucionales de este «nuevo tiempo» iniciado por la corona en junio de 2014 no son muy diferentes al trabajo en el reinado precedente. Sí han cambiado, empero, las formas.

El mismo día de su proclamación, don Juan Carlos le cedió su despacho, la sala de audiencias y su comedor de Zarzuela. Y desde entonces, dice a todo aquel que le quiera escuchar que está muy satisfecho del relevo y de ver a su hijo en el trono desempeñando ejemplarmente sus funciones. Palabras políticamente correctas pero imposibles de comprobar. En este tiempo, tanto Felipe como Letizia se han esforzado por cumplir con las expectativas que están depositadas en ellos y han protagonizado una intensa agenda de actos, que centra todo el peso institucional en ellos dos, relegando a un discretísimo plano tanto a la reina Sofía como al propio don Juan Carlos, ausente incluso de celebraciones de tan hondo significado como el desfile del 12 de Octubre y la recepción del día de la Fiesta Nacional o de la tradicional misa de Pascua que suele congregar a toda la familia en la catedral de Mallorca.

«El rey es impecable, se nota que ha sido educado para ser rey», destaca la periodista amiga de la pareja que prefiere mantenerse en el anonimato, como tantas otras fuentes consultadas para este libro. «Es muy educado, muy culto y muy curioso, un gran escuchante. Da la sensación de que sabe de todo y de que no le cansa nada», añade. Pero no siempre fue así, según juzgan los más veteranos de la crónica regia, como Jaime Peñafiel, con varios lustros a sus espaldas como conocedor de los entresijos de la corte. «Es bueno sin esfuerzos, pero sin carácter», asegura. «Felipe ha vivido en una oligarquía femenina formada por su madre y sus dos hermanas y eso marca. Letizia, en ese sentido, le ha cambiado para bien. Cuando era más joven, él era un chico antipático, de mala leche, distante, poco asequible, que no le tenía simpatía a la prensa y que estaba muy mal educado por sus hermanas y su madre». La metamorfosis de Felipe será, quizá, de las pocas cosas en positivo que este gran detractor de Letizia reconozca en el haber de la hoy reina.

Su primera actividad oficial como reyes de España estuvo revestida de especial simbolismo: un encuentro con representantes de las asociaciones y fundaciones de víctimas del terrorismo, la herida abierta que ha recorrido varias generaciones de la historia de los españoles y que ya no será —probablemente— una de las protagonistas de su reinado. En su segunda actividad, también con un profundo valor como declaración de intenciones, se abrió a los representantes de la solidaridad social y el llamado tercer sector social, incluidos los líderes de los colectivos de gais, lesbianas y transexuales, quienes por primera vez obtenían un reconocimiento de esta envergadura por parte de la máxima autoridad del Estado.

«Yo creo que el gran desafío que tiene don Felipe es ser un rey moderno», asegura Fernando Carrillo Flores, embajador de Colombia en España y que comparte con el monarca el vínculo con el colegio de Santa María de los Rosales, donde estudian también las dos hijas del diplomático, de la misma edad que Leonor y Sofía. «La modernidad es un término bastante trasnochado, pero implica dejarse llevar por el signo de los tiempos e interpretar la historia que le toca vivir. Yo creo que ese es su gran desafío. Y todo lo que hemos vivido en España desde el 19 de junio tiene que ver con eso y los mensajes van en esa dirección», añade. «Lo veo en ese camino, como lo pueden ver los miembros de una generación que ve que estamos viviendo tiempos nuevos y que las formas de interpretar esos tiempos deben ser diferentes».

Felipe desveló sus cartas en el discurso de proclamación: «Una monarquía renovada para un tiempo nuevo». Algunos de estos cambios se visualizan claramente. Ha apartado de su lado a consejeros como Rafael Spottorno, implicado en el caso de las tarjetas *black* de Caja Madrid, y ha alejado a personajes controvertidos como Carlos García Revenga, ligado a las actividades irregulares y poco ejemplares de Iñaki Urdangarin y de la infanta Cristina. Ha roto todos los vínculos fraternos con su hermana imputada y ha establecido un nuevo código de conducta para el personal de la Casa y decretado una normativa sobre los regalos a favor de los miembros de la familia real, con la que trata de evitar en el futuro comportamientos semejantes. Las primeras encuestas de valoración que miden su liderazgo al frente de la corona parecen avalar sus esfuerzos regeneradores para dejar atrás los años más turbios de la institución.

Igualmente, se ha despegado de las amistades poco recomendables que formaban parte de la camarilla y corte del rey Juan Carlos y ha impulsado tres convenios que deben marcar el inicio de una nueva etapa de mayor transparencia dentro de la Jefatura del Estado. Uno, con el Ministerio de Hacienda y la Intervención General del Estado, para la realización de informes de auditoría de sus cuentas. Otro, de asistencia jurídica con la Abogacía General del Estado, que debe remplazar a los servicios que hasta ahora prestaba —por expreso deseo del rey emérito—, el conde de Fontao, José Manuel Romero Moreno. El último, con la Secretaría de Estado de Comercio, para el apoyo técnico en materia comercial. Pasos que se complementan con la publicación en la web de la Casa Real de los principales contratos firmados por la institución... Todavía queda mucho camino por recorrer en materia de transparencia para igualar una institución anacrónica por naturaleza a otras jefaturas del Estado europeas, pero la senda emprendida por Felipe parece no tener vuelta atrás.

Buen ejemplo de este cambio en la forma de proceder de la corona es lo que está ocurriendo con los grandes empresarios. Felipe VI ha abierto las recepciones de palacio a representantes de las pequeñas y medianas empresas o de la sociedad civil y universitaria más destacada. «Tiene una preparación mayor que su padre, mucho sentido común y está aún un poco atenazado», asegura un destacado empresario de este país, que no forma parte de la corte del Ibex que tradicionalmente acompañaba a don Juan Carlos en los viajes por el extranjero o en el célebre y anómalo Consejo Empresarial de la Competitividad, que agrupa a las grandes compañías del país y cuyos mandamases siempre han sentido todo su poder en sus visitas al antiguo rey en La Zarzuela.

Los grandes amos del dinero que ocupaban un lugar de privilegio en el anterior reinado ven cómo en los nuevos tiempos la corona va marcando distancias con ellos, de forma que el palacio ha dejado de ser un coto privado. En opinión de este empresario, que prefiere quedarse en el anonimato, el rey ha empezado bien, pero aún «tiene que hacer más gestos de identificación y apoyo de aquellos referentes nuevos de la sociedad española que encarnan y defienden un nuevo capitalismo distinto al tradicional capitalismo de amiguetes, en el que todos han estado interesados hasta que Juan Carlos ha claudicado».

Los medios, más relajados

La mayor transparencia y la creciente apertura de este «nuevo tiempo» se compensan en alguna medida con el cierre de filas en torno a los nuevos reyes que se adivina por parte de los grandes medios de comunicación y de los principales poderes fácticos. Si bien es cierto que la prensa rosa y ciertos diarios libres de ataduras —sobre todo en la Red— continúan con su lupa sobre la familia real, es evidente que los grandes medios de comunicación han levantado el pie del acelerador, a pesar de tener gasolina de sobra para recorrer y alumbrar los puntos débiles de la corona. Una tregua injustificable que debe acabar cuanto antes por mera higiene democrática.

Cada vez hay menos informaciones críticas hacia la institución tras un trienio negro que se convirtió en una tormenta de titulares negativos para la Casa a cuenta del descubrimiento de los nexos entre la «princesa» Corinna y el rey Juan Carlos, los sobresaltos del caso Urdangarin o la maltrecha salud del rey emérito y sus periódicas entradas y salidas del quirófano. Letizia, por su parte, está al tanto de todo lo que se publica sobre ella en prensa y en internet y, en algunos momentos de su historia reciente ha ordenado iniciativas para desmentir informaciones lesivas hacia su figura. Algunas porque eran rotundamente falsas —como cuando ordenó llamar a todas las revistas para rectificar que llevase *brackets* invisibles en los dientes— y otras, aun siendo ciertas, por su especial empeño en querer desmentir detalles sobre su vestuario o sobre sus gastos en fondo de armario. Como la vez que, siendo ya reina, mandó al jefe de prensa de la Casa a desmentir que se hubiera comprado unos zapatos de Prada con los que había sido fotografiada. Y eso, a pesar de que la firma de la marca era notablemente visible en las imágenes que fueron tomadas durante aquel acto.

En este sentido, cuando Juan Carlos I abdicó en su hijo tuvo lugar un ejemplo premonitorio de lo que se avecinaba en los medios con el nuevo reinado. Varios dibujantes de la revista satírica *El Jueves* se vieron obligados a abandonar sus puestos de trabajo después de una suerte de autocensura por parte de sus editores. En la primera semana de junio de 2014, nada más anunciarse el cambio en el trono, los humoristas gráficos de la publicación habían preparado una primera página en la que Juan Carlos I entregaba a su hijo la corona sujetada con unas pinzas, como si fuera una patata caliente, en clara alusión a los problemas que arrastraba la institución. A última hora, los editores, quién sabe si con presiones de La Zarzuela o no, decidieron cambiar la imagen de portada por otra en la que aparecía Pablo Iglesias, el líder de Podemos.

Los dibujantes Albert Monteys y Manel Fontdevila, acaso desconocidos para el gran público, pero históricos de la publicación, anunciaron su marcha. En los grandes medios se silenció este asunto. Y es que, como se ha dicho, la feroz crítica a la monarquía se ha suavizado desde la llegada al trono de Felipe VI, acaso porque el monarca no ha dado tantas razones para estar en primera página o quizás porque en la nueva corte muchos quieren hacer méritos para encontrar asiento en las audiencias de La Zarzuela.

Curiosamente, uno de esos dos dibujantes, en concreto Manel Fontdevila, fue uno de los autores de aquella otra explosiva portada de *El Jueves* que fue secuestrada judicialmente en 2007, en un ejemplo inédito y sin parangón de la desmesurada sobreprotección con que ha contado la Casa durante años. En aquella primera página de la revista aparecía una caricatura de los hoy reyes practicando sexo. Con motivo de la implantación del «cheque bebé» del gobierno de Zapatero, el avatar de Felipe decía a su esposa: «¿Te das cuenta? si te quedas preñada... ¡Esto va a ser lo más parecido a trabajar que he hecho en mi vida!».

Años antes de aquel escándalo, Felipe y Letizia ya tuvieron otro problema grave y nada edificante con la prensa. Sus guardaespaldas golpearon y vejaron al fotógrafo Paco Ginés, de la agencia Teleobjetivo, cuando este intentaba fotografiarles en el centro comercial de La Moraleja Green.[4] Estos episodios del pasado vienen a cuento porque la corona tiene

[4] Gustavo González, *Diario de un paparazzi*, Plaza & Janés, Barcelona, 2005, pp. 46 y 47. El propio Paco Ginés también contó su versión de aquellas amenazas en un reportaje publicado en el suplemento *Crónica* del diario *El Mundo* titulado «La pareja no quiere fotos» (21-12-2003): «Primero me amenazaron: "Sabemos dónde

como máxima el escrupuloso cuidado de su imagen y uno de los retos de los reyes en esta nueva etapa es lidiar de forma más inteligente con los profesionales de la información que les persiguen día y noche. Sin ir más lejos, en julio de 2014, en una de sus primeras salidas nocturnas como rey, Felipe VI visitó junto con varios amigos un restaurante oriental del madrileño barrio de Chueca. A la salida, se produjo un altercado en la calle Libertad y sus escoltas volvieron a hacer de las suyas y no trataron precisamente bien a los dos periodistas que aguardaban su salida.

Felipe VI y Letizia forman una familia distinta a las demás porque su vida personal y su trabajo diario se entrelazan. Ambos comparten las tareas de representación y colaboran día a día. Ella ha tenido mucho que aprender para estar a la altura de su esposo, preparado durante años para estos menesteres protocolarios. Así, la reina ha mostrado en unas cuantas ocasiones una imprudencia que no encaja con su papel institucional. Por ejemplo, en 2006, durante la entrega de unos premios periodísticos del diario *ABC,* la entonces princesa escandalizó a sus compañeros de mesa cuando despotricó sin control contra el gobierno de Zapatero por algunas de sus leyes más sonadas y llegó a reprender a su marido, allí presente, por su tibieza en los asuntos de Estado. Una actitud impropia en los miembros de la corona, que saben que deben mantenerse al margen en estos casos.

Desde el principio, Letizia ha establecido una relación de amor-odio con la prensa, especialmente la del corazón, a la que, en algunos casos, le gustaría castigar con sus propias *vendettas*. En otras ocasiones, sin embargo, ella misma ha aceptado encantada la idea de que la pareja diese una entrevista a un medio de comunicación en concreto bajo la premisa de que

---

vives, tú no sabes lo que le puede pasar a tu mujer". Luego, cuando yo ya abandonaba el centro, me detuvieron y me pidieron la tarjeta de la cámara en la que estaban almacenadas las fotos. "Tú no sabes quién soy yo, no sabes lo que te va a pasar, dame la tarjeta", me dijo uno de los escoltas. Y ahí comenzó mi calvario. Me llevaron a un cuarto oscuro del centro comercial, como un zulo, y me dejaron literalmente como vine al mundo. Hicieron que me quitara los calzoncillos, los calcetines, las plantillas de los zapatos... Me pincharon con un bolígrafo una vez en la barriga y me hundí. Pensé que me iban a dar una paliza».

la conversación nunca se reconociese como tal, que se desarrollase bajo el estricto *off the record*. Es lo que pasó con el reportaje «Cita en palacio», publicado por *Vanity Fair* en febrero del año 2010 con el beneplácito expreso de la Casa. Dos reporteros de la revista se desplazaron a Zarzuela y mantuvieron un encuentro informal con los entonces príncipes. Una entrevista que, por cierto, quedó registrada en una grabadora que uno de los aludidos se escondió en la ropa y logró sortear los diferentes controles de seguridad del palacio. Su contenido, inédito y guardado en un cajón de la editora, vale su peso en oro y hasta recoge el momento escatológico en el que, en mitad de la conversación, el aludido periodista tuvo que acudir al servicio para desahogar sus necesidades.

«Ella no puede manifestar temor hacia los medios, pero sí quisiera poder ejercer alguna vengancilla que otra, como preferir a un medio frente a otro», explican personas que han trabajado en el departamento de Comunicación de la Casa del Rey. «Tiene determinadas obsesiones con algunos medios. A la revista *¡Hola!*, por ejemplo, no puede ni verla, y lo entiendo. Dice que no la tratan bien, que son los peores». Ella misma se sinceraba al ministro de Defensa, José Bono, en mayo de 2004, unos días antes de su boda con el príncipe, en un almuerzo ofrecido por el gobierno de Zapatero a la pareja. «No es razonable —le explicaba ella— que se me valore más por el traje rojo que llevé a la boda en Copenhague (al enlace del príncipe de Dinamarca) que por mi actividad profesional o mis capacidades». El ministro, entonces, le dio un consejo que a ella, por otro lado, le ha costado mucho tiempo y mucho sufrimiento asimilar: «Vas a entrar en una familia donde las apariencias son importantes y tendrás que habituarte a saber callarte aunque tengas razón».[5]

Cajas destempladas de la nobleza

Merece la pena detenerse un poco más en ese momento del aterrizaje de Letizia, porque fue en aquella época cuando se fraguó la ruptura

---

[5] José Bono, *op. cit.*, p. 91.

de la corona con una parte de la nobleza y del pijerío patrio, que no salía de su asombro con la elección del heredero. No le perdonaban los orígenes plebeyos de la escogida y que las hijas casaderas de toda esa casta de ilustres apellidos no hubieran sido tenidas en cuenta para tan trascendente momento de la monarquía.

Letizia, hija de una sindicalista y nieta de un taxista, fue recibida con cajas destempladas por un sector de rancio abolengo y títulos heredados de padres a hijos, que poco o nada significan en la sociedad de la que procedía la princesa periodista. Fue una auténtica revuelta nobiliaria, amparada en el anonimato, que se desinfló en cuanto sus inspiradores fueron puestos bajo la lupa y el chivatazo llegó al salón del trono. El encargado de desenmascararlos fue el vizconde de Ayala y marqués de la Floresta, Alfonso de Ceballos-Escalera, que informó puntualmente a Zarzuela de las «bellaquerías y deslealtades» del PALO, la Plataforma Anti Letizia Ortiz, que así es como se apodaban quienes propinaron semejantes leñazos a la periodista. Se publicó un libelo que aún se puede encontrar en internet y que está repleto de argumentos retrógrados y trasnochados:

> Si cualquiera (como es el caso de Letizia Ortiz) puede ser reina de España, ¿por qué los Borbones y no los Pérez o los Rodríguez, licenciados y que hablen inglés? (…). España no es un decorado de Hollywood, no queremos cuentos de hadas (...). Me parece espléndido que sea «mu maja» pero no que sea «mu normal», porque para eso vale cualquiera, si es NORMAL, volvemos al punto anterior: la falta de legitimidad de los Borbón-Ortiz (…). Señor, se ha puesto a la altura de los concursantes de GH en *Tómbola* —claro que eso vende en la opinión pública—. Ha invertido diecisiete o dieciocho años en formarse y buscar a una mujer que fuera la futura reina de España y Letizia Ortiz es la opción que a SAR (Su Alteza Real) le parece mejor…

Entre los involucrados había trece nobles titulados, algunos de ellos grandes de España. Alfonso de Ceballos, a quien se puso en copia junto a otros cincuenta conjurados, los arrojó al pie de los caballos al publicar sus nombres en una carta al director de *El Mundo*. Le pusieron cinco o seis pleitos, pero los ganó todos.

El motín tenía su origen en la Real Academia Matritense de Heráldica y Genealogía y, según denunció este vizconde, en este movimiento «anti» estaban Javier Gómez de Olea Bustinza y Jaime Salazar Acha («conspiradores de vía estrecha, o más bien de salón»), el conde de los Acevedos (en la actualidad, letrado asesor de la Diputación de la Grandeza), el barón de Gavín y el marqués de Villapuente, Javier Timermans, entre otros.

«La aristocracia y el pijerío nunca la aceptaron. Les parecía horrible que el príncipe se hubiera casado con una periodista divorciada y no con una de sus hijas. Les parecía y sigue pareciéndoles», explican los excolaboradores de palacio. Así estaban de revueltas las grandes casas de lo que antaño era la corte tradicional que rodeaba a los reyes, en las monarquías del siglo XIX y principios del XX. Un concepto de la corona y de la corte que se exilió con Alfonso XIII en abril de 1931 y que su nieto no recuperaría con su llegada al trono, para disgusto de muchas señoronas y señorones del Madrid más rancio.

A muchos, el enfado todavía no se les ha pasado y ha ido a más conforme han visto que la Casa no ha movido un dedo por ellos, ni ha objetado nada a la reforma legal que igualó a hombres y mujeres a la hora de heredar títulos nobiliarios. «Su Majestad debe saber que los afectos son un viaje de ida y vuelta, que cuando se acaben los pelotas y arribistas y vengan los problemas, los obligados por tradición a defenderle a lo mejor se olvidan», advirtió el marqués de Villapuente. Pero su amargura, para qué nos vamos a engañar, no le inquieta mucho al anterior rey ni le quita el sueño a la nueva pareja coronada.

Lo paradójico de todo esto es que el mismo marqués que se partió la cara por ellos frente al resto de sus colegas nobiliarios ha acabado también bastante harto de Letizia, que, probablemente, no sepa ni quién es. «Después de haberla defendido en varios pleitos tuve un enganchón con ella hace dos años en un acto público —relata Alfonso de Ceballos-Escalera—. Me la presentaron en una cosa de la Marina y estuvo muy amable, hasta que alguien dijo que yo era marqués. Le cambió el gesto. Se dio media vuelta y se fue. Simplemente porque le dijeron que yo era marqués. A mí realmente me importa un bledo lo que piense de los marqueses. Tonta es ella si juzga a la gente por el título. Ahora bien, lo que me molesta mucho, porque es una falta de profesionalidad, es que se le note. Y se le notó mucho. Fue muy evidente que había pegado la espantada. Tan evidente que luego yo la he visto dos veces más y he tomado la decisión de no volver a entrar al trapo para que no me vuelva a hacer ese feo. En mi vida le vuelvo a dar el "majestad" ni el "señora" ni nada». Cuitas de alta cuna.

La picadora de carne

Si la casta más monárquica le había recibido con semejantes epítetos, Letizia no se podía imaginar que tampoco encontraría mucha mayor complacencia entre sus compañeros de profesión. Pepe Oneto se lo advirtió el primer día que la conoció, en el Teatro Real, en el concierto de Rostropovich con motivo del 65 cumpleaños de la reina y en el que la pareja fue presentada en sociedad. Allí, en el besamanos, el periodista le dio sus condolencias ante lo que se le venía encima.

—Lo siento mucho porque acaba de entrar en la máquina de picar carne.

—¿Qué es eso, Pepe?

—Pues que las televisiones están acostumbradas a hacer albóndigas y las albóndigas las hacen con un poquito de Isabel Pantoja y un poquito de Kiko Matamoros. Y tú ya has entrado a formar parte de la albóndiga. A partir de ahora creo que lo vas a pasar bastante mal y no sé si lo vas a aguantar.

«Es una frase que a ella le impresionó mucho y cada vez que me ve, me pregunta por la máquina de picar carne —explica Oneto—. La última vez que la vi fue en la fiesta del 12 de Octubre de 2014, ya muy chula y muy echada para delante como reina. Me dijo: "Bueno, ya ves, Pepe, he superado la máquina de picar carne". "Claro, ahora está usted en otra situación distinta y serán otros los que han entrado a formar parte del espectáculo"».

«Ella creía que, siendo princesa, iba a tener empatía con su colectivo de periodistas, pero los periodistas somos cainitas entre nosotros y nada corporativos», reconoce un famoso rostro de la televisión que está entre su círculo de amistades. «Cuando la vimos enamorarse del príncipe, pensamos que cualquiera de nosotros podría haber estado allí y se le ha hecho a partir de ahí una crítica inmadura e irracional».

El académico Luis María Anson, exdirector de *ABC* y fundador de *La Razón*, elogia el trabajo de la reina, su adaptación a la familia real y su capacidad para sobresalir como una perfecta narradora de discursos. «Tiene buena formación cultural, sin excesos, escribe correctamente y es tan lista que, al día siguiente de la abdicación —explica—, me dijo que como no podía compararse con doña Sofía, con tantos años como reina y que nació ya siendo princesa, solo había una cosa en la que le podía ganar, en los discursos. Y de eso se iba a ocupar especialmente».

Leticia, que recibió clases de inglés diplomático nada más aterrizar en Zarzuela, domina ya, además de esta lengua, el alemán y el catalán, y ha aprendido un poco de lengua de signos. Mientras, en sus primeros meses como reina, ha profundizado en las actividades en las que ya se volcó durante su etapa como princesa de Asturias. Una agenda con especial dedicación a temas relacionados con la salud, las enfermedades raras o el voluntariado. Destacan, entre sus primeros pasos en solitario, su presencia en actividades como los galardones de la Asociación contra el Cáncer, la presentación de la guía *Cuídate, corazón* para la salud cardiovascular de la mujer, el XXV aniversario de la Organización Nacional de Trasplantes, los premios Íñigo Álvarez de Toledo para la investigación nefrológica, la clausura del II Encuentro Iberoamericano de Enfermedades Raras, el Congreso Estatal de Voluntariado o la II Conferencia Internacional sobre nutrición organizada por la FAO, en Roma.

«La corte la maneja Letizia —explica otra gran conocedora de los entresijos de La Zarzuela—. Ella es la clave de todo, porque él es mucho más plano. Felipe es solo un profesional de lo que tiene que hacer, pero no aporta nada que sea picante o interesante. Y ella es una histérica de su intimidad, que lo controla todo y que no quiere que se conozca nada de lo que hacen, salvo cuando llaman a la prensa para vender su imagen de unidad, claro».

Además de lo profesional, comparten el factor humano. Así, si, como hemos dicho, Letizia se encarga de vestir a sus hijas cada mañana, Felipe es también un padre entregado que disfruta cuando puede jugando con Leonor y Sofía y se afana por cuadrar actividades para poder pasar más tiempo con ellas, según una versión acaso edulcorada que describen sus conocidos. «Con sus hijas se le cae la baba», explica Jaime Rodríguez Toubes, su padrino en el *Aifos* de la Armada. «En Palma, después de las regatas, nos solíamos ir a tomar unas copas toda la tripulación y él, en cambio, se iba corriendo para estar con sus hijas. En cuanto tiene un hueco se va con ellas. Don Felipe es muy niñero».

Este capítulo está compuesto por no pocos trazos de un hombre que cada día trabaja paradójicamente para alejarse del legado más sombrío de la etapa de su padre y para recuperar el esplendor de la etapa más aplaudida de una institución a la que muchos españoles consideran trasnochada e innecesaria. No obstante, por mucho que intente marcar distancias y aunque busque, apoyado por su esposa, modernizar en lo posible la corona, Felipe VI también tiene su propia corte, compuesta por amigos de varios círculos, altos cargos de confianza y otros personajes, algunos de ellos demasiado turbios, que suelen permanecer ocultos y que tratamos de presentar, con sus luces y sus sombras, a lo largo de las siguientes páginas.

3

Historia de un matrimonio

—Hola, ¿Letizia Ortiz? Soy Jaime del Burgo, de Pamplona. No sabes quién soy pero me gustas mucho y quiero conocerte.

Jaime se había quedado colgado de la reportera del *Telediario*. Como muchos otros espectadores que seguían sus historias en la cobertura de la crisis del *Prestige* o como enviada especial a la guerra de Irak. Pero, en su caso, había llegado a obsesionarse hasta el punto de querer conocerla. En un arranque de excentricidad, y convencido de sus técnicas de persuasión y de su encanto personal, este abogado navarro de ilustre apellido y perfil a lo Steve Jobs descolgó el teléfono, marcó el número de la centralita de Torrespaña y pidió que le pasaran directamente con ella.

Debió venderse muy bien, porque aquel arrebato desencadenó, según la versión que él ha contado a quienes le han interrogado sobre su conexión con la reina, una amistad que maduró en una relación de complicidades y confidencias que le elevaron casi a la categoría de valido de la princesa. Vínculos que se estrecharían aún más tras la boda de Jaime con su hermana Telma, y que, finalmente, han acabado en abrazos rotos tras una historia de desencuentros, rumores y mensajes envenenados.

Jaime Arturo del Burgo Azpiroz nació en Pamplona en mitad de los Sanfermines, el 10 de julio de 1970, y es hijo de uno de los hombres más conocidos de la política navarra, Jaime Ignacio del Burgo, expresidente de la Diputación Foral y, en los últimos tiempos, célebre por su trayectoria como diputado del Partido Popular en el Congreso y por su trabajo en la comisión del 11-M. Desde 2008 está retirado de la política activa.

Tras estudiar derecho en Pamplona, promoción del 93 en la universidad privada del Opus Dei, Jaime logró su primer trabajo en Madrid gracias a los contactos y a las buenas gestiones de su padre, que echó mano de su extensa agenda para colocar al hijo en la lanzadera de su carrera. En una agencia de valores que dirigía Aldo Olcese.

Su padre también le ayudaría después a que la Caja Madrid de Miguel Blesa le abriese las puertas para financiar sus hazañas empresariales, y le pondría también en contacto con algunos ministros de la era Aznar, como Francisco Álvarez Cascos, para que dieran relumbrón y mucho eco a sus primeros negocios. Como la planta de prefabricados de hormigón de Meco (Hormimeco) que el exministro inauguró el 5 de febrero de 2001 junto a Alberto Ruiz-Gallardón y otros representantes de la Comunidad de Madrid. Jaime es uno de esos empresarios que, por más vueltas que dé la vida, siempre caen de pie.

Como primer jefe, Aldo Olcese imprimió en su carácter —o eso asegura el navarro— cierta impronta útil para el mundo de los negocios. Y eso a pesar de que su recorrido por la agencia fue efímero. Tras leer su tesis doctoral («Principios rectores del régimen fiscal de Navarra»), decidió volar en solitario y despedirse de Aldo explicándole —de forma algo petulante— que no quería ser un empleado dependiente de nadie. Este *cachorro* de la alta burguesía de Pamplona quería subir los peldaños de la escalera del éxito a toda prisa y aun a riesgo de no tener todavía un saber muy depurado en el mundo de los negocios. Amateurismo que luego pagaría con creces, como recuerdan aún en las Torres KIO de Caja Madrid.[1]

---

[1] Es especialmente ilustrativo sobre las andanzas empresariales de Jaime del Burgo un reportaje publicado por *Interviú* en 2006 y titulado «Negocios de familia política». El periodista Joaquín Vidal explicaba las trayectorias de las empresas de pretensados

Quienes han seguido sus pasos desde que era joven aseguran que Del Burgo siempre tuvo tentaciones algo extravagantes y anhelos de llamar la atención. «Hace cosas un poco estrafalarias, porque él es un chico raro», asegura un antiguo compañero. «Tiene destellos de gran brillantez e inteligencia, pero luego hace cosas que no están en los cánones de la normalidad. Es un chico un poco inestable».

Lo que pocos podían barruntar es que, procediendo de mundos tan opuestos y de orígenes tan distintos, terminaría cruzándose en la trayectoria de la futura princesa de Asturias hasta convertirse en uno de los testigos de su boda y en personaje habitual de la prensa del corazón tras sus extrañas idas y venidas con Telma y Letizia. A muchos les faltaban secuencias con las que ensamblar todo ese relato que conducía al hijo de Jaime Ignacio hasta un lugar tan destacado en el entorno de la real pareja. Pero, al parecer, y siempre según la versión

---

industriales de hormigón creadas por Del Burgo en Corella (Navarra), en Meco (Madrid) y en Galicia. En la que constituyó en Madrid en 1999, Hormimeco, un 30 por ciento del capital lo puso la sociedad Capital Riesgo de la Comunidad de Madrid —gobernada por el PP—, con un 17,12 por ciento de las participaciones (1,5 millones de euros). Caja Madrid, por su parte, dirigida entonces por Miguel Blesa, y al frente de un sindicato de otros ocho bancos, concedió un crédito hipotecario a la empresa por valor de 18,7 millones de euros. En marzo de 2001, encabezando a otras entidades financieras, concedió otro crédito por valor de 9 millones de euros para refinanciar la deuda y dar líneas de venta y descuento. El reportaje destaca lo llamativo de que los ejecutivos de Caja Madrid, sentados en el consejo de administración de Hormimeco, dieran el crédito dos meses antes de que la empresa se declarase en suspensión de pagos. Del Burgo, por su parte, aseguraba en *Interviú* que el fracaso de Hormimeco se atribuía a que Caja Madrid «nos dejó en la estacada, sin financiación». Caja Madrid puso como requisito para intentar reflotar Hormimeco que Del Burgo abandonase su cargo de gestor, aunque este continuó como accionista mayoritario a través de su empresa Gadeinsa. En octubre de 2002, Del Brugo vendió la empresa a la constructora compostelana Puentes y Calzadas por un euro. El reportaje de *Interviú* sentenciaba: «La facilidad para lograr subvenciones y que estas empresas acaben en la quiebra son denominador común de al menos tres de estas iniciativas industriales, llevadas a cabo en territorios autonómicos "populares": Navarra, Madrid y Galicia (antes de la derrota de Fraga)». La publicación del reportaje generó fricciones entre los príncipes y el editor del Grupo Zeta.

que él ha contado a quienes, a su vez, nos la han hecho llegar, todo arranca con esa llamada a la redacción de TVE que dirigía entonces Alfredo Urdaci, que, por cierto, también es oriundo de Pamplona y buen amigo de este abogado.

Ausente en la proclamación de Felipe VI

Casado con Telma Ortiz desde el 11 de mayo de 2012, Jaime es el gran enigma de la corte actual de Felipe VI, de la que se ha caído estrepitosamente como Saulo de Tarso de su caballo, sin que nunca se hayan detallado muy bien las razones de ese ostracismo al que se les ha sometido a él y a su esposa en los últimos tiempos. Para una institución que se ha medido a lo largo de la historia por sus pronunciamientos y sus presencias y no por los titulares del día a día, un alejamiento como este nunca se improvisa sobre la marcha y es el vislumbre de que algo se ha hecho añicos de forma irremediable entre quienes eran leales amigos.

El día de la proclamación, a los familiares directos de Letizia se les reservó en el Congreso una tribuna de invitados, situada entre el palco de prensa y el espacio guardado para los secretarios de Estado del gobierno de Rajoy. Su madre, sus dos abuelos, su padre y su segunda mujer, Ana Togores —vetada diez años atrás como invitada a la boda de La Almudena, pero que tiene ya el níhil óbstat de Letizia—, siguieron desde allí la ascensión al trono del nuevo rey de España con especial emoción. Sobre todo Chus Ortiz, que no podía dejar de fijarse en sus nietas y de emocionarse con su exquisita corrección.

Los titulares se regodearon entonces en la gran ausencia de la infanta Cristina, ligada por amor y por decisión propia al porvenir de Iñaki Urdangarin, como único borrón de aquella imagen de felicidad completa que irradiaban los nuevos reyes. Obviando a su vez la otra mácula que arrastra la familia de Letizia con Telma y su marido, desahuciados de la corte y de ese tiempo nuevo que la institución estaba comenzando a escribir sobre su primera página en blanco. De Jaime no se supo nada.

Ni se cursó invitación. A Telma, sin embargo, sí que se la vio después en el Palacio Real, junto al resto de los suyos.

No siempre fue así. Hubo años en los que Del Burgo era el hombre de confianza para todo. El predilecto. El amigo que —según David Rocasolano— supervisaba las capitulaciones prematrimoniales de la boda con el príncipe y le sugería, como abogado, que tenían que tratarla mejor que a Lady Di. Versión que, sin embargo, otras fuentes consultadas por los autores y próximas al empresario niegan con absoluta rotundidad. Del Burgo fue también uno de los que estuvo al lado de Letizia en la clínica Ruber, tras el nacimiento de la princesa Leonor. Y en otras ocasiones, su espléndido ático de la calle Serrano, frente a la embajada de los Estados Unidos y junto a la iglesia de San Francisco de Borja, fue el teatro de operaciones de algunas cenas de los príncipes con su séquito de amigos de alta cuna, y el lugar en el que Felipe y Letizia se encontraron con invitados ilustres de la prensa que Jaime Arturo introducía en el círculo, como Pedro J. Ramírez y su esposa, Ágatha Ruiz de la Prada.

«Jaime es el hombre adecuado para discutir sobre capitulaciones matrimoniales, sobre cómo se debe tratar a Letizia o sobre cualquier otra cosa», escribe David Rocasolano en el libro sobre su prima en el que dedica una glosa a este empresario navarro. «No he conocido en mi vida a persona con tal cantidad de opiniones irrefutables sobre los temas más diversos. Si algún día lo veo hablando con un esquimal, estoy seguro de que le estará explicando con precisión la técnica más adecuada para construir un iglú. Como si llevara haciendo iglús toda la vida. Su sabiduría abarca los temas más diversos. De leyes a coches. De arte a lencería. De argonáutica a mampostería. Un verdadero *crack*».[2]

David Rocasolano no recoge en sus escritos el origen de esta relación, que, antes del noviazgo con el príncipe de Asturias, tuvo un alto grado de complicidad. «Mi sensación es que había habido mucha amistad entre ellos», explica una de las personas que ha tratado a Del Burgo en varias ocasiones. El primo de la reina lo introduce en su relato

---

[2] David Rocasolano, *op. cit.*, p. 241.

a raíz de una conversación telefónica que fecha a principios de febrero de 2004, en la recta final previa a la boda de La Almudena.

A Letizia, que ya compartía casa con el príncipe, le habían entregado por aquel entonces un documento extenso y puntilloso con las capitulaciones prematrimoniales que debía firmar y que, lisa y llanamente, la ataban de pies y manos de cara al futuro. Si se divorciase de Felipe VI, tendría derecho a una generosa compensación económica, a una residencia habitual y a otra de veraneo, pero, a cambio, perdería de antemano la custodia de los hijos que estuvieran por venir dentro del matrimonio. Algo que, según le advirtió ya entonces su propio primo, el abogado que había tramitado su divorcio de mutuo acuerdo con Alonso Guerrero, era ilegal, pues correspondía decidirlo única y exclusivamente a un juez.

Tras discutir el contenido del texto con su primo y con el príncipe, que zanja la llamada asegurando que las capitulaciones son «innegociables» —probablemente impuestas por la jefatura de la Casa—, Letizia opta, en última instancia, por buscar el refrendo afirmativo de Jaime del Burgo. Y en una conversación telefónica con el altavoz encendido, Letizia y David inician una charla a tres bandas que el primo recoge en su libro de la siguiente forma y que, recordemos, otras fuentes insisten en negar como ciertas, pues afirman que el abogado no ejerció como consejero legal en esta materia:

—Hola, ¿cómo estás?

—Bien, Letizia, ¿qué tal todo?

—Acércate, David. Es Jaime.

—Perdona, Letizia, ¿quién es Jaime?

—Jaime del Burgo. Un amigo. Nos conocemos de hace años. Es abogado, como tú —parece evidente que Letizia buscaba la opinión de un compañero, o eso pensé yo al comienzo de la conversación.

—Buenos días, David —educado, como mínimo, este tal Jaime.

—Buenos días. Encantado. No sé exactamente qué quiere Letizia que te comente. Discúlpame.

—David, coméntale qué te parece el documento —me asaltó Letizia rápidamente.

—No sé, Jaime, disculpa si te tuteo. Es un documento prematrimonial extenso —comencé mi disertación cuidando mi vocabulario (...). Jaime discutió algunos términos conmigo, nada serio.

—Letizia, ¿me oyes? —aquí venía el culmen.

—Sí. Dime, Jaime —replicó una Letizia más confiada que tras mi conversación inicial con ella.

—Escucha, aquí el problema no es este. Yo creo que es un problema de enfoque. A ti te tienen que tratar mejor que a Lady Di.

Se me acabaron todos los argumentos. ¿A cuenta de qué salía ahora este hombre con semejante tontería? Nunca llegué a entender la comparación de Letizia con Lady Di. Creo que, en definitiva, Jaime afirmaba que Letizia debía ser tratada mejor de lo que se trató a Lady Di. Y de que debería asegurarse de que su cobertura económica fuera suficiente como para que no acabara como la malograda dama inglesa.[3]

En efecto, Letizia no ha acabado tan trágicamente como la princesa de Gales, pero su historia de amor tampoco ha sido un camino de rosas. Con un primo enemistado para siempre y con el cambio drástico experimentado por toda la familia, lo suyo también ha sido, en cierto modo, una vida muy dañada.

A finales de enero de 2015, los reyes de España se desplazaron a Pamplona para inaugurar el nuevo Museo de la Universidad de Navarra. En el acto se entremezclaron viejas y nuevas caras de la política foral. Pero en una ciudad pequeña como esta, en la que todo el mundo se conoce, los allí convocados no dejaron de señalar un pequeño detalle que pasaría inadvertido en cualquier otro contexto: la frialdad con la que Letizia saludó a la mujer de Jaime Ignacio del Burgo, Blanca Azpiroz, al tiempo que se mostraba especialmente afectuosa con las esposas de otros personajes de la política local y con otros invitados a la recepción. A Blanca, la suegra de su hermana, solo le concedió un breve apretón de manos. Una pincelada en apariencia insignificante, pero cargada de contenido en un contexto de relaciones tensas dentro del núcleo familiar.

[3] *Ibid.*, pp. 126-127.

Las idas y venidas con Telma

La anécdota dejó a más de uno extrañado. Letizia no podía argüir un descuido o haber olvidado una cara. Tanto los príncipes como los Del Burgo al completo habían estado tres años antes, en julio de 2012, alojados en La Posta Vecchia, en Ladispoli (Italia), convocados para la celebración de la «reboda» entre Jaime y Telma. Un hotel con diecinueve habitaciones que fue la antigua mansión del millonario Jean Paul Getty y que el navarro había alquilado al completo para reunir, lejos de los objetivos de las cámaras, a sus familias y allegados más próximos, unas sesenta o setenta personas, entre ellos algunas de las periodistas amigas de Letizia, según explica uno de los invitados.

Previamente, en mayo, Jaime y Telma se habían casado por la iglesia y a hurtadillas en el Monasterio de Leyre —el mismo lugar donde se entregan cada año los Premios Príncipe de Viana—, en una sencillísima ceremonia a la que solo acudieron los padres del novio, la hija de Telma y un matrimonio amigo de la novia. Todo lo que rodea a este matrimonio y a la relación de estos dos con la reina de España es enormemente insólito. Faltan muchas y variadas piezas para reconstruir el puzle completo de lo que ha pasado entre estos dos bandos y entre ellos y don Felipe. Nexos que solo ellos pueden explicar.

Apenas dos meses después de aquella idílica estampa a orillas del mar Tirreno, las revistas empezaron a divulgar los primeros rumores de ruptura entre la pareja. Comentarios que han sido una constante a lo largo de los últimos años, pese a que el dúo permanece unido contra viento, marea y murmullos. En este tiempo, él ha optado por replegarse en sus cuarteles de invierno, a caballo entre Londres y Ginebra,[4] mientras emprendía una cruzada imposible contra la «prensa canalla» que no

---

[4] En su página personal de internet, *www.jaimedelburgo.com*, él mismo explica que se trasladó a Londres en el año 2000 y que sus actividades han cubierto energías renovables, robótica, construcción *off-site*, *marketing*, diseño industrial, producción de contenidos, arquitectura climática y asesoramiento financiero. Actualmente, vive entre Londres y Ginebra.

le dejaba vivir su sueño en paz. Curiosa cruzada para un hombre que, antes de elevarse a estas posiciones, también quiso hacer sus pinitos en el cuarto poder con una revista de temática local —*Navarra en marcha*, sobre política y negocios de la Comunidad Foral— y que hasta estudió la posibilidad de editar un periódico regional en Navarra en alianza con *El Mundo*.

«Mis abogados estudian acciones contra los medios que compran "robados" y los exhiben», amenazó públicamente tras la publicación de varias fotos de la «reboda» italiana. «Es como si alguien te robara la cartera y la vendiera después en un mercadillo. No hay diferencia entre robarte la cartera o tu imagen. El problema es que las indemnizaciones que imponen los jueces, al cabo de muchos años de pleitos, no ponen en riesgo la viabilidad de las empresas, a diferencia de lo que sí sucede en otros países, y por tanto les sale a cuenta delinquir».[5]

Deseos y tentaciones de acabar de un plumazo con la prensa cotilla que compartía con su cuñada. En una recepción oficial a la Junta de la Asociación de Directivos de Comunicación, en abril de 2012, Letizia, en línea con esa relación tan difícil que mantiene con la prensa, se despachó a gusto contra «los confidenciales» —así en genérico— y abogó porque los *dircom* de las grandes empresas allí reunidas no contribuyeran a financiarlos con su publicidad. Delirios de grandeza de ocho años amasando poder como parte de la Jefatura del Estado y que, aunque comprensibles por la cruzada de algunos medios contra ella, suponían una metedura de pata colosal. «Metiendo cizaña —recuerda una conocida articulista del *cuore*—. Que eres princesa, coño, cállate».

Meses antes, tras su boda con Telma en Leyre, Del Burgo había hecho otro alegato en defensa del derecho a la intimidad de su esposa en la sección de opinión de *El Mundo*. «He sido testigo del acoso sufrido por Telma y otros miembros de su familia, aunque ya no estén aquí para contarlo», explicaba en un extenso artículo en el que rememoraba a Érika Ortiz. «De este atropello soy testigo desde hace casi una déca-

[5] Carta de Jaime del Burgo a LOC, *El Mundo*, 14/VII/2012.

da, y ojalá hayamos puesto un punto final haciendo suya mi residencia en el extranjero. Si hay alguien en España que ha dicho alto y claro en muchas ocasiones, ante diversas instancias y enfrentándose a Goliat, que la dejen vivir en paz, ha sido Telma, mi esposa. Ahora ya no estará sola en la defensa de su derecho constitucional, aunque nos lleve años y terminemos pidiendo el amparo de la justicia internacional, donde la congruencia de su legislación y jurisprudencia le dará la razón, porque la tiene. Como la tiene el resto de los discretos violados por quienes permanecen impunes en lo alto del vertedero».[6]

¿Mensajes con Letizia como escudo para protegerse?

Por las razones que sean, Jaime acabó metiéndose en ese estercolero que denunciaba en su carta, enfrentado a esos gigantes difusos que él situaba en el entorno de la corona, alejado de Letizia. ¿Traicionado? ¿Caído en desgracia? ¿Apartado sin motivo conocido?

Una de las muchas personas consultadas por los autores de este libro a lo largo de los meses de investigación apunta hacia esta pista algo turbia: «Jaime ha preocupado a mucha gente. Es un personaje peligroso porque ha difundido cosas y ha preocupado bastante en altas esferas de la Seguridad del Estado. Tiene mucho peligro. Tira de ese hilo...». Hasta cuatro personas distintas unen los avatares de Jaime del Burgo con estas altas esferas de Defensa. Algo que, por otro lado, él mismo ha difundido, siempre según la versión que ha contado a algunas de las personas consultadas por los autores. Porque los sucesivos intentos de conseguir algún tipo de declaración, dato o respuesta por parte del empresario navarro no han tenido éxito, ni de forma directa ni indirecta a través de su familia, ni por correo electrónico ni por teléfono.

En el entorno del propio Jaime se preguntan quién está detrás de un incidente ocurrido en su casa de Ginebra, que habría sido asaltada y

---

[6] Jaime del Burgo, «Telma», *El Mundo*, 13/V/2012.

registrada. Y en lo que parece una estrategia de defensa y de protección, tuvo lugar un buen ataque a la línea de flotación del futuro de Zarzuela. Alguien no identificado hizo llegar a la redacción de uno de los cuatro grandes diarios nacionales unos mensajes y unos pantallazos que contienen conversaciones de la entonces princesa de España. Presuntas bombas con el contador en marcha que, sin embargo, nunca han sido publicadas y que, de momento, se guardan en un cajón sin que ese diario parezca interesado en publicarlas.

Un alto cargo del grupo editor de ese medio llegó a contar en las reuniones de una fundación en la que participan navarros ilustres la imposibilidad de publicar esos mensajes. Los responsables editoriales del periódico —tras un intenso debate con voces a favor y en contra— decidieron no dar un paso adelante con esa historia, por no tener, igualmente, la certeza absoluta de que lo que en ellos aparecía fuera relevante y veraz. Lo cual no quiere decir que esos mensajes no acaben viendo la luz en el futuro —en ese o en otro medio español— si algún elemento novedoso les otorga esas dos condiciones de relevancia y notoriedad.

Esta historia, de la que faltan muchos cabos, la corroboran hasta seis fuentes distintas a los autores, cuatro de ellas ligadas directamente al diario que recibió los documentos y una procedente de un extrabajador de Zarzuela. El contenido de estos mensajes es el secreto mejor guardado y más peligroso en la corte de Felipe VI.

Del Burgo, como se ha dicho, ha eludido responder a las preguntas formuladas acerca de su posible relación con esos documentos, mientras que el jefe de comunicación de Zarzuela, Jordi Gutiérrez, asegura desconocer la existencia de cualquier tipo de mensaje o amenaza subrepticia. Una respuesta que encaja en su perfil de hombre frontón, que devuelve todas las pelotas sin dejar fisuras para no contar lo que no quiere. En todo caso, esta historia de los mensajes se sitúa en la etapa anterior a su trabajo como responsable de comunicación de Felipe VI. Tampoco puede obviarse, a este respecto, que desde el entorno del propio Del Burgo aseguran que se trata de exageraciones de la prensa rosa o rumores malintencionados y afirman que en una ocasión se publicó que Jaime estaba con Letizia en una ciudad, pero en realidad estaba en otra, a muchos kilómetros de distancia, con Telma.

«Altibajos» de la relación

En los días previos a su proclamación, los nuevos reyes ofrecieron una imagen de unidad y de cariño con la conmemoración de sus diez años de casados, fecha redonda que la Casa había utilizado para lanzar previamente su canal de Twitter y difundir, urbi et orbi, las imágenes de dicha familiar junto a sus hijas, a la salida de su residencia. Desde finales de enero, como apuntan colaboradores de su círculo más estrecho, en Letizia se podía observar un cambio de actitud y de tono que rompía radicalmente con esos dos últimos años salpicados de «altibajos» en su matrimonio y de situaciones tensas, que en algunos casos saltaron a la palestra y en otros se convirtieron en comidilla de rumores en ese pequeño Madrid de los círculos influyentes. Como el día que decidió largarse de Palma de Mallorca y dejar a Felipe y a las niñas en Marivent, en lo que se interpretó como el primer gran gesto revelador de una crisis entre ambos.

«Esa fue una época mala, desde abril hasta agosto de 2013 hubo una época mala entre ellos. Mala, pero en la que seguían perfectamente», explica una de las personas que trabajaba a su lado entonces. «No había una crisis, pero sí hubo un momento en el que no sé qué pasaba entre ellos, pero era una época rara».

Lo que sucedió en Marivent es que Felipe y Letizia habían estipulado con la Casa un régimen estricto de visitas al palacio estival, que saltó por los aires cuando don Juan Carlos le requirió a su hijo que se quedara allí unos días más con las nietas. Felipe es incapaz de desobedecer a su padre y, además, estaba de acuerdo. Letizia, no. Y como aquel ambiente siempre le había resultado asfixiante, no hubo quien la persuadiera en sentido contrario. «La princesa dijo que ellos se habían comprometido a irse un día concreto y que se iban a ir ese día. Él dijo que no y entonces ella siguió lo previsto y se piró a Madrid», explican.

Don Juan Carlos tenía programado ese viernes su tradicional despacho estival con el presidente del Gobierno, Mariano Rajoy. Letizia no tenía por qué estar. «¿Qué pasó? Que después del despacho, el rey le dijo a Rajoy que se quedase a comer y llamó al príncipe para que almorzase con ellos, y luego aparecieron las niñas y saludaron a Rajoy. Parece que ella no quiso estar, pero lo cierto es que nunca se planteó que estuviese. Además, la reina Sofía tampoco estuvo y ni se ha contado nunca ni pasó nada».

Aquella estampida desencadenó los primeros relámpagos conocidos de tormenta dentro de la pareja. Llovía sobre mojado. Ese verano, Letizia había sido extremadamente parca en sus apariciones en Palma. Llegó a la isla tres días después que su marido, y se largó también tres días antes que él, sin ningún motivo que lo justificara.

Dos de las periodistas habituales de la información de la Casa del Rey, Almudena Martínez-Fornés, de *ABC*, y María Ángeles Alcázar, de *La Vanguardia*, fueron testigos de su extraña desaparición y lo publicaron en sus respectivas cabeceras. Una vez más, en un arrebato, la princesa no había medido sus pasos ni las consecuencias de tan tajante decisión, que demostraba, por un lado, su hastío de Mallorca y de los Borbones y, por otro, su desinterés por algo que es sacrosanto en todas las monarquías: la correcta apariencia de puertas hacia fuera y la capacidad de teatralizar una imagen idílica y admirable, aun cuando, tras los muros de palacio, caigan chuzos de punta. Su escapada, puesta negro sobre blanco en las páginas de ambos periódicos, hizo que el tema alcanzara una nueva dimensión y temblasen los cimientos de la Casa del Príncipe. Sobre todo, por el eco que oreaba *ABC*, el periódico monárquico por excelencia.

«Nos lo hizo pasar fatal ese verano», recuerda otra de las cronistas habituales de las salidas de Letizia. «Llegó tarde a Palma y, por supuesto, no bajó al Club Náutico. Hizo un posado con Felipe y con las hijas en la Granja Esporles, en el que, además, estaba gritona... Era una forma de gritarnos a todos, pero gritando a las niñas. Y, al día siguiente, ¿dónde está Letizia? No sabíamos si se había ido por la noche, a última hora, o en el primer avión de la mañana. El rey Juan Carlos solía comentar a sus íntimos que se había ido a sus cosas, haciendo referencia a sus pinchazos y a sus cirugías».

ABC enfocó aquella historia con un titular («Señales de crisis entre los príncipes de Asturias»), que Javier Ayuso, entonces responsable de prensa de palacio, tuvo que matizar horas después. El texto de la crónica firmada por Martínez-Fornés incidía en esas supuestas desavenencias:

> El príncipe de Asturias ha reanudado sus vacaciones tras un paréntesis de cuatro días y en medio de fuertes rumores de crisis matrimonial. Estos rumores empezaron antes del verano (...). La razón no sería el desafecto, pues aseguran que «sigue enamorado», sino el difícil encaje de su esposa en la institución. Nueve años después de su boda, doña Letizia sigue marcando un espacio propio fuera de la familia, continuación de su vida anterior, que en ocasiones choca con su actual condición. Además se muestra impermeable a consejos y sugerencias.

Y añadía el empeño de Letizia de distinguir entre su faceta pública y la privada y en la creencia extendida de que «es una princesa de ocho a tres», cuestiones que habían motivado «numerosas críticas en un país en el que la familia real ha ejercido como tal las veinticuatro horas de los trescientos sesenta y cinco días del año (...). Quizá el verano sirva para reflexionar».

Para ser *ABC*, el rapapolvo era bastante serio. Cuando se le pregunta, con el tiempo, por aquella crónica, Almudena se desmarca del titular de la información y asegura que ella en ningún momento aludía a la crisis de pareja, sino al comportamiento de Letizia dentro de la institución. «El problema no es de la relación de la pareja. El problema es de la conducta institucional de ella. No es porque la pareja no funcione o tenga problemas como matrimonio. El problema es que el príncipe estaba sufriendo por ese proceder de ella. Y eso es lo que había que aclarar. Problemas había, como en cualquier matrimonio, pero no era un problema de desenamoramiento».

El correctivo de Zarzuela

En su libro *Felipe y Letizia, la conquista del trono*, José Apezarena apunta directamente a la hipótesis de que Zarzuela impulsó aquella información para hacer llegar a Letizia un correctivo sobre su conducta indomable. Sea como fuere, la dimensión alcanzada fue tal que, como se ha dicho, Javier Ayuso tuvo que rebajar el tono de la crisis y sugerir una segunda pieza a modo de aclaración, que se publicaría dos días después en *ABC*. En unas declaraciones no atribuidas, que solo se pueden poner en su boca, la Casa matizaba: «No hay una crisis matrimonial, sino una crisis en la percepción pública del matrimonio motivada por la interpretación errónea de determinados hechos. Pero son dos cosas distintas». Y aludiendo al círculo más próximo al príncipe, el periódico le daba la vuelta a la situación haciendo de la necesidad virtud y poniendo en valor que don Felipe decidiera seguir sus vacaciones por su cuenta. «Es una prueba de que su relación matrimonial evoluciona con normalidad y no han hecho ningún esfuerzo por disimular que iban a estar unos días separados».

Fuese intención de Zarzuela o no, lo cierto es que aquellas informaciones lograron que Letizia dedicase el resto del verano a reflexionar sobre su comportamiento y volviera a la senda de lo que se esperaba de ella. En septiembre de 2013, en Buenos Aires, en su siguiente aparición institucional junto a Felipe, en la defensa de la candidatura española para los Juegos Olímpicos de 2020, reapareció una nueva princesa, que estaba en las antípodas de la que había ido ese verano a Mallorca.

Entonces, la actuación del príncipe ante el COI marcó un antes y un después en su larga carrera hacia el trono. Su perfecta dicción en inglés, su serenidad y su aplomo en la defensa de la candidatura de Madrid dispararon su popularidad y la percepción de que ya estaba preparado para asumir el relevo. La imagen que desprendía rozaba la perfección, el máximo de lo que se podía esperar de él en ese trayecto final hacia la corona. Pero la sombra permanente de las habladurías sobre la solidez de su compromiso con Letizia inquietaba dentro y fuera de palacio. Rumores que no surgían de la nada y estaban basados, con más o menos acierto, en situaciones de tensión vividas en la pareja y que, en ocasiones, se habían evidenciado delante de terceros, sin el menor disimulo. ¿Y qué puede ser más morboso que contar en determinados ambientes los rumores de la regia pareja?

Una de estas anécdotas que dejó sin habla y muy incómodo a quien la presenció, un alto dirigente político madrileño, se produjo antes de un acto oficial celebrado en las instalaciones del Matadero de Madrid, en octubre de 2012. Los príncipes tenían que entrar en una sala que estaba rebosante, para participar en un acto de carácter cultural. En un determinado momento, el protocolo dispuso que esperasen unos minutos en una antesala. Felipe, para restar importancia a la demora, afirmó en voz alta que ellos allí eran «unos *mandaos*». Pero Letizia, que venía tirante de antemano, aprovechó la contestación de su marido para ridiculizarle delante de esta autoridad, a quien esos minutos encerrados con ellos se le atragantaron. «Se creerá gracioso y todo», cortó fríamente Letizia. Acto seguido, Felipe tenía que leer un discurso ante cientos de personas. Había tanta tensión entre ambos que el príncipe se trastabilló varias veces mientras leía su mensaje. Letizia, por su parte, sentada en primera fila, demostró su mayestático desdén hacia su esposo dedicándose todo el tiempo a intercambiar mensajes de móvil con terceras personas, sin atender en ningún momento a lo que decía el príncipe. La atmósfera entre ambos se podía cortar con una navaja suiza. Terminaron la mañana recorriendo las instalaciones que acababan de inaugurar, cada uno por su lado, sobre todo por voluntad de ella, y con Felipe preguntando cada dos por tres dónde estaba Letizia.

El 28 de enero de 2014 el rey Juan Carlos acababa de comunicar a Rafael Spottorno el traspaso de la corona a su hijo. Por eso, en un proceso de extremada debilidad para la institución, el artículo publicado ese día por el periodista Raúl del Pozo, uno de los más veteranos de la tribu, se asemejaba a una granada de mano lanzada sobre un campo de minas. De vez en cuando, Del Pozo utiliza su atalaya en la contra de *El Mundo* para arrojar algunos proyectiles. Como cuando reveló detalles del caso Bárcenas y de la supuesta financiación ilegal del PP. *Peccata minuta* para lo que supusieron aquellas líneas sobre los príncipes, que ya apuntaban tímidamente hacia la pista de Jaime del Burgo al asegurar que «muchas de las intrigas vienen de Londres».

El texto se titulaba «Avería de los príncipes» y Del Pozo se hacía eco de los percances más o menos habituales del avión del príncipe, que lo había dejado tirado en varias ocasiones, para adentrarse después en las procelosas aguas de la crisis de la pareja. Aseguraba que tres altas autoridades del Estado habían sido testigos en los últimos tiempos de broncas entre don Felipe y doña Letizia. Y alertaba del peligro que para Letizia puede generar que su vida privada sea una «crónica electrónica». Otro juego de palabras que señala también en la dirección de estos correos electrónicos.

> Los cortesanos se alinean a diferentes apuestas y, como en los tiempos de la Leyenda Negra, muchas de las intrigas vienen de Londres, ciudad a la que visitan de tapadillo los miembros y miembras de la familia real. Los reyes, según Voltaire, se parecen a los matrimonios traicionados, nunca saben lo que ocurre; aquí en España, como en Francia, los cornudos de cualquier sangre —real o plebeya— son los últimos en enterarse.
>
> No sé si el rey, el presidente del Gobierno o el líder de la oposición conocen algunos de los mensajes con los que los comensales disparan las novelerías de los príncipes de Asturias. Desde hace unos meses, los secretos de alcoba, romances y escapadas son de dominio público (...). Asturiana, rebelde y ambiciosa, menospreciada por el rey y las infantas, se negó, e hizo bien, a continuar la historia masoquista de las reinas de España. Sigue siendo hermosa, es decir, peligrosa, pero debiera saber que su vida privada es una crónica electrónica y que su matrimonio puede tronar por los aires.

El columnista no ha querido volver a saber nada de este tipo de historias, que generan, una vez impresas, más disgustos y quebraderos de cabeza que satisfacciones. Dos días después, el periódico que dirigía Pedro J. Ramírez llevaba a primera página la respuesta de palacio al terremoto generado por la columna. «Zarzuela dice que en el matrimonio del príncipe solo hay altibajos». La crónica, firmada por Ana Romero, fechada en el día del cuarenta y seis cumpleaños del príncipe de Asturias y, como se ha dicho, en medio del relevo en lo más alto de la Jefatura del Estado, se publicó el mismo día en el que el director de *El Mundo* fue cesado y relevado de su cargo tras veinticinco años a los mandos del rotativo.

El príncipe, por cierto, aprovechó ese día de su cumpleaños para cenar con Letizia en DiverXo e intentar acallar cualquier rumor. Había charlado con el cocinero David Muñoz, tres estrellas Michelin, en la feria de turismo Fitur, y había logrado que le reservasen una mesa por encima de toda la lista de espera. Pero como apuntaba Raúl del Pozo, los cortesanos cerraron filas de inmediato en torno a los futuros reyes. *ABC* volvía a publicar la versión más edulcorada del matrimonio, recordando, una por una, todas las salidas de la pareja de los últimos meses y criticando que algunos medios solo estuvieran interesados en publicar las fotos en las que ambos hacían planes por separado. «Estos hechos coinciden con el interés de algunos sectores en alimentar la polémica sobre la supuesta crisis en la relación de los príncipes, cuando en estos momentos no hay indicios de alejamiento», escribía Martínez-Fornés. «Incluso se ha llegado a elevar a la categoría de declaración oficial un comentario privado de un portavoz de Zarzuela, que comentó que en el matrimonio de los príncipes, como en todas las parejas después de diez años, había había altibajos». En cambio, Ana Romero insiste en que el titular de su exclusiva no era un «comentario privado», sino una «declaración buscada y deseada por Zarzuela» para controlar los daños causados por la columna. «Aún estoy esperando el desmentido», ironiza en conversación con los autores.

¿Una crisis ya superada?

Los «altibajos» de la pareja podrían darse por superados, a juzgar por la armonía que ambos irradian en sus actos oficiales desde que son reyes y a pesar de que a los autores de este libro también les han contado supuestos desplantes de Letizia a Felipe en otros contextos, o comentarios negativos de ella hacia él en alguna de sus visitas al *atelier* de Felipe Varela.

El juego de miradas cómplices o de gestos cariñosos que ambos suelen mostrar en público en sus primeros meses de reinado no invita a pensar otra cosa. Sea cual fuere su realidad de puertas adentro, que solo a ellos compete mientras no afecte a su actividad institucional, a buen seguro que su matrimonio ni es tan tormentoso como apuntan las explicaciones más disparatadas ni tan bueno como lo retratan las versiones más dulcificadas. Ni los despropósitos de un lado ni las verdades oficialistas del otro sector.

«Ni se llevan tan bien ni se llevan tan mal», apunta otra experta de la crónica habitual de la Casa del Rey. «Tienen una muy buena relación de trabajo, por así decirlo, y luego una relación íntima y personal que es desconocida para el cien por cien de los mortales. Se diga lo que se diga, y aunque casi todo el mundo que habla de ellos diga que lo sabe a ciencia cierta».

Quizá, en efecto, a los problemas de cualquier pareja se unió durante años la tremenda válvula de presión a modo de la picadora de carne, que, una vez conquistado el trono, ha aflojado su fuerza y ha permitido que se muestren más liberados y, por tanto, más dichosos. Sobre todo, después de diez años a la sombra del rey Juan Carlos, cuyas relaciones con Letizia siempre han sido más que mejorables.

La reina ha perdido la frescura y la inocencia con la que el 1 de noviembre del año 2003 comparecía al lado de Felipe tras anunciarse el compromiso del príncipe de Asturias. Quizá pensaba entonces que estaba viviendo un cuento mágico de princesa de Disney, sin imaginar todavía lo que tenía por delante. Resistencias dentro y fuera de palacio, una crítica a todo lo que hace o dice, que en ocasiones ha superado lo soportable, la dificultad de adaptarse a un mundo tan completamente opuesto a su realidad profesional, la obligación de perder su voz y convertirse siempre en la consorte que no sobresale por delante de Felipe, cierta reprobación machista entre la corte, de hombres que trabajaban al lado de don Juan Carlos, y un carácter, el suyo, que se ha ido agriando a lo largo de toda esta metamorfosis de periodista en princesa y reina.

«Él la cuida muchísimo. Los dos están casados con España y lo saben. Eso sí que es una relación a tres», explica una amiga de Letizia, que también ha sufrido en propias carnes lo que es estar expuesto a la crítica social por todo lo que uno hace y dice. «En España hay que ganarse el derecho a vivir día a día. A ella la hemos convertido en una mujer que podría acabar bordeando la locura. Hay muchas envidias y se ha sido muy duro. Ella no puede hacer nada más que callar y guardar silencio. Y eso, emocionalmente, lo vive en la más estricta intimidad, porque sabe que, de muchas personas, no puede esperar ese apoyo».

El atentado que lo cambió todo

El 11 de septiembre de 2001, diecinueve terroristas de la red de Al Qaeda golpearon el corazón del imperio norteamericano, impactando sendos aviones contra las Torres Gemelas de Nueva York y ocasionando graves daños en la sede del Pentágono, en Virginia, con un tercer aparato. Un último avión, que tenía como eventual objetivo el Capitolio, se estrelló en Pensilvania tras el forcejeo de los pasajeros con los terroristas. El atentado, que mostró el lado más vulnerable de los Estados Unidos, marcó un antes y un después en la historia de la humanidad y en el devenir futuro de las guerras de Afganistán e Irak. También, aunque esta historia se conozca menos, en la propia trayectoria vital de Felipe de Borbón y Eva Sannum, que estaban decididos a anunciar su boda hasta que los sucesos del 11-S enterraron bajo los escombros cualquier esperanza. No estaba el ánimo colectivo como para embarcarse en los fastos de una boda de Estado.

Solo dieciocho días antes, el príncipe había elevado el rango del noviazgo al acudir con Eva a la boda del príncipe Haakon de Noruega con Mette-Marit Tjessem. Las fotos de Sannum, en el baile de gala que siguió a la cena, con un pronunciado escote y un vestido azul añil, fueron a su vez las últimas instantáneas oficiales de una pareja que, en cuestión de días, quería anunciar su boda y que, en ese momento, contaba con el apoyo de la reina Sofía, que bendijo, aunque fuera solo con su presencia en Oslo, aquellas imágenes que tanto dieron que hablar.

«El derribo de las Torres Gemelas impuso una especie de tregua apocalíptica sobre cualquier mundanal asunto que no fuera velar a los muertos y perseguir a los culpables», escribió Pedro J. Ramírez en una de sus cartas del director. «En ningún rincón de la civilización occidental, incluida España, había estómago emocional ni margen protocolario para anunciar un compromiso principesco. Por eso, y solo por eso, el cruce del Rubicón se pospuso. Primero durante unas semanas, después indefinidamente».[7]

Si los aviones no se hubieran estrellado contra las torres, hoy la historia sería bien distinta y, quizá, también en el seno de la propia familia real española. Porque esa joven pareja estaba decidida a casarse por amor y don Felipe así lo había ido defendiendo, con ahínco y contra la razón de Estado, ante la legión de padres de la patria que el rey Juan Carlos le fue enviando para hacerle desistir de sus propósitos.

En comisión de servicios, acudieron al despacho del príncipe el expresidente del Congreso de los Diputados Gregorio Peces-Barba —que dirigía la Cámara Baja cuando Felipe alcanzó su mayoría de edad—, Adolfo Suárez, Leopoldo Calvo-Sotelo, Felipe González, José María Aznar y hasta José Luis Rodríguez Zapatero,[8] líder de la oposición en aquel momento.

El propio Peces-Barba recordaría años después aquella conversación con el heredero. «"Tú, como le has tomado juramento —me dijo el rey—, a ver si le convences". Estuvimos hablando una hora de la Constitución. Casi le hice una especie de examen, y se lo sabía todo. Y al cabo de una hora —no iba a ser yo el que plantease el tema—, me dijo: "Y bueno, de lo mío, ¿en la Constitución qué hay?". Yo me hice un poco el tonto y le dije: "¿Qué es lo suyo, señor?". "Que con quién me caso". "Yo le voy a decir dos cosas —contesté—. Primero, que esa idea de que un rey o un futuro rey tiene que casarse con alguien de la nobleza o de las familias reales, ya no...". Le puse algunos ejemplos y le dije que podía casarse con quien quisiera, siempre que fuera una persona que tuviera clara una cosa. Y es que, desde el momento en el que se casase con el príncipe, se habían acabado las libertades. Que no era posible que esa persona se divorciase y que eso él tenía que pensarlo

---

[7] *El Mundo*, 9/XI/2003.

[8] *El Mundo*, 16/XII/2001.

mucho para que la elegida no fuera de ese estilo. "¿Y dónde encuentro yo ese mirlo?", algo así me dijo. "Bueno, señor, pues yo creo que el modelo lo tiene muy cerca. El modelo lo tiene en su madre", le dije».

Los socialistas, por su parte, le salieron rana al monarca. González le dijo que si al príncipe «se le reconoce la capacidad de ejercer la Jefatura del Estado, también se le debe reconocer el derecho a escoger a su futura esposa». Zapatero, en buena muestra de su manoseado talante, subrayó que el PSOE apoyaría la decisión que tomasen el rey y el príncipe. En el gobierno del PP, por su parte, había más división y hasta se llegó a estudiar una exhaustiva tesis doctoral de varios centenares de folios centrada en los problemas jurídicos que el enlace podría generar en su aprobación parlamentaria.

El heredero también se encargó de hacer sus propias catas. Habló con líderes de opinión como Iñaki Gabilondo o con Pepe Oneto, que, en su caso, fue convocado a palacio el día de San Isidro, en mayo, por deseo del rey y mediante la gestión del que era entonces jefe de la Casa, Fernando Almansa.

Citado a las diez de la mañana, Oneto estuvo con él prácticamente dos horas, repasando la situación política del país y de la monarquía, y encontró al príncipe profundamente enamorado y un poco dolido por cómo se había frustrado, años atrás, su primera relación con Isabel Sartorius. Y no parecía dispuesto a volver a comulgar con ruedas de molino. El periodista desplegó todo su arsenal de argumentos. Que no era la mujer adecuada para un país que no se declara especialmente monárquico, que tenía que tener mucho cuidado y sopesar todas las circunstancias...

—Imagine que usted se casa con ella y en un momento determinado hay un atentado y muere Vuestra Alteza. Se quedaría una modelo de supermercado de regente de España. Si la monarquía, en muchos sectores, es difícilmente aceptable, eso sería el final de la institución.

Felipe se revolvió amargamente ante esa referencia a la «modelo de supermercado», con la que Oneto había desbarrado.

—Es solo una descripción —trato de suavizar la crítica—. No es una modelo de alto *standing*, de Christian Dior ni de grandes firmas, sino una modelo sueca que ha tenido suerte pero sin mayor importancia.

—Hombre, Pepe, te has puesto en el supuesto más trágico que podría ocurrir.

—Dada la situación política del país, puede producirse ese escenario. Por otra parte, la monarquía es un tema que tarde o temprano se va a abrir en este país cuando haya una reforma de la Constitución. Hasta ahora no se ha reformado, porque hay un sector que teme que, si se abre el melón, el primer tema que va a salir es el futuro de la monarquía y, efectivamente, creo que usted debe obrar con mucha prudencia.

—Estás hablando desde un punto de vista bastante provinciano, porque hoy en día no hay nacionalidades y una sueca o una noruega es igual que una española. Estamos en Europa y no hay diferencias entre nacionalidades.

—Hombre, señor, entre un pescador noruego y uno de Cádiz hay una diferencia abismal…

La conversación no surtió efecto. La relación era muy sólida y duraba ya cuatro años. Desde que, en 1997, se habían conocido en una cena en el restaurante mexicano El Cuchi, en el centro de Madrid. Carlos Mundi, dueño de la agencia de modelos Magic, en la que Eva había hechos sus pinitos, se la presentó al heredero. Y en los últimos tiempos, la noruega había supervisado junto a él la finalización de las obras de su nueva casa dentro del recinto de La Zarzuela, en ese tiempo en el que ambos iban a las casas de los amigos de Los Rosales y se fijaban en los picaportes, en los interruptores de luz y en otros pequeños detalles que copiar para su futura residencia en común. En alguno de esos momentos, Sannum almorzó con los reyes en Zarzuela, y en una conversación informal abogó por «modernizar» la monarquía. Don Juan Carlos nunca perdonó esa osadía. «¿Será esta la que nos modernice?», repetía con guasa.

Y así, al fin, Felipe acabó por rendirse, víctima de las circunstancias y de la revuelta originada dentro de la corte. El 14 de diciembre de 2001 puede que sea, probablemente, uno de los días más aciagos y amargos de su existencia. En un gesto insólito, él mismo aprovechó una copa informal con periodistas con motivo de las fiestas navideñas para dar la cara y zanjar el debate nacional en torno a su noviazgo. «Eva y yo hemos decidido de mutuo acuerdo que no habrá compromiso que anunciar en el futuro y poner fin a la relación. Cada uno seguirá su camino en la vida. Simplemente no ha prosperado y punto. No hay más lecturas».

El príncipe terminó con ella como un caballero. La llenó de epítetos y buscó las mejores palabras para una agridulce despedida: «Es una persona llena de fortaleza, determinación, sensibilidad, serenidad, capacidad de superación y gran sentido de la justicia. Eva es muy querida y respetada y espero que perdure una buena relación de amistad personal. La disyuntiva razón/corazón, deber/querer no se ha dado porque son conceptos que están unidos».

Almansa sale de palacio

En los mentideros de la Villa y Corte se asegura que una de las entrevistas más desagradables que, a la postre, desembocaron en la ruptura forzada de la pareja fue la que el príncipe mantuvo en aquellas fechas con el presidente del Gobierno, José María Aznar, uno de los que más se opuso a la boda. La audiencia, celebrada a finales de verano de 2001 y antes del atentado de Nueva York, fue especialmente tensa. Pero ni siquiera en ese momento, Aznar logró convencer al heredero de que, con su decisión, podían saltar por los aires todas las reglas que sostenían en España a la monarquía,[9] ese juguete de cristal que siempre amenaza con resquebrajarse, pero que, a la vez, aguanta estoicamente el paso de la historia. El presidente salió de aquella reunión convencido de que la boda era imparable.

«Es un estereotipo, un lugar común», explica, sin embargo, Fernando Almansa, jefe en aquellos tiempos de la Casa del Rey. «Aznar se ha convertido en el hombre con el que las entrevistas eran siempre tensas. ¿Qué te puedo decir? Que fuera una entrevista tensa no es propio de la relación de un presidente del Gobierno con un príncipe heredero. Aznar se manifestó y dio su opinión. Le dijo que no le parecía la

---

[9] Victoria Prego, *El Mundo*, 10/II/2002.

persona más adecuada. Y se lo dijo como es él, de forma sobria, austera y poco simpática. Como lo hace en otras circunstancias».

La ruptura tuvo un alto precio para este servidor del rey Juan Carlos, que agotó sus días en palacio al mismo tiempo que Eva Sannum era despedida con todos los honores por Su Alteza. Almansa fue cabeza de turco, precisamente por haber aceptado el papel de correveidile de don Juan Carlos, que, falto de autoridad moral para imponer sobre su hijo las razones de Estado a las razones del corazón, se hizo valer del jefe de su Casa para mediar en este contencioso amoroso.

Pilar Urbano recuerda que en aquella época en la que se hablaba del noviazgo en todas las tertulias, a ella y a José Apezarena les invitaron a participar en un programa de televisión como analistas. Antes de entrar en el plató, telefoneó a Almansa para que le diera algo de contexto para su «gobierno de la situación».

—Fernando, ¿esto va con alfombra roja o solo es un ligue fuerte?

—Mira, Pilar, el príncipe se puede casar con quien quiera —le contestó—, pero el príncipe tiene que reinar y pensarlo con la cabeza. Esta chica ha tenido necesidad de ganarse la vida porque su padre los abandonó. Ha tenido una vida difícil y se puede enseñar de todo, pero, vamos, enseñar la lencería interior... Eso, con todos mis respetos, está a un paso del prostíbulo [«Es muy fuerte pero así me lo dijo», apostilla Pilar a los autores]. Es que los periodistas os empeñáis en casarlo pero esto no es un compromiso. Desde aquí no se ha anunciado en ningún momento esa relación.

Almansa llevaba nueve años dentro de La Zarzuela y es cierto que él mismo había expresado que era un capítulo más que cumplido, suficiente como para pensar en el relevo. Pero también lo es que la crisis con el príncipe precipitó su salida, que se anunció solo dos meses después y se efectuó, finalmente, en diciembre de 2002. Almansa pagó con creces como depositario de los reproches que Felipe no le podía hacer a su padre.

«Eso es un disparate, son cosas que se le ocurrieron a Jaime Peñafiel», se revuelve Almansa cuando se le interroga por su salida de Zarzuela. «Mi posición en ese tema era la posición del rey. Al rey y a mí no nos parecía bien ese noviazgo —razona en su descargo—. Yo anuncié mi salida con ocho meses de antelación y sigo teniendo una gran relación con la Casa y con don Felipe. Pedí el relevo al rey porque creía que la Casa debía renovarse. Mis antecesores, Sabino Fernández Campo y el marqués de Mondéjar, se perpetuaron mucho y yo quise dar un ejemplo. La media de edad en la Casa era de setenta años cuando yo llegué. Diez años eran más que suficientes para ese cargo. Eso sí que lo quiero desmentir, porque es un invento de la prensa». E incide, en este sentido, que sostener lo contrario, que salió por expreso deseo de don Felipe, es no conocer a don Juan Carlos ni entender que un jefe de la Casa no actúa por su cuenta y riesgo, sino por delegación del monarca.

Pero Peñafiel, por alusiones, se mantiene en sus trece. Por más que él no fuera el único que cincelase esa versión menos decorosa para Almansa.

—¿Eso dice? Pues lo mantengo —responde entre carcajadas—. Pero si Almansa y yo somos buenos amigos... Yo le digo muchas veces que me gustaría saber cómo se negoció la salida de Eva Sannum e incluso si se le pagó dinero. Porque a esa chica no se le podía dar una patada sin más... Claro que el príncipe pidió la cabeza de Almansa. Y el rey se la concedió. Yo lo conozco eso de primera mano. Almansa es un hombre muy discreto, que ha sido diplomático, y que jamás dirá nada. Pero a Felipe le desagradó enormemente que otro hombre le dijera que tenía que acabar con ese noviazgo por orden del rey. Aquello fue horriblemente dramático para todos.

—¿Quizá todo el mundo fue un poco injusto con Eva Sannum?

—Totalmente. Entono el mea culpa porque yo fui muy crítico. Era la primera vez que la gente, tanto historiadores como constitucionalistas, se destapaban contra aquella relación. Hasta el rey tuvo que acudir al expresidente del Congreso, Gregorio Peces-Barba, para que influyera en su hijo. Fue muy injusto. Aquella chica, en la biografía, era mejor que Letizia. Entre otras cosas, no había estado casada y, por tanto, no estaba divorciada.

Pilar Urbano añade, en este lío, otra derivada de la salida de Almansa. «El príncipe, al ver que en la prensa su relación adquiere rigor de noviazgo, quiere romperlo oficialmente, por lo que le pide a Almansa que comunique la ruptura. Y la respuesta fue, evidentemente, que no podía hacerlo, ya que nunca se había anunciado desde Casa Real la existencia de tal compromiso. De ahí el encuentro informal con periodistas. ¿El capítulo siguiente? Almansa sale de Zarzuela. Los consejeros duros y exigentes resultan molestos».

Lo que va de Eva a Letizia

Viene a cuento recordar este precedente antes de la llegada a su vida de Letizia Ortiz, para entender lo rápido que se desencadenaron los acontecimientos en cuanto el príncipe se encariñó con ella. Felipe había saboreado por dos veces las amargas hieles que forjan el sino de quien está llamado, desde la cuna, a ocupar la más alta magistratura del Estado, y no permitiría que hubiera una tercera ocasión. Según la versión oficial, ambos se conocieron unos meses después, el 17 de octubre de 2002, en una cena organizada en casa de Pedro Erquicia, presentador y entonces director del programa *Documentos TV*. Asistían también el empresario Juan Abelló, el director de cine Emilio Martínez Lázaro y los periodistas Luis Mariñas y Fermín Bocos. El periodista José García Abad apunta en su libro *El príncipe y el rey* que la conexión entre Luis María Anson y José Antonio Sánchez, director general de RTVE en aquel momento, podía estar detrás de aquella extraña mezcla de nombres y de circunstancias. Versión que el exdirector de *ABC* corrobora. «El príncipe veía el *Telediario matinal* cuando desayunaba. Vio a Letizia y le gustó muchísimo, cosa perfectamente explicable porque era guapísima —reconoce Anson—. Le preguntó al director general de televisión que quién era esa chica y yo di un informe de ella, poniéndola por las nubes. José Antonio Sánchez debió de pensar que en mi casa no, que mejor presentársela en casa de Erquicia. Y así se hizo, efectivamente».

No hacía mucho, fue en el año 2000, que José Luis Hernández, un realizador del *Telediario* que daba clases en la misma academia en la que estaba Jesús Ortiz, había hecho llegar al director del Canal 24 Horas,

Pedro Roncal, una cinta con el trabajo de Letizia en CNN Plus. En esos momentos la cadena pública buscaba nuevos rostros y la cinta le abrió la puerta para que le hicieran la típica prueba de lectura a cámara y de improvisación. Letizia era muy buena, una gran profesional, y enseguida recibió una oferta para incorporarse a Torrespaña. «Nos gustó y la contratamos —explica Urdaci—. Venía ya bastante formada, y tenía una imagen extraordinaria, una voz clara, con un punto de gravedad, una dicción muy nítida y un tono de serenidad frente a la cámara».

La oferta tampoco era ninguna bicoca. Le propusieron el mismo sueldo que cobraba en CNN Plus —unos 6 millones de pesetas (36.000 euros)—, pero, a cambio, entraba en la lanzadera de la tele pública para hacerse cargo del peor turno, el del *Telediario matinal*. Su apuesta fue un éxito, como era de esperar. Y ese mismo verano ya hizo la sustitución de agosto en *Informe semanal*. Con su buen hacer profesional y con su encanto personal, Letizia se ganó muy rápidamente el favor de los jefes, que la fueron impulsando en sucesivos ascensos que despertaron algunos celos. Especialmente, en una presentadora como Ana Blanco, la reina del *Telediario*.

«A Letizia se le veía una ambición, pero es verdad que, profesionalmente, era una ambición justificada. Profesionalmente, para mí era intachable», recuerda un testigo de aquella época. Un día, de hecho, hubo que llamar la atención en público a Ana Blanco, por hacer un comentario despectivo de Letizia en mitad de una reunión de editores y jefes de sección del *Telediario*. Había comenzado la guerra de Irak y TVE había decidido, temporalmente, suspender el programa del corazón previo al informativo, para programar un especial diario dedicado solo a la guerra. Lo presentaba Letizia, que por primera vez aparecía en pantalla antes que Ana. «Y eso levantó ampollas», recuerdan. «Si hubiera estado Letizia delante, Ana no se habría atrevido a hacer ese comentario. Letizia se defendía por sí sola perfectamente. Al acabar la reunión se le dijo a Ana que no podía hacer un comentario de ese calibre sobre Letizia. Que se había decidido que esto fuese así y punto final. Pero estaba muy celosa. Muchísimo», explica uno de los responsables del *Telediario* en aquella época.

Tras su paso por el *Telediario matinal*, Alfredo Urdaci respaldó a Letizia para que formase parte del equipo de coberturas especiales, que se desplazaría a sucesos como el del *Prestige*, los atentados del 11-S, que habían dinamitado la boda de un príncipe al que todavía no conocía, o la guerra de Irak. «Tenía una gran ambición profesional. Ese fue un gran punto a su favor —añade Urdaci—, porque siempre estaba disponible para las coberturas más difíciles y que exigían tiempo, trabajo y sacrificios personales».

Letizia se ganó a pulso, sin el apadrinamiento de nadie, su propia carrera en Televisión Española. Quienes decidieron que acompañase a Alfredo Urdaci al frente del *Telediario* de la noche no tenían ningún conocimiento de su incipiente relación con el príncipe cuando le encargaron ese cometido. Todo lo que se diga en sentido contrario es simplemente falso, y fruto de la envidia y del rencor, tan habituales entre periodistas.

«Os garantizo que no tuvo nada que ver, porque desconocíamos entonces el noviazgo, y además porque tuvimos dudas», explica uno de los responsables de la cadena pública. «En aquel momento, Letizia nos valía para todo. Por ejemplo, para *La 2 Noticias*, para la que también estábamos buscando nuevas caras. Valía para cualquier cosa. Decidimos los presentadores de la siguiente temporada, más o menos, en mayo o junio de ese año. La idea era que Urdaci dejase de presentar porque se estaba quemando y exponiendo mucho. Lo que se plantea es que a partir de septiembre, él presentase el *Telediario* con Letizia y que estuvieran juntos hasta diciembre. Solo tres meses. Para que el público se acostumbrara a la cara de Letizia. Y en enero, Alfredo la dejaría sola. Esa era la idea. Primero en pareja tres meses y luego Alfredo se retiraría de pantalla para centrarse en la dirección de informativos. Sobre todo, en ese año 2004, que iba a ser complicado porque era año electoral». El anuncio precipitado del compromiso se llevaría por delante todos estos planes.

Letizia se veía con el príncipe a escondidas, sin que nadie en su entorno de trabajo estuviera al tanto de su vida privada. E incluso durante algún tiempo simultaneó sus citas con don Felipe con la relación que arrastraba con el presentador de CNN David Tejera. Pero algo así de jugoso era difícil de encubrir. Alguien los vio cenando en un restaurante y la confidencia llegó a oídos de uno de sus jefes, Andrés Martín Velasco, que formaba parte del equipo de Urdaci y que ha sido, durante años, consejero de RTVE Corporación a propuesta del Partido Popular. Martín Velasco se la llevó a comer, le tiró de la lengua y Letizia se descubrió.

Este directivo reconoce que fue el primero, «dentro y fuera de la tele», en enterarse del noviazgo y que se lo calló durante casi un año, hasta poco antes de que el anuncio se hiciera público. Otros compañeros suyos de la época señalan, sin embargo, que tras aquella comida, Andrés le advirtió de que debía poner en preaviso a las otras dos patas del equipo. A Pedro Roncal y, por supuesto, a Alfredo Urdaci. Y a este último le faltó tiempo para irse de la lengua y hablar más de la cuenta. «Alfredo comete un desliz a los pocos días. Hasta el punto de que le dieron un toque de Casa Real. Queda a comer con el jefe de prensa de Zarzuela y comete la torpeza de decirle: "¿Qué hace tu niño con mi niña?". Al otro, que sí lo sabía, le sentó fatal. Porque se dio cuenta de que Alfredo era un poco bocas. Y esa misma noche Urdaci recibió un aviso de Zarzuela, llamándole al orden porque había sentado muy mal la indiscreción».

Los hechos se precipitan a ritmo vertiginoso. El príncipe piensa anunciar su boda en diciembre, pero una filtración de Rafael Manzano, *el Búho*, en el *Hoy por hoy* de Iñaki Gabilondo, acelera el calendario. La Casa del Rey teme que la noticia salte antes de que ellos lancen su propio comunicado y programan el anuncio oficial para la tarde del día 1 de noviembre.

Hasta entonces, la mayor parte de la redacción del *Telediario* no tenía ni idea de lo que le aguardaba a su presentadora. Y eso a pesar de que a finales de septiembre de 2003 tuvo un pequeño accidente de coche de camino a la tele y empezaron a pasar cosas muy raras, que podrían haber hecho sospechar a más de uno. Llovía sobre Madrid y a la llegada al túnel de O'Donnell, Letizia no vio la fila de coches que estaban parados y chocó contra el último de la misma. No le pasó nada grave. Pero llamó a su novio y, al instante, dos motoristas del servicio de seguridad de La Zarzuela la recogieron para dejarla en Torrespaña.

Letizia entra con calzador en Zarzuela

A Letizia le costó asimilar, de un día para otro, su cambio de estatus y el broche abrupto que ponía a su vocación periodística, tras haber conquistado los cielos de la profesión. En el aturdimiento de los primeros días, expresó su deseo de querer continuar en pantalla, presentar algún programa no diario, como cuando el príncipe de Asturias protagonizó la serie *España salvaje* en la televisión pública. «En una reflexión en la que participaron los príncipes y la Casa del Rey, se llegó a la conclusión de que era insostenible», explicó Urdaci en 2008.[10]

Felipe de Borbón y Grecia había lanzado un órdago, se había jugado la sucesión de la corona y, por vez primera —y quizá única en su vida—, se había enfrentado con ímpetu a la voluntad de su padre para imponer sus propios deseos. Porque Letizia, al igual que le había ocurrido antes a Eva Sannum y a otras candidatas y pretendientas, no fue un plato fácil de tragar para el rey Juan Carlos, lo que explica en buena medida sus relaciones posteriores con ella y su distanciamiento progresivo de su hijo a lo largo de los últimos años. Pero el monarca desistió en sus esfuerzos por paralizar esa boda en cuanto detectó que se había quedado en minoría, que había perdido la partida antes de empezar a jugarla, y que toda su familia —la reina y las dos infantas— había tomado posiciones en el bando del heredero y de su nueva pareja. Cuán distintos de lo que vino luego eran aquellos tiempos y aquellas primeras impresiones.

Fueron días de muchas tiranteces. Al principio ni don Juan Carlos ni doña Sofía le dieron mayor importancia a su encaprichamiento con Letizia, que podría haber sido una más en su largo historial de conquistas. Pero en cuanto la cosa empezó a ir en serio y el nombre de Letizia a repetirse de forma machacona en los mentideros de palacio, se inquietaron con lo que había costado frenar la última boda, como para volver de nuevo a las andadas. A la reina, en su moral tradicional, le parecía inconcebible que su hijo cortejase a una mujer divorciada y con padres igualmente separados. Y el rey insistía en advertir que a ese

---

[10] Alfredo Urdaci, *El Mundo*, 18/V/2008.

paso se iban a cargar la monarquía, que tanto había costado restablecer en un país de republicanos. Pero si Eva no les había modernizado en su día, les gustase o no, sería ahora Letizia la que abriera de par en par las puertas de la regeneración.

«Cuando la reina le dice al rey que la cosa va en serio, dentro de la Casa se nota tensión», explica una persona que vivió aquellos días como testigo privilegiado. «Letizia podría haber sido la chica indicada. Porque era periodista, porque todo el mundo la conocía, porque tenía una imagen muy buena en los medios de comunicación... Pero cuando indagan y descubren que sus padres están divorciados y que ella ha tenido antes un marido, no hay más que hablar. Se acabó. Es rotundo».

Para entender el conflicto interno que aquello debió de suponer en la reina Sofía, este antiguo trabajador de Zarzuela recuerda que, durante años, ella impuso como norma no escrita que ningún trabajador de la Casa Real estuviera divorciado. «Durante años fue un requisito sine qua non para ser empleado», dice. Pero el corazón tiene razones que la razón no entiende y, además, ella por su hijo bebía los vientos. Así que, al final, como casi todas las madres en idéntico trance, acabó ablandándose.

«La reina es la primera que se entera y le dice que no puede ser, que a ver cómo se lo come eso el rey. Pero Felipe es su hijo del alma, su ojito derecho. Y ella, que ya no tiene buena relación con el rey, le dice que hable él con su padre. Y Felipe lo que hace es ir a pedir ayuda a sus hermanas y les presenta a Letizia», asegura. «Enseguida el rey se entera. ¿Quién le informa? ¿El príncipe y las infantas? No. Los escoltas del príncipe y de las infantas, que informan a su jefe, este, a su vez, al jefe de la Casa y este último, al rey. Para eso don Juan Carlos es el más listo de todos. Está a años luz del resto. No es culto de haber leído mucho, pero es listo como nadie».

Desde Zarzuela se ponen en marcha seguimientos para conocer con quién se relaciona Letizia, quiénes son sus amigos y su círculo más íntimo, saber más de sus padres, a qué se dedican, si hacen negocios raros... Y se le pasan informes detallados al rey. La información como herramienta de poder con la que poder echar por tierra la última carta de la baraja de Felipe.

Letizia había comenzado a presentar el *Telediario* en septiembre y a lo largo del mes de octubre se suceden, a espaldas del gran público, dos hitos de extraordinaria importancia, que siembran inquietud en el pequeño Madrid de poder que sí está al tanto de lo que se está cociendo. Por un lado, el desfile militar del 12 de Octubre y la recepción posterior en palacio —el acto más importante de los que desarrolla el rey a lo largo del año— y la entrega, después, de los Premios Príncipe de Asturias, el día 24 de octubre. Aquella noche, tras la ceremonia en el Teatro Campoamor, Letizia se fue a cenar con Urdaci al restaurante Bocamar de la capital ovetense. En el libro de visitas, dejó escrito: «He cenado como una reina». Ella misma estaba dando la noticia sin darla.

En medio, detrás de los focos, se estaba dilucidando el gran pulso entre el padre y el hijo. Hasta el extremo —un gesto inédito en una personalidad serena como la de Felipe— de que el segundo se declaró en rebeldía y amenazó con dejarlo todo. Y todo era todo. Tras una discusión muy fuerte entre ambos, Felipe se fue de Zarzuela dispuesto a no volver hasta que no comulgasen con su decisión de unirse a Letizia. Hizo lo mismo que en otras tantas ocasiones hiciera la infanta Elena, que siempre fue la que se agarraba las peloteras más fuertes con su padre, y que en sus arrebatos de ira huía a la casa del Aga Khan en París, hasta que amainaba la tormenta. En mitad de su propia batalla pasional, Felipe también tomó las de Villadiego y el día 12 de octubre, simplemente, desapareció.

«El príncipe tuvo una discusión muy fuerte con el rey. De la leche. Y se marchó», explica nuestro confidente en palacio. «El padre le dice que de ninguna manera. Que va a hacer lo que él le diga, lo que tiene que hacer, porque es su responsabilidad. Y el príncipe se larga y está un montón de tiempo sin dirigirle la palabra y sin aparecer por Zarzuela. Creo que se va a casa de Javier López Madrid o alguno de estos amigos suyos». Su exilio voluntario coincide con el puente de la Hispanidad y el desfile del 12 de Octubre. Felipe se marcha con Letizia a Nueva York, el mismo día 12 almuerza con Woody Allen, al que había conocido como galardonado en los Príncipe de Asturias, y deliberadamente deja pasar el avión que le hubiera llevado de vuelta a los actos militares y de palacio.

Un acto con gran simbolismo y una de las obligaciones más sagradas de la agenda de la familia real, como recuerda el periodista José García Abad.[11] Francisco Umbral llegó a calificar el gesto como «golpe de Estado» contra su padre y no le faltaba razón.

«Felipe le tiene mucho respeto al rey. Tanto que, aunque el príncipe siempre ha sido el niño mimado, lo ha sido con la madre, con el padre nunca. El padre es militar de verdad. De los que te mira a los ojos y, sin decir nada, ya le entiendes. Hasta que llegó el momento en el que, por primera vez en su vida, se atrevió a decirle que eso era lo que había. Los que estábamos muy cerca de la familia sí que notábamos esa tensión. Veías preocupación en la reina y veías cosas raras. Se observaba alejamiento entre los miembros de la familia. Veías a las infantas que, por ejemplo, tenían que pedir alguna cosa fuera de lo normal y que requería la autorización de su padre, y no se atrevían porque estaba todo muy tenso. Muy, muy tenso. Al final el rey, después de que la reina Sofía le estuviera persuadiendo, por un lado, de que su hija mayor le esté dando la charla, por otro, y de que Cristina, a la que quiere muchísimo, le estuviese diciendo que no sea así... Pues, al final, Juan Carlos les dice a todos que hagan lo que quieran. Que se van a cargar esto, la monarquía, pero que ya a él le da igual».

«Ahí Felipe le echó un pulso», explica Peñafiel. «No sé si se lo echó el mismo día 12 o cuando se largó a Estados Unidos dispuesto a no volver. El rey Juan Carlos se ha sacrificado dos veces. Se podía haber divorciado de la reina Sofía y no lo hizo por el bien de la institución. Y en este otro momento, cedió ante su hijo por el bien de la institución. Porque se dio cuenta de que el príncipe estaba tan locamente enamorado que estaba incluso dispuesto a renunciar».

Un vídeo delicado llega a TVE

Fue una apuesta arriesgada pero Felipe se salió con la suya y Letizia entró en la Casa como un vendaval de aire fresco que, con su persona-

[11] José García Abad, *El príncipe y el rey*, Punto Prensa, Madrid, 2008.

lidad, a veces se convertía en un río desbordado. Si en otros países los herederos habían conseguido que se aceptase con normalidad la llegada a sus respectivas casas reinantes de plebeyas —qué palabra tan horrible y tan fuera de la realidad—, en España seguía y sigue siendo casi un sacrilegio despojar a los titulares de la corona de ese brillo impostado con el que se la ha presentado durante años, para retratar a una familia extraordinaria que solo existía en las páginas del *¡Hola!* Extraordinaria en sus funciones, pero totalmente ordinaria —como sucede en cualquier otra casa— en los asuntos que afectan a sus relaciones personales, a sus luces y sus sombras, o a sus pasiones más mundanas, que los igualan con el resto de los mortales.

Por eso, a los españoles de a pie se les cayó una venda y un mito cuando descubrieron que Iñaki y Cristina no solo no eran tan ejemplares e ideales como parecían, sino que, además, eran igual de carnales que cualquiera de esos políticos que se llenaron los bolsillos cuando la caja estaba llena. O cuando descubrieron que las infidelidades del rey hacia la reina Sofía sobrepasaban lo que cualquier mujer en sus cabales podría tolerar. Y qué decir de esos otros vicios inconfesables en cacerías de elefantes o en tórridos romances que han derivado en pleitos para dirimir la supuesta paternidad de hijos e hijas, que parecen multiplicarse como setas. El enorme castillo de naipes que se había construido durante años en torno a Zarzuela ha temblado como un flan en los últimos años.

Quien más quien menos tenía mucho que callar en esa Casa, al igual que ocurre en la vida de cada individuo, salpicada de cosas edificantes y de capítulos menos rectos. Y la llamada a convertirse en nueva princesa de Asturias no era diferente, aunque se aplicase sobre ella una operación de blanqueo, como si no hubiera tenido pasado. Hasta se borraron de los archivos sus infracciones de tráfico —¿qué daño podrían causar sobre su reputación? Y, por supuesto, se hizo la preceptiva llamada a todos los directores de los grandes periódicos de papel para indicar que ese noviazgo, ahora sí, había que apoyarlo, al igual que el anterior había que boicotearlo. «Hubo petición de que se comprendiese la situación», explica uno de los profesionales que entonces ocupaba cargos de responsabilidad en uno de estos diarios. Incluso los periódicos que guardaban las esencias más conservadoras y tradicionales entendieron que no se podían hacer cosas que pudieran condicionar en el futuro su línea editorial. Por más que la llegada de Letizia fuera un hecho insólito y muy difícil de asimilar. «Se apoyó más por responsabilidad que por convencimiento».

En esa operación de blanqueo se escondió cualquier borrón de su pasado. Y así se hizo, por ejemplo, con una cinta de vídeo VHS que un estudiante mexicano, enviado por un catedrático de la Universidad de Guadalajara, hizo llegar al despacho de Alfredo Urdaci. Los meses que Letizia pasó al otro lado del océano, en 1996, al terminar sus estudios de periodismo, son uno de los capítulos más desconocidos de su vida. «Le llamaba la atención todo lo relacionado con Chiapas y el subcomandante Marcos. Tenía ganas de entrevistarlo, porque para ella era toda una personalidad», contó en su día Olimpia Nájera, en casa de cuya madre vivió Letizia durante cuatro meses nada más llegar a Guadalajara. «Recuerdo que una vez fuimos a un bar y llegó el mesero a prenderle un cigarro y gritó: "Tía, pero cómo me van a prender un cigarro; no estoy inválida"».[12]

Un día, en los meses previos a la boda, llegó el estudiante mexicano a Torrespaña diciendo que quería hablar con Urdaci. En la cinta de VHS aparecía Letizia, en un debate celebrado en clase, hablando a favor de la república y criticando la monarquía española. En resumen, los mexicanos querían dinero. Urdaci habló con Zarzuela y pidió instrucciones y, finalmente, Televisión Española acabó comprando el vídeo para hacerlo desaparecer. «A mí me hablaron de un millón de pesetas, pero la cantidad no la sé exactamente», explica uno de los conocedores de aquel episodio.

En esa operación para fijar, limpiar y dar esplendor al cuadro idílico de la corona se encuadran también varias cosas que suceden en poco tiempo y en este mismo contexto. Por un lado, las presuntas conspiraciones de Felipe y Letizia con David Rocasolano para recuperar y destruir los papeles de la intervención de Letizia. Por otro, la llamada

---

[12] «El año que Letizia hizo las Américas», *El País*, 18/XI/2003.

de teléfono que el príncipe de Asturias hizo a la periodista Pilar Urbano para dejar sentenciada la versión oficial de su noviazgo que per sécula seculórum se contaría a partir de entonces. Versión según la cual él jamás habría renunciado a su responsabilidad como heredero si el matrimonio se hubiera vetado.

Había sido precisamente Pilar Urbano —la misma periodista que luego ha dinamitado la Casa con otros libros que han generado enorme debate— la primera que había puesto negro sobre blanco las advertencias de Felipe al rey Juan Carlos. Aquello de «Esto es lo que hay; o esto, o lo dejo todo». Unas horas antes de la boda real en La Almudena, el príncipe la telefoneó de forma insistente, hasta que logró dar con ella a las diez de la noche. Más de una década después, Pilar recuerda casi palabra por palabra aquella conversación:

—Vaya horas de llegar a casa, Pilar.

—Pues vengo de currar, Alteza. No vengo ni de las Bahamas, ni estoy despidiéndome de soltera, ni con los amigotes ni con las amigotas. Ya me dirá a qué debo este honor.[13]

—Bueno, yo te llamo porque en esta Casa ya sabes que se te tiene mucha consideración. He preguntado a mi padre el rey y me ha dicho que sí, que te llame, y quiero contarte una cosa. Ha corrido la voz de que yo le planteé un ultimátum a los reyes de que o Letizia o lo dejo. Y esto no es así. Yo te voy a contar cómo ha sido la historia de esa decisión… Cuando yo empecé a notar que me estaba ilusionando con Letizia, pero todavía podía echar el freno, empecé a hacer catas. Ya sabes, en esta Casa todo es de cuarto de estar. Empecé a hacer catas en la familia, a mis hermanas, a gente amiga y de familia, e iba viendo que no les chocaba, que les parecía bien. Luego empecé también a consultar a personas de criterio de fuera de la Casa. Yo iba viendo que la cosa tenía acogida y entonces ya se lo planteé a mis padres. Y si el rey me hubiese dicho que no, yo habría renunciado.

—¿Al trono?

---

[13] Poco antes se había conocido el incidente de la pareja en el aeropuerto de Miami que se relata en otro capítulo de este libro.

—No. A Letizia. Y se habría abierto la tierra bajo mis pies —hizo una pausa—. Mira, esto puede parecer presuntuoso, pero creo que soy el único español que ya nació con un destino trazado de lo que tenía que hacer en la vida. Yo tengo que reinar y a mí me han educado para reinar. En mi familia, abandonar el trono por una cosa de corazón es como desviarse. Sería incluso como una traición, dejar de cumplir con mi deber. Pero como me dijeron que sí, desde ese momento yo me considero el hombre más feliz del mundo, porque voy a casarme con la mujer que quiero y porque puedo hacer lo que quiero y lo que debo.

—Muy bien, Alteza, pero yo soy periodista, ¿qué hago con esto?

—Pues administrarlo. Te lo digo para que lo administres.

—¿Para que lo administre o para que lo suministre?

—Bueno, tú ya sabes.

Y el cuento de hadas se hizo realidad

Fue un matrimonio por amor —qué duda cabe—, forzado quizá con más rapidez de lo que la prudencia aconsejaba. Pero Felipe sabía muy bien que solo así tendría posibilidades de salir adelante. «Se precipitan todos los matrimonios de las infantas y del príncipe porque es bien sabido que las relaciones largas en los miembros de la familia real las acaba estropeando la prensa», explican en palacio.

Como se cuenta en otro capítulo de este libro, el día del anuncio oficial del compromiso, el 1 de noviembre de 2003, dos semanas después de aquel viaje a Nueva York y aquel almuerzo con Woody Allen, el rey Juan Carlos estaba cazando en una finca de los Abelló, de quienes se despidió diciendo algo así como: «Me voy porque mi hijo se acaba de cargar la monarquía». No se puede decir que, en este caso, el anuncio se hiciera a traición, aprovechando que él estaba fuera de Zarzuela, porque en ninguna cabeza cabe que un jefe de la Casa de Su Majestad hubiera dado curso a un comunicado de esa envergadura sin la autorización previa del monarca.

Con la familia de ella no pasó lo mismo. Según testifica David Rocasolano en su libro, Letizia ya había empezado a volverse muy recelosa y reservada. «Confiaba tan poco en la discreción de su familia que ni siquiera les había confesado que el anuncio del compromiso iba a producirse aquella mañana. Por mucho que Paloma haya presumido después de confidente de su hija. Tampoco lo sabían Telma o Érika. Ni, por supuesto, Chus».[14]

Solo ellos saben, y solo a ellos incumbe, si esa felicidad que era tan reluciente entonces sigue siendo igual de deslumbrante. O si, como en todos los matrimonios, han tenido sus himalayas, sus gozos y sus sombras. Lo único meridianamente cierto es que las versiones oficiales, al estilo de la que el príncipe quiso construir en su relato a Pilar Urbano, suelen distar mucho de la realidad que sucede intramuros. Pero la corona se sustenta, precisamente, por esa aureola de misticismo que explica que una familia tan normal y tan corriente como cualquier otra pueda vivir y vender lo que parece un cuento de hadas, y es, en verdad, un relato nada fantasioso. El precio de un trono.

---

[14] David Rocasolano, *op. cit.*, p. 93.

4

La pandilla de Los Rosales y otros colegas de la *Beautiful*

«Álzate Bolonius, estoy impaciente por ver qué nueva maravilla has descubierto».

Eran dos actores natos, volcados ambos en sus personajes para enternecer a sus padres y, también, ¿por qué no?, para asombrar a esas compañeras de clase de Santa María de Los Rosales que empezaban ya, por aquel entonces, a hacer tilín en el corazón del heredero. Vicky Carvajal, entre todas ellas. La hija del expresidente de Ford, Jaime Carvajal y Urquijo, fue su primer amor de adolescencia.

No había función de Navidad en la que ambos —Felipe y Álvaro— no hicieran algún papelito. Felipe, vestido de romano, como Helicón, en la representación de *Calígula*, de Camus, que pusieron en escena en 3º del antiguo BUP, o actuando en muchos otros dramas a lo largo de EGB: *El comendador, El auto de los Reyes Magos, La zapatera prodigiosa...* O en *Farsa de un rey que un buen día decidió pasar a la historia*, un guión ideado por Jesús Martínez Carazo. Felipe tenía entonces trece años, uno menos que Álvaro Fuster,[1] compañero de correrías, de travesuras y

[1] Felipe entró directamente en párvulos en lugar de maternal. La ley permitía en aquel entonces adelantar un año si la familia lo solicitaba. Por eso tiene un año menos que su compañero de clase, Álvaro Fuster.

de andanzas, y casi un hermano para el príncipe. «En todo tiempo ama al amigo y es como un hermano en tiempo de angustia», como diría Salomón. En el teatro de sueños que era por aquel entonces ese colegio elitista, que giraba en torno al futuro rey de España, Álvaro y Felipe se intercambiaron por un día sus papeles. El príncipe era Bolonius, un mago que inventa, en mitad de la Edad Media, la televisión. Álvaro, en cambio, interpretaba al rey de aquella corte.

Tendrían que pasar tres décadas más, para que, en el Salón del Trono del Palacio de Oriente, bajo la bóveda y los frescos pintados por Tiépolo, Álvaro y Felipe encarnasen, ahora sí, sus verdaderos roles dentro de la corte de Felipe VI. En ese largo besamanos en el que el nuevo rey saludó, uno a uno, a los más de dos mil invitados que acudieron a su primera recepción oficial, el antiguo compañero de colegio, con su esposa, Beatriz Mira, aguardaba su turno en la fila como el primero de los súbditos. El más leal. El hombre que conoce todos los secretos —también los más inconfesables— del rey.

Álvaro siempre ha estado allí. Como aquel día en el que jarreaban chuzos de punta sobre Madrid, y él estampaba su firma, junto a un reducido grupo de allegados, como testigo del enlace de su amigo con la hasta entonces periodista de TVE. O en tantas otras ocasiones en las que su casa familiar, en Aravaca, o su chalet, en el pantano del Alberche, en Ávila, sirvieron de escondite para los escarceos del heredero con Isabel Sartorius, primero, o Eva Sannum, después.

Sus nombres aparecen entrelazados en cualquier biografía o aproximación que se quiera hacer a la vida de Felipe de Borbón. No en vano, pasaron doce años juntos en las clases de Los Rosales, donde ambos han matriculado también a sus respectivos hijos y donde siguen coincidiendo, cumpliendo con la tradición, en las obras de final de curso que ahora representan sus vástagos.

Las cámaras no repararon en ellos. Pero Felipe, en su último día como príncipe de Asturias, el 18 de junio de 2014, lo primero que hizo por la mañana, a las nueve en punto, fue ir al colegio de Los Rosales para ver la representación en la que participaban Leonor y Sofía, que al día siguiente cautivarían a todos con sus exquisitas formas en el acto de proclamación en el Congreso. Esta vez era un cuento americano lo que se ponía en escena. Y el príncipe, sin su chaqueta y con la filmadora en la mano, grababa a sus hijas y sus compañeras con el mismo embelesamiento que cualquier otro padre.[2]

De alta cuna

De Los Rosales procede la mayor parte de la pandilla de Felipe. Álvaro, por cierto, es patrono de la Fundación Paideia, propietaria de Los Rosales, cuya presidencia de honor ostenta Felipe. Este colegio, fundado en 1952 por aristócratas y prohombres de la época, conocidos financieros y políticos de entonces,[3] rodeó al heredero de esas compañías alejadas del vulgo y excesivamente elitistas, personas que le han arropado a lo largo de toda su vida. Hasta que la entrada en escena de Letizia y su entorno le ha hecho pisar suelo, descender al mundo real y conocer a un nuevo grupo de amistades completamente opuestas a las de su infancia.

En Los Rosales, el príncipe mamó los gustos y excentricidades de los hijos de la aristocracia y la alta burguesía. Y allí entrelazó esas relaciones que, con el tiempo, se convertirían en una de sus mayores venalidades. Amistades del pijerío que serían motivo de controversia hasta en los ambientes monárquicos más acérrimos. Alfonso Ussía, nada sospechoso en sus afectos a los Borbones, los llegó a calificar como una «corte trepadora y advenediza» que aconsejaba muy mal al futuro rey.

---

[2] El embajador de Colombia en Madrid, Fernando Carrillo, cuyas dos hijas también estudian en los mismos cursos que Leonor y Sofía, aunque en clases diferentes, revela esta anécdota.

[3] Los fundadores del colegio son los siguientes: Íñigo Arteaga y Falguera, duque del Infantado; Francisco de Borja Carvajal y Xifre, conde de Fontanar; Ángel María Carvajal y Santos Suárez, duque de Aveyro; Armando Durán Miranda; Pedro Gamero del Castillo; Alfonso García Valdecasas; José Luis Garrigues y Díaz Cañavate; Juan Herrera Fernández, marqués de Viesca de la Sierra; Ignacio Herrero Garralda, marqués de Aledo; Juan José López Ibor; Gregorio Marañón Moya, marqués de Marañón; Antonio Melchor de las Heras y José Antonio Muñoz Rojas.

El primo de Letizia, David Rocasolano, el único miembro de la familia que ha puesto por escrito sus impresiones sobre estos círculos que orbitan alrededor del rey, se quedaba desconcertado tras sus primeros encuentros con los «oligarquitas», como él los apodaba. «Los amigos del príncipe son unos seres imaginarios que viven en los mundos de Yupi», confesaba. Y como ejemplo, recordaba sus primeras tomas de contacto con uno de ellos, el inefable Coco Gómez-Acebo, primo carnal del rey.

«Pues la semana que viene me marcho a Ucrania. ¿Sabéis? Me voy a cazar lobos allí unos días. Sí, sí... Hay un hotelito por allí. Yo he estado bastantes veces. Oye ¿por qué no os venís? Podemos pasar unos días divertidísimos. ¡Venga! ¡Veniros, coño!».

Aquello se le quedó grabado con cincel en su memoria. «Yo ni siquiera sabía que se podían cazar lobos en ningún sitio —admite—. Ni que nadie tuviera intención de matar un lobo por placer en ningún lugar del mundo. Pero ya me había acostumbrado a escuchar excentricidades de parecido cariz en el entorno real».[4]

El mayor inconveniente de Los Rosales —explica el periodista José García Abad— no residía en las materias escolares ni en los profesores que las impartían, sino en las malas compañías: «Los compañeros, hijos de aristócratas, jerarcas franquistas y arribistas que llevaron allí a sus hijos para arrimarse al heredero. Semejantes compañías, que han permanecido a la vera del príncipe, han perjudicado la apreciación de este entre la gente del común».[5]

No parecerse a su padre

Letizia ha puesto la tierra y los bosques de Zarzuela de por medio para que muchos de los que antes eran inseparables hoy ya no frecuenten tanto como quisieran al nuevo rey, que tiene corte, claro, como todos los monarcas, aunque no a la antigua usanza *alfonsina* ni tampoco a

---

[4] David Rocasolano, *op. cit.*, p. 234.

[5] José García Abad, *op. cit.*, pp. 250-251.

la forma y modo de la colección de amigotes juancarlistas. Hay elementos turbios, como los problemas que envuelven a Javier López Madrid, cuyo revoloteo en el entorno de la real pareja les podría causar algún que otro disgusto futuro. Por lo que se deduce de sus primeros pasos y de sus líneas rojas, Felipe está construyendo su «nueva monarquía para un tiempo nuevo» en sentido estrictamente contrario a lo que ha visto hacer en su casa durante toda la vida.

De momento, por palacio no pululan ni los Albertos en versión siglo XXI, ni pícaros del cariz de Manuel Prado y Colón de Carvajal ni personajes de muy dudosa reputación que encuentren en palacio una guarida donde protegerse, como hiciera el georgiano Zourab Tchokotua. Y aunque en su entorno familiar más cercano, su hermana y su propio cuñado viven bajo la amenaza de posibles penas de cárcel a la vuelta de la esquina, entre sus amigos y su camarilla no hay delincuentes de guante blanco, al estilo de los que rodearon a su padre: Javier de la Rosa, Abdul Rahman El-Assir, traficante de armas, o Mario Conde, entre tantos otros nombres que contribuyeron a empañar el brillo de la corona.

Todo eso es, justamente, lo que Felipe y Letizia no quieren repetir. Y si ahora se establecen criterios de conducta para la familia o normas estrictas en torno a los regalos que se aceptan[6] («El que recibe, a dar se obliga») es precisamente porque, en cierto modo, están enmendando toda una era de desmanes sin control, auspiciada por la tradicional pátina de oscurantismo que ha envuelto siempre a la Casa. Los amigos de Felipe VI serán adinerados, pero son presuntamente honrados. Al menos, de momento.

«Fue la época más feliz de mi vida. Hice allí excelentes amigos, que aún conservo»,[7] reconoce Felipe cuando echa la vista atrás, a sus años

---

[6] Felipe VI ha decretado que los miembros de la familia real no podrán aceptar para sí regalos que superen los usos habituales, sociales o de cortesía, ni favores o servicios en condiciones ventajosas que puedan influir en el desarrollo de sus funciones. Tampoco podrán aceptar regalos que por su alto valor económico, finalidad o interés comercial o publicitario, o por la propia naturaleza del obsequio, puedan comprometer la dignidad de las funciones institucionales que tengan o les sean atribuidas.

[7] Pilar Urbano, entrevista a Felipe de Borbón, *Época*, 12/X/1987.

en Los Rosales. En este grupo se encuentra el abogado Juan Antonio Jiménez Izquierdo, que como él es muy aficionado al golf y al *squash*.

En Los Rosales coincidió también con muchachos como Lorenzo Caprile, hijo de Mario Caprile, otro de los empresarios polémicos que rodearon a Juan Carlos y presidente de FEMSA; las hijas de Eugenio Espinosa de los Monteros y de Piedad Rosillo, Piedad, Lorena, Tatiana y Letizia, primas del Alto Comisionado de Marca España, Carlos Espinosa de los Monteros, y más cercanas a las infantas Cristina y Elena que al propio Felipe; los hijos de los marqueses de Laula, primos suyos, Alicia y Rodrigo Moreno y de Borbón; los vástagos de los marqueses de Isasi, la citada Vicky —Victoria—, Ana y Jaime Carvajal; otro compañero era José Miguel Lladó, hijo de José Luis Lladó y Fernández Urrutia, que fue ministro dos veces, de Comercio y de Transportes; Pelayo Primo de Rivera, sobrino del fundador de la Falange e hijo de uno de los grandes amigos del rey Juan Carlos; o los hijos de Simeón de Bulgaria, Kubrat y Konstantin. Este último, testigo también del novio en su boda en La Almudena con Letizia Ortiz.

En la clase de Felipe figuraban además las hijas de las cocineras del colegio y un niño guineano, Francisco Flórez Tascón, adoptado por el doctor Flórez Tascón y que —parece ser— era uno de los protectores del príncipe frente a sus compañeros más mayores.

Los Fuster: de los F18 a los molinos de viento

No se pierdan en este laberinto de apellidos compuestos de alto abolengo. De todos ellos, el verdadero colega ha sido siempre y, sobre todo, Álvaro Fuster, y en menor medida su hermano Ricardo —Ricky—, cinco años mayor. Ambos forman el tándem más conocido entre los amigos del rey y ambos son protagonistas habituales de las revistas del papel cuché por el único mérito de ser amigos de quienes son y por haberse ennoviado, después, con espectaculares modelos o presentadoras de televisión que han redondeado su celebridad. En dos palabras, *beautiful people*. Para comprender en qué consisten estos círculos de altos vuelos en los que se mueven basta un sencillo ejemplo. Ambos hermanos fueron dos de los personajes más fotografiados en la fiesta de despedida de solteros de la hija de Aznar con Alejandro Agag, protagonistas de otro bodorrio casi principesco, que después sirvió de pasarela para conocer a todas las caras de la trama de corrupción Gürtel.

Su padre, Ricardo Fuster, amigo del rey Juan Carlos, era un ingeniero aeronáutico que representaba a la filial española de McDonnell Douglas, la empresa que vendió al Ministerio de Defensa 84 aviones, de los recordados modelos F18 de la película *Top Gun*. El *New York Times* publicó entonces, en 1982, que las comisiones por aquel negocio alcanzaron los 4 millones de dólares (unos 456 millones de pesetas), siendo una de las principales beneficiarias de aquella intermediación Caesa, la firma de la familia Fuster.

El empresario, Gran Cruz del Mérito Naval, falleció en 2001 tras una larga batalla contra el cáncer. A su último adiós, en la iglesia de San Francisco de Borja, en la calle Serrano, no faltaron ni el príncipe ni su hermana, la infanta Cristina, que siempre han encontrado en la casa de los Fuster y de su madre, Carmen *Pichu* Garaizábal, algo así como un segundo hogar. Otros tantos nombres destacados de la crónica social como Alicia Koplowitz, Victoria de Borbón Dos Sicilias y su hermana Cristina, el aventurero Álvaro de Marichalar o Isabel Sartorius, que fue novia de Ricky antes de enamorarse locamente del príncipe, también acudieron al acto religioso.

Para Isabel Sartorius, que solo habla públicamente del rey y de Letizia cuando quiere promocionar alguna de sus iniciativas empresariales o cobrar por alguna exclusiva (ella misma lo reconoce sin empacho), Pichu Garaizábal siempre ha sido como una madre en la que refugiarse, frente a la azarosa vida de sus progenitores. Fue, de hecho, el propio Ricky quien celestineó entre el heredero y su ex. En la casa de los Fuster del Paseo de la Rinconada, Isabel se citaba a escondidas con el príncipe para eludir a los *paparazzi* que habían decidido jugar con ellos al gato, al ratón y al perro. «Los ratones eran ellos, nosotros éramos los gatos y los escoltas eran los perros», recuerda el fotógrafo Carlos Hugo

Arriazu, que años después sería el autor de las tórridas fotos de Felipe con Gigi Howard en las playas de Saint Martin.

Álvaro ha sido testigo, durante años, de historias como esas, de las correrías de nuestro rey y su grupito de incondicionales. Con sus primos griegos, Pablo y Nicolás, y el empresario Javier López Madrid en el ajo de todos los saraos en los que se ha embarcado durante sus años de soltería y que contribuyeron a forjar esa otra imagen de príncipe frívolo y *bon vivant*.

Pocos jóvenes pueden permitirse cada año un exclusivísimo viaje *all inclusive* a los confines más remotos y exóticos del planeta, en compañía de esculturales mujeres, como hacían ellos. Ni siquiera sus familias solían estar al tanto de cuáles eran sus destinos. De hecho, hasta que no llegaban a puerto, Álvaro y Ricky no llamaban a Pichu para decirle que estaban bien y todas esas cosas que se le suelen decir a una madre para tenerla tranquila y confiada. Estaban estupendamente...

Aunque se sabe muy poco de estas salidas clandestinas del Felipe más desconocido, de algunas sí ha quedado rastro. En agosto de 2002 se fueron a San Petersburgo después de la Copa del Rey de Vela. Aunque de entre todas las odiseas protagonizadas por este grupo, la más célebre les llevó en 1999 a India y Nepal, y fue convenientemente filtrada a la revista *¡Hola!* para que los españoles de a pie fueran asimilando la llegada de Eva Sannum a la vida del príncipe. El reportaje incluía un posado acaramelado de la pareja frente al Taj Mahal, en Agra, todo un monumento construido en nombre del amor. Pero la revista también sacaba a todos sus cómplices. Se podía a ver a Nicolás de Grecia y a Felipe, descamisados en una terraza junto a Sannum, o al grupo posando frente al palacio de Jaipur o en el valle de Katmandú, ante el famoso templo donde vive la diosa niña. Álvaro, con su inconfundible melena de rizos, y López Madrid y su mujer, Silvia Villar Mir, destacan notablemente entre los diez colegas que acompañaban a Felipe.

«Las conversaciones de los oligarquitas siempre eran iguales —explica en su libro el primo de Letizia—. Siempre estaban preparando unas nuevas vacaciones en lugares remotos. Y, cuando regresaban de sus remotas vacaciones, empezaban a hablar de que necesitaban pasar unos días en tal o cual sitio para relajarse. Entre relajarse y pasar unos días, se consumía la vida de estos hacendosos jóvenes que se acercaban, agotados, a los cuarenta». Cruel retrato...

«Álvaro Fuster puede parecer un tipo un poco frívolo, pero es una persona inteligente y mesurada», explica el empresario Aldo Olcese, que se ha enfrentado a los hermanos Fuster en campeonatos de pádel, una de sus principales aficiones. «Del que no puedo decir lo mismo es de López Madrid. Es muy ambicioso, no es inteligente y en, en mi opinión, no le rendirá buenos servicios a Su Majestad», advierte.

«Una corte trepadora»

Aquellas fotos del príncipe dando rienda suelta a la pasión india fueron también motivo de preocupación entre quienes asistían atónitos a lo que parecía ya un matrimonio inminente. No fueron pocos los que culparon al heredero de dejarse arrebatar solamente por los cantos de sirena de sus amigos aduladores, sin hacer caso a los regios consejos de su padre, abiertamente opuesto a que la noruega entrase a formar parte del tronco de la familia.

El asunto era, en ese momento, uno de los principales motivos de disputa del ruedo ibérico. Felipe salió trasquilado de aquella aventura y no menos jirones se llevaron sus colegas. Cinco meses después de aquellas fotos, Alfonso Ussía, hijo del intendente real del conde de Barcelona, don Juan de Borbón, se explayaba contra estos «cortesanos», término que es el peor desprecio que se puede hacer a quienes pululan en torno a La Zarzuela. Cortesanos que, a su juicio, confundían «con muy mala fe» la lealtad con la cortesanía:

> Parece que hemos retrocedido en los tiempos, y que las malas costumbres de antaño florecen. Que existe una corte de jóvenes atónitos y embelesados por el éxtasis que les produce la cercanía con el príncipe, dispuestos a todo para no perder su lugar para el halago. Jóvenes, casi todos ellos,

> pertenecientes a la aristocracia del dinero reciente, que interpretan la lealtad ejerciendo de *ciuttis* y celestinas, ofreciendo sus estancias para los escarceos secretos y la bóveda de rumores.
>
> Don Juan nació y vivió su infancia y juventud rodeado de cortesanos. Supo de su consistencia cuando su padre, don Alfonso XIII, partió hacia el destierro. Unos pocos leales acompañaron su soledad. Don Juan tomó buena nota y aprendió la lección para impartírsela a su hijo. Su sacrificio de cuarenta años alejado de España lo vio recompensado con el establecimiento y la consolidación de la monarquía. La corona se hizo fuerte y popular por las actitudes del rey, no por enajenamientos cortesanos. Todo ese sacrificio, todas esas renuncias, todas sus amarguras de firmezas, necesidades y lejanías parecen hoy —son los rumores— en trance de ser tirados por la borda. Es la tercera vez que ocurre en los últimos años. Consecuencias de una corte trepadora y advenediza, que ha salido del baúl del pasado y aconseja mal —como siempre hicieron los cortesanos— a su príncipe.[8]

Los autores le pidieron a Ussía que explicase el porqué de tan duro alegato contra esa camarilla. Pero la pregunta le pareció algo incómoda y prefirió no tocar el tema. Agua pasada no mueve molino. Aunque quizá la razón se encuentre en la confidencia que él mismo le hizo un día al exministro Bono: «Tengo un desencuentro grande con el príncipe de Asturias porque en casa de Fernando Almansa, en septiembre de 2001, le hablé con mucha dureza diciéndole que no debía casarse con Eva Sannum, y le dije también que su padre había hecho mucho por la monarquía, pero que él todavía no había hecho nada, y que debía tener cuidado respecto de la permanencia de la corona».[9]

Polémicas al margen, Álvaro Fuster ha sido durante años uno de los más codiciados solteros de la *beautiful* madrileña. Hasta los cuarenta y cinco no sentó la cabeza junto a Beatriz Mira, expareja de Carlos Baute, trece años más joven, y con la que se comprometió tras un noviazgo

---

8 Alfonso Ussía, «Cortesanos», *ABC*, 4/V/2001.

9 José Bono, *op. cit.*, p. 206.

fugaz de apenas diez meses. Los presentó la bloguera y relaciones públicas Fiona Ferrer, cuyo exmarido, Jaime Polanco, sobrino del que fuera factótum de PRISA, es muy amigo de la familia Fuster.

El enlace, celebrado el 24 de marzo de 2012, con trescientos invitados y los príncipes como testigos de excepción, tuvo lugar en la hacienda Los Nadales, a las afueras de Málaga. Felipe, al igual que el resto de los testigos del novio, vestía chaqué negro, chaleco beis y corbata de color lila con motivos florales. La misma combinación que Álvaro. Entre los asistentes, algunas sorpresas como la de la actriz Amaia Salamanca, que interpretó a Letizia en esa idílica serie de Telecinco sobre el noviazgo de los príncipes, o la propia Isabel Sartorius, la más recordada de entre todas las antiguas parejas.

Álvaro Fuster ha tenido varias relaciones famosas. La más célebre le unió con la presentadora Anne Igartiburu y, de haber cuajado, hubiera igualado a Álvaro con su amigo Bolonius en una trayectoria paralela. También estuvo relacionado con la modelo Elizabeth Thompson, *la gacela*, a la que conoció tras el paso de ella por el *reality Supervivientes*. Aquella relación duró poco más de un año, pero dio de sí lo suficiente como para que Letizia y ella hicieran buenas migas en la boda de un amigo común de Felipe y Álvaro.

Ricky Fuster, por su parte, se casó mucho antes con la mexicana Mónica Sánchez Navarro, con quien ha tenido cinco hijos. Felipe y el grupo de amigos de Los Rosales —también Sartorius— se desplazaron hasta México para asistir al enlace, celebrado el 18 de mayo de 1996.

Dos años antes, en el verano de 1994, Ricky y Mónica habían pasado las vacaciones en Mallorca, a la vera del heredero. La mexicana había invitado a dos amigas que ya le había presentado a Felipe en Estados Unidos: Bibiana Corcuera y Laura Labiada. Los reporteros del *cuore* que andaban tras ellos se llevaron un susto de muerte cuando uno de los escoltas de la Casa les sorprendió tras unos matorrales y les apuntó con la pistola directamente en la sien: «Te has librado de milagro de que te diéramos un tiro». La escena se produjo junto al hotel en el que se alojaba Bibiana, en Palma, hasta donde el príncipe la había acompañado una de esas noches.

Los Fuster han hecho estudios de ingeniería y de finanzas en Estados Unidos y se dedican a los negocios de las energías renovables, especialmente eólicas. Todos los hermanos participan en la sociedad patrimonial Kawanhee VI[10], creada tras la muerte de Ricardo Fuster padre para reordenar los negocios familiares y su herencia. Los Fuster han continuado también con los negocios de intermediación y de consultoría de su padre, a través de las empresas Caesa y Aeroespacial Española SA, y tenían hasta 2012 una sicav, Nite Hawk, para gestionar sus inversiones en bolsa y pagar menos impuestos al fisco.

El primo Pablo y los dos años en Georgetown

Si el primo Nicolás fue uno de los que acompañaron a Felipe y Eva Sannum hasta Jaipur y Agra en aquella excursión que acabó en las páginas del ¡*Hola!*, su hermano, Pablo de Grecia, aspirante al trono de

[10] La administradora única de Kawanhee VI SL es Carmen Garaizábal, que posee una cuarta parte de la sociedad patrimonial. El resto se lo reparten los herederos de Ricardo Fuster Conrado. Álvaro, Juan Carlos y Ricky Fuster figuran como apoderados. Sus últimas cuentas presentadas en el Registro Mercantil, las de 2013, arrojan un resultado negativo con unas pérdidas de 80.112 euros. El activo total de esta sociedad es de 9.361.804 euros. Kawanhee VI tiene, a su vez, el control mayoritario de Spanish Power, dedicada a la energía eólica y fotovoltaica; de Aeroespacial Española, dedicada al suministro de material aeronáutico y electrónico; y, por último, de la Compañía Aeronáutica Española (Caesa), especializada en la venta aeronáutica y electrónica.

Spanish Power cerró el 2013 con unas ganancias de 303.348 euros y un activo total de 15.980.817 euros. Aeroespacial Española no presenta sus cuentas anuales desde el ejercicio 2009. Caesa, presidida por Ricky Fuster, tuvo pérdidas en 2012 por valor de 189.587 euros. El total de los activos de la compañía sumaban en ese ejercicio 2.439.629 euros.

La sicav de la familia, Nite Hawk, se extinguió en 2012. Sus últimas cuentas del ejercicio anterior arrojan unas pérdidas de 162.143 euros. El total de los activos entonces ascendía a 3.283.203 euros.

un país sin corona, fue el que vivió en primera persona los arrumacos caribeños del príncipe con la norteamericana Gigi Howard.

El príncipe de Dinamarca y duque de Esparta —sus otros dos títulos— es otro de los confidentes habituales de la corte de Felipe VI, con quien se lleva solo un año de diferencia. El hijo mayor de los reyes de Grecia habla perfectamente español gracias a su primo, pero lo que sobre todo les une en sus biografías son esos dos años inolvidables que ambos disfrutaron, compartiendo piso y libres de ataduras y de miradas indiscretas, en la Universidad de Georgetown, donde se matricularon en el máster de relaciones internacionales. Felipe, de hecho, acabó allí por recomendación expresa de su primo, que ya había cursado la licenciatura en el mismo campus.

Eran tal para cual. Aunque las lenguas malévolas aseguren que, de la pareja, Pablo era el empollón y el ratón de biblioteca y Felipe el juerguista que se saltaba unas cuantas clases a la semana. Sea como fuere, ambos se graduaron a la vez, en mayo de 1995, con el tradicional birrete y orla que lucen todos los americanos en idéntico trance. «Iba una vez a la semana y era los miércoles. No más. Iba una hora, una hora y media, como mucho dos, y se acabó —explica el fotógrafo Carlos Hugo Arriazu, que persiguió al príncipe durante los dos años de su aventura americana—. Eso de que iba todos los días es mentira, porque yo estaba allí y lo veía».

De esta etapa, Felipe conserva también otro buen amigo, Christoph von Reiche, otro de los testigos de su boda en Madrid y, por lo que aparece, un enamorado de las playas españolas y de la noche ibicenca. En 2006, los príncipes presenciaron en Ibiza su boda con la modelo Bianca Labriola. Después, empezó a trabajar para JP Morgan Asset Management, como responsable de su negocio institucional en Europa.

«El tiempo que estuvo en Georgetown, paseando en bicicleta por la ciudad, saliendo de compras, de copas con los amigos, es algo que ya nunca podrá repetir. Fue totalmente libre»,[11] explicaba el primo Pablo

[11] «Cita en palacio», *Vanity Fair*, n.º 19, marzo de 2010.

en un reportaje para la edición española de *Vanity Fair* en el que, por lo que parece, habló más de la cuenta. «Creo que alguien, tiempo después, le reprobó sus comentarios», reconoce la directora de la revista, Lourdes Garzón.[12]

De 1993 a 1995, Pablo y Felipe se instalaron en una casa adosada de dos pisos y sótano en la urbanización The Cloisters, en la calle Winfield número 7, a espaldas de la universidad. Nada más llegar a Washington, Felipe se pasó más de seis horas en el Ikea eligiendo los muebles que él mismo se montaría después —destornillador en mano— para su episodio americano. Entre ambos, hacían frente al alquiler, que no bajaba de los 2.500 dólares al mes (300.000 pesetas de las de entonces). Con algunos privilegios... Felipe, a sus veinticinco años, se llevó consigo a Pedro, un ayuda de cámara —lo que fuera de palacio se llama criado—, un funcionario jubilado de la embajada de España, que se encargaba de la limpieza de la casa y de la cocina.

Estos ayudas de cámara, en el caso de los hombres, y doncellas, en el de las mujeres, son las personas más próximas a nuestra familia real. Los únicos que pasan las veinticuatro horas del día a su lado. Al menos, así era en los usos y costumbres de la Casa en la era pre-Letizia.

La dura vida del criado

«Cuando uno se levanta por la mañana, se ducha y echa sus calzoncillos al cesto de la ropa sucia —describe, muy gráficamente, un antiguo ayudante de las infantas—. Pues ellos no. Ellos lo dejan por el suelo en cualquier sitio, porque ya viene su criado a recogerlo. Es algo que Letizia, evidentemente, no hace porque no lo ha visto en su vida. (...). Cuando ellos se refieren a su ayuda de cámara, les llaman "mi criado". Eso te da una percepción... A nosotros, que alguien llame criado a otra persona nos parece clasista, pero es que al príncipe se le llama Alteza desde el

[12] *Vanity Fair, lo que nunca se ha contado de las mejores exclusivas*, coordinado por Lourdes Garzón, Planeta, Barcelona, 2013.

mismo momento en que su madre lo parió. Había gente que trabajaba en Zarzuela, cuando Felipe y sus hermanas eran niños pequeños, que les llamaban por su nombre y no les decían Alteza y, enseguida, la reina, cuando veía eso, les corregía: "Se está refiriendo a Su Alteza, ¿no?"».

Hecho este inciso, a día de hoy es casi un secreto de Estado, no revelado en el Portal de la Transparencia, quiénes son y cuántos conforman el personal del servicio de la Casa. Y eso, a pesar de que sus nóminas corren a cargo de Patrimonio Nacional y dependen, por tanto, en última instancia, del Ministerio de la Presidencia. Uno de estos ayudas de cámara que trabajó para Felipe se llamaba Juan Vicente. Pero explorar este camino es avanzar por una vía muerta. Cada nuevo empleado de la Casa debe firmar un documento en el que se compromete a no revelar jamás todo aquello que acontezca tras los muros del palacete. Opacidad absoluta.

«Sí, la verdad es que cocinar, no cocinaba mucho», seguía relatando el primo Pablo en las páginas de *Vanity Fair*. «Pero el rey se ocupó de traernos desde España unos pata negra que hicieron que tuviéramos la casa llena de colegas durante una buena temporada». El jamón llegaba por valija diplomática, al igual que las paellas de la La Taberna del Alabardero, el tradicional restaurante situado al costado del Teatro Real. Pequeños caprichos de la realeza.

—Háblenos un poco de su infancia, Pablo...

—A los dos nos educaron con la misma filosofía de vida: conoce tu pasado para mejorar tu futuro, por eso le gusta tanto la historia.

—Él, como usted, es un joven de otra generación. ¿Cómo entendía don Felipe que debía ser la nueva monarquía? ¿Creció con la idea de que iba a ser rey?

—Felipe siempre ha crecido con la idea de que tenía que dar lo máximo de sí mismo por su patria, y eso es lo que le interesaba. Daba igual si llegaba a ser rey o no. Si tú te mejoras a ti mismo, entonces puedes mejorar la vida de los que tienes a tu alrededor. Solamente el futuro y la historia nos dirán cómo será el resto.[13]

---

[13] «Cita en palacio», *op. cit.*

Días de pasión en Saint Martin con Gigi

Un mes antes de que ambos se graduaran, la Casa del Rey, que en ese momento tenía a Asunción Valdés como jefa de prensa, mintió deliberadamente al comunicar a los medios que el príncipe de Asturias no acudiría esa Semana Santa a Palma de Mallorca «por razones académicas y por hallarse muy próximos los exámenes de fin de curso». La versión oficial aseguraba que Felipe se iba a quedar estudiando, pero un chivato interno de La Zarzuela avisaría inmediatamente al director de la agencia System Press, Santiago Arriazu, del verdadero destino del díscolo heredero: las playas paradisíacas de la isla de Saint Martin, 240 kilómetros al este de la isla de Puerto Rico.

Una vez puesto sobre la pista, el fotógrafo español Carlos Hugo Arriazu no tardaría mucho en dar con el paradero de los primos y de su comitiva dentro de tan diminuto territorio. Los localiza en el exclusivo hotel La Samanna, un complejo de *bungalows* a pie de mar y con acceso directo a playa privada, del que no saldrían en ningún momento. Pablo viajó con su entonces novia y hoy esposa, Marie Chantal Miller, y un grupo de amigas de ambos, entre las que destacaba una atractiva joven de pelo castaño a la que poco después los españoles le pondrían nombre: Gigi Howard. Cuatro escoltas de la Casa del Rey velaban por la seguridad de todo el grupo.

El coste diario de aquellas habitaciones ascendió a 107.360 pesetas. Según publicó la revista *Tiempo,* la factura total alcanzó casi medio millón de pesetas, y en ella se incluyeron varias conferencias a Georgia (donde residía la familia de Gigi) y una a La Zarzuela, de quince minutos, por importe de 6.000 pesetas.

Fue una Semana Santa de pasión caribeña. Días de esquí acuático y de disfrutar en la típica banana hinchable, sin saber que, previamente, el *paparazzi* español había negociado con el conductor de la misma para que los tirase al agua lo más cerca posible de su objetivo. ¿Cómo había llegado el príncipe hasta Gigi? Al parecer, a través de Marie Chantall Miller, que vivía entonces en Nueva York y que se la había presentado en la discoteca O Bar de la Gran Manzana apenas cuatro meses antes. En la noche de su cumpleaños, el 30 de enero de 1995.

El resto de la historia es más o menos conocida. Las fotos más inocentes de la pareja acabaron publicadas en la revista *¡Hola!*, que retuvo los derechos de esas imágenes durante seis meses, y las más tórridas quedaron guardadas en un cajón del que nunca han salido. *Pronto* y otras cabeceras extranjeras también reprodujeron instantáneas más o menos subidas de tono de aquellas escenas bajo el sol de las Antillas. «No sé si hice seis carretes en cuatro minutos. La secuencia era divertida. En ese momento estaban solos. Ni escoltas ni nada», cuenta su autor.

La exclusiva del siglo para la prensa del corazón sentó como una patada en salva sea la parte dentro de la Casa Real, que emprendió una verdadera cacería para atrapar al fotógrafo y averiguar, de paso, el nombre de su confidente en palacio. Arriazu, que cuenta aquella amarga experiencia en un libro dificilísimo de conseguir hoy en las librerías por maniobras de la Casa,[14] fue acusado, condenado y recluido en una prisión de máxima seguridad estadounidense por un delito de escuchas ilegales, pese a que siempre ha negado su implicación directa en las que se practicaron en el domicilio neoyorkino de Gigi. En la actualidad, vive alejado del mundo de los *paparazzi*, aunque mantiene vivas mil y una anécdotas de aquellos divertidos años de inconsciencia tras los pasos de los Borbones.

«Me intentaron joder, pero no fue a más por el simple hecho de que mi padre actuó bien, presentó toda la información que tenía a la gente de Zarzuela y dijo: Esto es lo que tenemos. Si a cualquier persona de nuestra familia le sucede algo, hay varios abogados en toda Europa que tienen esto —explica—. Si nos sucede cualquier cosa, saldrá a la luz. Así que hacemos tregua, nosotros nos mantenemos al margen y aquí paz y después gloria».

---

[14] Santiago y Carlos Hugo Arriazu, *Un caso real. El romance entre el príncipe y Gigi: historia oculta de un escándalo*, Temas de Hoy, Madrid, 1997.

Y así quedó tras un amargo año para el fotógrafo, recluido varios meses en una prisión estadounidense. El 1 de julio de aquel año, por cierto, se casarían en Londres Pablo y Marie Chantall con la presencia de Felipe y toda la familia real española. Su romance con Gigi seguiría, clandestinamente, durante algún tiempo más. Un año después, el 25 de abril de 1996, ella viajó a Madrid y se alojó en la residencia de Javier López Madrid, en Puerta de Hierro. Llegó incluso a comer en La Zarzuela, en un almuerzo en el que participó también la abuela del príncipe, doña María de las Mercedes. Pero la cosa se iría enfriando gradualmente, pese a que aún se verían unas cuantas veces más en Nueva York y en Madrid.

Los López Quesada, el matrimonio amigo

Los primos griegos, tanto Pablo como Nicolás, firman en el acta de los testigos de boda del príncipe de Asturias. La misma hoja que sanciona también Álvaro Fuster y que sirve de guía para ir descifrando, sin riesgo de equivocarse, el entorno más próximo a Felipe VI: el príncipe Konstantin de Bulgaria, el canadiense Christopher Dennis, el regatista Fernando León Boissier…

Pedro López Quesada no estuvo entre esos elegidos, pero sus lazos de amistad y de familia con la real pareja también tendrían su fruto en aquella jornada de mayo de 2004. Felipe incluiría a su hija mayor, Victoria López Quesada, en el cortejo nupcial que acompañó a Letizia hasta el altar de La Almudena y que estaba formado por los sobrinos del príncipe y por Carla Vigo Ortiz, la hija de Érika Ortiz y Antonio Vigo.

Directivo de Citigroup, Pedro López Quesada llega a la familia real a través de su matrimonio con Cristina de Borbón Dos Sicilias, la hija del duque de Calabria, Carlos de Borbón Dos Sicilias, primo segundo del rey Juan Carlos y último eslabón en la línea de sucesión al trono de España una vez extinguidas todas las ramas directas de los descendientes de Juan Carlos I y Felipe VI.

El rey emérito nombró a Carlos infante de España en 1994 y siempre ha sido uno de los Borbones más activos en el mundo de los negocios, simultaneando su presencia en varios consejos de administración de importantes empresas. Desde Cepsa a Reyal Urbis, pasando por Thyssenkrupp o Abengoa Solar, entre otras. De todas ellas, una le puso en serios apuros: Viajes Marsans, de Gerardo Díaz Ferrán, el expresidente de la CEOE que acabó entre rejas en este país en el que todos los estamentos de la vida pública han tenido su cuota de corruptos.

Un lío en el que, precisamente, tuvo que salir a dar la cara el propio Pedro López Quesada. En marzo de 2011, el duque de Calabria alegó una enfermedad mental degenerativa para eludir su cita con la Justicia ante un posible embargo relacionado con su responsabilidad en Marsans. Su yerno, el amigo de don Felipe e íntimo de Urdangarin, acudió en su lugar al juzgado de lo mercantil para alegar que el duque tenía «lagunas en su memoria y dificultades para hablar y para moverse», que le habían obligado a recibir tratamiento especializado.

López Quesada reveló también que ante la negativa del infante a dejar sus responsabilidades en los consejos de administración, la familia había optado por remitir cartas a dichas sociedades avisándoles de su estado. «Dada la dignidad de Su Alteza, nos preocupaba que siguiera atendiendo unas responsabilidades que no tenía la necesidad ni obligación de atender». ¿Borbónica picaresca? En enero del año siguiente, en la entrega del Toisón de Oro al expresidente francés Nicolas Sarkozy, don Carlos reaparecía en palacio, sentado junto a Constantino de Grecia y Simeón de Bulgaria, con un aspecto envidiable.

Su hija y Pedro López Quesada se casaron en la finca familiar de La Toledana, en Ciudad Real, el 16 de julio de 1994. El príncipe y sus hermanas firmaron como testigos. Pero para el duque de Calabria, un hombre a la antigua usanza, que representa los valores tradicionales de la aristocracia de toda la vida y que sigue imponiendo sobre sus vástagos los designios de la Pragmática Sanción de Carlos III, aquello fue un matrimonio desigual. Así que, aunque parezca increíble, obligó por ello a su hija a renunciar a unos remotos derechos dinásticos a la corona de España, y su hermana María pasó así a ocupar su puesto en la línea dinástica. Ella, por cierto, sí cumpliría con las pretensiones de su padre y se casaría, en 1996, con el archiduque Simeón de Austria.

Felipe VI y su pariente Cristina de Borbón Dos Sicilias se conocen, por tanto, desde la infancia. Y con el tiempo, López Quesada —*Perich* para los más amigos— se ha convertido también en una de las personas más allegadas a la antigua familia real o familia del rey. Especialmente al príncipe y a Iñaki Urdangarin, que lo eligió como padrino de su hija Irene.

Los López Quesada comparten gustos con los Borbones. Alternan con ellos con frecuencia y han formado parte de la lista de invitados que ha pasado por la cubierta del antiguo yate *Fortuna*, la embarcación que en su día regalaron los hoteleros mallorquines a su rey y que la Casa ha tenido que devolver por desuso y, sobre todo, por ser un gasto desmedido que se compadece poco con los sacrificios que ha hecho la sociedad en estos años de crisis. Un barco, por cierto, que no pasaría por el aro de las nuevas normas impuestas por el nuevo rey para su propia casa en materia de regalos.

En la foto de familia a bordo del *Fortuna* tomada en el verano del 2005, en los tiempos en los que sí valía y se apreciaba el barco y antes de que todo el núcleo familiar de los Borbones se hiciera añicos, López Quesada y su esposa posaban como dos cuñados más de la familia. Desconocidos para el gran público, pero muy allegados a la corona. La misma cercanía que demostrarían en la Nochebuena de 2006, cuando acompañaron a los príncipes, a la infanta Elena y al matrimonio Urdangarin a dar un paseo por el centro de Madrid. Una salida de matrimonios con hijos en la que acabaron repitiendo los mismos ritos que cualquier otro madrileño de a pie. Visita y compras en el mercado navideño de la Plaza Mayor y chocolate con churros en la chocolatería de San Ginés.

López Quesada suele acompañar también a Felipe en sus escapadas a la nieve sin Letizia, que no ha demostrado nunca grandes habilidades en este deporte, ni especial pasión por las polainas y los esquíes. A finales de enero de 2014, cuando el príncipe ya sabía que su padre acababa de tomar la decisión de abdicar, ambos —confidentes y amigos— pasaron un fin de semana en Formigal y terminaron viendo la final jugada por la selección española de hockey sobre hielo en Jaca. Unos cuantos años antes, en 2002, hicieron lo propio en Sierra Nevada, en donde se alojaron en un hotel de la urbanización Pradollano.

Testigo de las primeras andanzas del caso Nóos

La amistad de los dos matrimonios se ha afianzado en los últimos años y de ahí que salgan frecuentemente al cine o a cenar, a viajes y reuniones de amigos de las que dan buena cuenta las revistas. Perich y Cristina han estado tanto en los momentos buenos como en las desgracias. En la cena organizada por Felipe y Letizia en un céntrico asador para celebrar con sus amigos más íntimos el bautizo de la princesa Leonor, en enero de 2006,[15] y también en el multitudinario funeral de Érika Ortiz, en la parroquia de Prado de Somosaguas, en Pozuelo,[16] ese mismo año.

La pareja siempre ha querido estar cerca de los herederos. Pero López Quesada no puede obviar que fue testigo presencial de los primeros pasos del duque de Palma y que incluso contribuyó de algún modo a esa espiral que acabó llevando a Urdangarin a su autodestrucción. No consta tampoco —si es que algún día dudó de su honorabilidad— que, por lealtad al príncipe, previniese al heredero de los negocios irregulares de Iñaki cuando todavía se estaba a tiempo de evitar males mayores para la corona.

---

[15] Además del matrimonio López Quesada, Felipe VI invitó a sus hermanas y sus cuñados, a su prima Simoneta Gómez-Acebo y su entonces marido, José Miguel Fernández Sastrón, y a Kubrat de Bulgaria y Carla Royo Vilanova, entre otros.

[16] A este funeral también acudieron los duques de Soria y sus hijos, María y Alfonso Zurita, así como Bruno Gómez-Acebo, hijo de Pilar de Borbón.

Recapitulemos. En mayo de 2003, los duques de Palma y el matrimonio López Quesada pasaron un fin de semana en La Granja, junto al entonces vicepresidente de Telefónica, Francisco de Bergia, su mujer y sus hijos. Un encuentro suficientemente documentado en los correos que Iñaki y Pedro se cruzan en aquellos días y que testimonian que la cita se arregló para abrir camino a Urdangarin dentro de la operadora de César Alierta. El efecto fue inmediato. Solo un mes después, Nóos Consultoría Estratégica firmaría su primer gran contrato de asesoramiento con Telefónica.

«Querido Paco, una vez más mil gracias. Nos encantó conocer a tu familia, disfrutar de tu casa y saber un poco más de vosotros», le escribía Iñaki el 5 de mayo a su anfitrión. Pero la cosa no quedaba ahí. En señal de agradecimiento, Pedro e Iñaki deciden enviarle una semana después un regalo. Una cámara de fotos que había comprado la infanta por 325 euros y que ambos pagarían a escote.

«Hoy sale la camarita —le escribe a López Quesada el día 13—. Nos cuesta 325 euros, así que tienes un saldo negativo con la jefa de 162,5 euros, que por un día de demora se le cargarán unos intereses del cien por cien... Ya ves que el tema del *Catalan Savings* lo llevamos de maravilla. Espero veros pronto». La respuesta de Pedro no se demoraría mucho: «Por ese precio, en Nueva York podríamos haber comprado la tienda entera!!! En cualquier caso, dime cómo quieres que liquide (*cash* o una transferencia a la cuenta que tú me digas?)».

Por aquel entonces, los Urdangarin y sus hijos ya habían asistido a la cabalgata de Reyes de Alcalá de Henares, en donde se fraguó el primer contrato de Nóos: 8.000 euros por diseñar un plan sobre deporte para el ayuntamiento. Pecata minuta para lo que vendría después.

Iñaki y Pedro, por cierto, aprovecharían también esos mismos correos para mofarse de la propia familia del duque de Calabria, inmersa esos días en la pedida de mano del armador griego Markos Nomikos, amigo de Felipe, a Victoria de Borbón Dos Sicilias.

«Espero que Markos le haya pedido solo la mano a Victoria y que para f.... tenga que hacer una pedida de un mes. Que a don Carlos le costará dar a su hijita... a un griego!!!», se jactaba Urdangarin.

«Yo me perdí la cena del viernes con todos los griegos, pero cuando llegué de NY, me fui directamente a la Tole y me quedé sorprendido de los enemigos —respondía el otro—: cumplen todos el perfil de GRIEGOS, es más, no pueden ser más griegos. Eso sí, son muy simpáticos. Tenemos todos los discursos grabados por si en el futuro tenemos que sobornar tanto a Markos como a mi suegro», contestaba López Quesada, que remataba su correo con la siguiente pregunta: «¿Qué tal vuestras gestiones con Patrimonio para acondicionar una casita de nada por la sierra madrileña?».

En conversación con los autores, López Quesada aclara que se refería a una de esas casitas del palacio de La Granja que son propiedad de Patrimonio Nacional y que cualquiera puede alquilar a través de la propia web de la institución. «Utilizar eso para hacer daño desacredita cualquier cosa que se quiere hacer», advierte sobre esta información. Sobre el resto del contenido de los correos, les resta importancia: «Son correos personales de hace once años, en un tono claramente jocoso».

Y en efecto, en ese tono chocarrero cerraba su correspondencia con el duque: «Bueno, pichoncete, dime cómo quieres que pague mis deudas y espero que nos veamos pronto». Posdata: «Cuidado con María Martillo y Paca la Tacones este fin de semana que la jefa se va a Guatemala».[17]

La despedida de soltero

El nombre del «griego» Markos Nomikos al que se refiere el duque en sus correos figura también en el archivo Excel «desp.04» que Iñaki le envía por correo a López Quesada el 13 de abril de 2004, semanas antes de la boda real. Un archivo del que se deducen los preparativos de una típica despedida de soltero, montada exclusivamente por sus amigos y

[17] Alusión al viaje que la infanta Cristina iba a emprender a Guatemala como representante de La Caixa.

en la que, al parecer, Perich es uno los organizadores. «Espero que creas coherente lo comentado por teléfono —le señala Iñaki—. Mi posición debe ser de soporte y no de coordinador. Por supuesto, estoy para lo que la organización encuentre oportuno».

Como en tantos otros detalles que rodean a la institución monárquica, la realidad suele ser completamente opuesta a lo que se expresa en los mentideros oficiales de la corte. En este caso, los correos de Urdangarin destripados por el caso Nóos han reescrito la historia en sentido contrario a lo que siempre se había contado y dado por bueno, y ayudan, a su vez, a arrojar un haz de luz sobre los verdaderos amigos de Su Majestad.

A finales del mes de marzo de ese año, marcado por la brutal masacre de los atentados de Atocha, El Pozo y Santa Eugenia —191 muertos en los trenes—, el príncipe y su prometida anuncian que, de mutuo acuerdo, y en solidaridad con las víctimas del 11-M y sus familias, han decidido suspender la despedida de solteros que tenían previsto celebrar en El Pardo y con *catering* a cargo de Arturo Fernández.

Como versión oficial, resultaba loable, aunque la realidad deambulase por otro riel completamente opuesto. En la Semana Santa de aquel año, Felipe y Letizia ya fueron cazados por sorpresa a la vuelta de un viaje privado a Las Bahamas, que saltó a los titulares de la prensa por un tenso incidente en el control de equipajes del aeropuerto de Miami.

Siempre se pensó que aquello había sido su propia despedida de solteros a escondidas, pero el encaje de las fechas lo desmiente y sugiere otras posibilidades. Del 4 al 8 de abril, el príncipe y Letizia disfrutaron de su escapada romántica junto a Javier López Madrid, su mujer, Silvia Villar Mir, y cuatro guardaespaldas. El día 11, Felipe reapareció en la catedral de Palma para la tradicional misa de Pascua y, dos días después, Urdangarin enviaría ese correo con los preparativos de una fiesta de despedida a celebrar en las siguientes semanas.

El archivo recoge hasta treinta y ocho nombres de una «lista provisional» de invitados en la que no todos están confirmados en ese momento. Aparecen desde los familiares más cercanos hasta los amigos más allegados al príncipe. Jaime de Marichalar e Iñaki Urdangarin encabezan el registro. Les siguen los hijos de Pilar de Borbón: Beltrán Gómez-Acebo, que se casaría después con la modelo Laura Ponte,[18] y sus hermanos: Juan, Bruno y Fernando Gómez-Acebo, alias *Coco*, el que cazaba lobos en Ucrania y, sí, el mismo que se hizo célebre por aparcar su coche en el carril bus de la calle Serrano para irse de compras a la boutique de Loewe. «Prioridad oficial. Casa de Su Majestad el Rey», puso en un cartelito, con todo su descaro, dejando ver que los mundos de Yupi que pisan estos hijos de la grandeza de España están muy alejados de la cruda realidad.

El listado sigue con los primos griegos, Pablo y Nikolaos, y un tal *Kosti*, que seguramente es el príncipe Konstantin de Bulgaria, hijo del rey Simeón. También está su otro primo, Alfonso Zurita, hijo de la infanta Margarita. Y por supuesto, el amigo de toda la vida, Álvaro Fuster.

De Fuster en adelante se despliega el repertorio de los amigos del príncipe, empezando por *Perico* López Quesada y varios nombres difíciles de descifrar como Jandri, Nandl y Michel. Después llegan los dos amigos canadienses que Felipe hizo durante su estancia en el Lakefield College de Canadá, con diecisiete años. Sobresale, especialmente, Christopher Dennis, que fue su compañero de habitación durante nueve meses.

Chris era uno de los estudiantes veteranos que llevaba cinco años en Lakefield cuando Felipe aterrizó en el colegio para hacer el curso equiparable al antiguo COU. La amistad se ha mantenido desde entonces, como demuestra que el príncipe se acordase de él para incluirlo como testigo de su boda. En el verano de 1985, terminado el curso de Lakefield, Felipe lo invitó a pasar unos días de vacaciones en La Zarzuela

[18] Beltrán también fue testigo de la boda del príncipe. David Rocasolano explica en su libro que Laura Ponte presumía en sociedad de ser medio prima de Letizia. Sobre ella asegura: «Cada vez que ha tenido oportunidad, Laura no ha tartamudeado al hablar de su relación con Letizia. Y tengo entendido que eso la ha llevado a caer en desgracia. Ya no la invitan a fiestas en palacio».

y en los años siguientes fue también huésped de Marivent. El otro colega canadiense también incluido en la despedida es Steve Smith, que se dedica al periodismo y que es hijo de una hispanista especializada en Tirso de Molina.[19]

La tropa de la despedida incluye también a un tal Brian; al célebre Javier López Madrid; al regatista olímpico Fernando León, que ha navegado siempre con Felipe en el CAM; o Jaime Rodríguez Toubes, alias *el pájaro*, armador de los barcos de la Armada. Se invita también al cuñado de Letizia, el artista Antonio Vigo, a los hermanos Kubrat y Kardam de Bulgaria, a un tal Billy H. y a Pelayo Primo de Rivera, que estudió también en Los Rosales y solía organizar cada año, cuando eran solteros, una fiesta de Navidad en su casa, a la que invitaba a Felipe y otros cachorros de la aristocracia como los hermanos Hohenlohe. Figuran en último lugar Marcos Álvarez Royo-Villanova (a cuya despedida de soltero, en 2001, acudió Felipe con Eva Sannum), Rafael Baselga de la Vega y varios nombres que ofrecen, por sí solos, pocas pistas: Bosco, Pérez, Gil, «Gundi+otros», Joao, Lorenzo, Damián, Jonathan y el armador griego ya citado, Markos Nomikos. Todos los integrantes de este listado forman parte de esta variopinta y desconocida corte de Felipe VI.

Incidente en el aeropuerto de Miami

Si polémica resulta esta presunta despedida de solteros a escondidas y celebrada poco después de los atentados del 11-M, más revuelo causó en su día la agenda oculta del heredero en Las Bahamas. La historia trascendió a la opinión pública a raíz de un desafortunado incidente en el

---

[19] En la época de Canadá también trabó buena amistad con Jaime Fernández de Araoz, sobrino de la infanta Pilar de Borbón y que falleció en un fatídico accidente de esquí en el año 2003. Felipe ejerció de testigo en su boda y, a día de hoy, conserva la relación con su viuda, María Luisa Sáenz de Varona, y sus tres hijos. Tras su muerte, el príncipe decidió crear un premio que lleva su nombre y que tiene por objetivo contribuir al desarrollo de Corporate Finance.

aeropuerto de Miami, que casi deviene en problema diplomático y que obligó al mismísimo Colin Powell, secretario de Estado norteamericano, a presentar sus disculpas a La Zarzuela.

La pareja había llegado en un avión privado procedente de Nassau, para embarcarse a continuación en un vuelo regular de Iberia.[20] Pero cuando trataron de recoger su equipaje, fueron conminados por la policía local Milton Oribe a que abrieran las maletas, que fueron cuidadosamente inspeccionadas por los servicios de seguridad, como si se tratara de unos turistas de a pie más. O no habían avisado oficialmente de su paso por el aeropuerto o no lo hicieron con la suficiente antelación para que se les dispensase un trato especial y un protocolo VIP. El engorroso trámite y la intimidad de las maletas al descubierto soliviantaron a la pareja y a sus guardaespaldas de paisano.

Parece ser que Letizia perdió definitivamente la paciencia cuando una agente femenina, de origen haitiano, le advirtió de que le volvería a registrar el bolso si iba a los lavabos. Los cuatro guardaespaldas que les acompañaban expresaron su más enérgica protesta: «¡Somos vuestros aliados, no podéis hacer esto!». Y hasta el consulado español formuló su queja y aseguró que no se había tratado «de forma apropiada» al príncipe de Asturias y que aquello era «una violación de protocolo». De inmediato, la Casa Real, reacia siempre a dar explicaciones sobre cualquier cosa que tenga que ver con los desplazamientos privados de sus miembros, restó trascendencia al suceso y rebajó el tono de las quejas. Pero la historia ya estaba camino de publicarse en el *Miami Herald*.

Finalmente, acabó mediando en la disputa el entonces alcalde de la ciudad, Alex Penelas, que reconoció al príncipe y abogó de inmediato para que cesase tan embarazoso trámite. El avión de Iberia, por cierto, acabó saliendo con considerable retraso.

---

[20] Antiguos trabajadores de Zarzuela apuntan que, normalmente, suelen viajar con pasaportes legales con nombres falsos, cuando quieren pasar inadvertidos en países donde no se les conoce.

El amigo venezolano

Sirva recordar esta historia para presentar al hombre que puso su avión privado y su mansión en Las Bahamas a disposición del heredero y de su prometida: el venezolano Lorenzo Mendoza Giménez,[21] poseedor de una de las mayores fortunas del mundo.

Ese mismo avión privado había sido utilizado por el príncipe y sus amigos para el viaje a India con Eva Sannum, en 2002, en el que también participó Mendoza. El famoso reportaje de la revista *¡Hola!* lo muestra, con polo verde, sentado junto a Felipe en una foto de grupo tomada en unas escaleras. En otra imagen, se les puede ver posando junto al avión de marras con los típicos chales hindúes de la zona.

En 2015 Mendoza preside el grupo Polar, la empresa cervecera y de bebidas y alimentos más grande de Venezuela y una de las mayores de América Latina. Según la revista *Forbes*, su fortuna asciende a 2,7 billones de dólares, lo que le sitúa en el escaño 655 de su exclusivo *ranking* de millonarios. Mendoza, que asistió a la boda de Felipe VI, conoció al entonces príncipe a través del amigo común Javier López Madrid, perejil de todas las salsas. Ambos empresarios cursaron, en 1993, un MBA en economía y administración de empresas en la MIT Sloan School of Management y, a partir de esas relaciones, entró a formar parte del círculo del heredero. De hecho, Mendoza ejerció de cicerone cuando el príncipe y las infantas decidieron hacer un viaje por su país.

El ingeniero también prestó su piso de París, en la avenida George V, para que Eva Sannum y el príncipe esquivasen a los *paparazzi* que rastreaban su pista por los hoteles de la ciudad del amor. Un apartamento que también fue testigo del breve idilio del heredero con la actriz Gwyneth Paltrow en su particular versión de *Borbon in love*.

---

[21] La periodista Carmen Duerto fue la que desveló su identidad en un reportaje publicado en el diario *El Mundo*. Lo conoció cuando estaba documentándose para su libro *Príncipe de corazones*, publicado por La Esfera de los Libros.

Konstantin de Bulgaria

Entre los amigos íntimos de Felipe VI sigue figurando también este discreto ejecutivo de éxito que fue compañero de colegio, testigo de su boda y padrino de la infanta Sofía. El cuarto hijo del rey Siméon de Bulgaria, íntimo colega de Juan Carlos, conoce a Felipe desde que eran niños, pero siempre ha tratado con muchas reservas y grandes dosis de discreción su amistad con el heredero. «Por edad, soy el más cercano al príncipe, nos llevamos solo un mes, y muchas tardes me iba a jugar con él. Sí, tengo la suerte de tratarles mucho, pero no es una amistad de la que me guste presumir».[22]

Y tanto que no habla ni presume. No se encuentran en las hemerotecas muchos más registros de su afecto. Konstantin, príncipe de Vidin, se licenció en empresariales por ICADE y estudió un máster en la Columbia Business School. Quienes le conocen destacan la austeridad espartana en la que él y sus hermanos fueron educados como hijos del exilio. Los cuatro hijos de Simeón —Kardam, Kiryl, Konstantin y Kubrat— heredaban la ropa unos de otros y vivían con estrecheces y pocos caprichos hasta que su padre, que tuvo que huir de Bulgaria en 1946, tras el triunfo de los comunistas, empezó a trabajar como asesor del rey Hassan de Marruecos. De ahí que en la boda de Konstantin con María García de la Rasilla, en 1994, acudiera como testigo, además de Felipe, el príncipe Moulay Rashid de Marruecos.

Konstantin trabajó en Lehman Brothers, pasó por el Banco Santander y desde allí recaló en la banca de negocios Rothschild, de la que fue su director general en España hasta que, en 2010, Barclays cerró su fichaje como responsable para el área de instituciones financieras. Su mujer trabaja como asesora para el embajador de Estados Unidos en Madrid, James Costos, y su marido. Tuvieron mellizos, Umberto y Sofía, y al igual que hiciera Konstantin con la segunda hija del príncipe, Felipe es también el padrino de su hija.

---

[22] Entrevista a Konstantin de Bulgaria, *Magazine* de *El Mundo*, 8/I/2007.

Letizia se venga de los que la llaman «la chacha»

De este grupo de amistades, algunas se han ido distanciando de La Zarzuela con la llegada de Letizia a la corte. Aquí se engloban algunos como Kubrat y Carla Royo-Villanova, inmersa en su negocio de cremas y cosméticos, que están pagando ahora los desplantes que en su día hicieron sentir a la prometida del príncipe de Asturias.

Según nos cuentan algunos conocedores de los secretos de la corte, Letizia nunca cayó en gracia entre las esposas de algunos ilustres amigos de toda la vida de su marido. Anotó sus nombres, les hizo la cruz y se sentó a esperar pacientemente su futura *vendetta.* Pensaban que sería solo una novia más del príncipe —un romance pasajero— y la menospreciaron de forma ostensible. Se iban, por ejemplo, a Formigal y no le hacían ni caso. Ahora, claro, no pisan palacio y Letizia saborea las mieles de la venganza en plato frío.

Estas mismas fuentes, que conocen bien al círculo de los Fuster y compañía, señalan que algunos de ellos se referían a Letizia con epítetos poco agradables, subrayando su baja clase o llamándola, directamente, «la chacha». «El príncipe hace vida en solitario con todos pero cuando está Letizia solo con Javier López Madrid, que es el único con el que ella habla», señala uno de estos confidentes. «Con los Fuster, su relación es inexistente. Al principio, Letizia iba a las fiestas y ponía a parir a todo el mundo. Era despreciativa con ellos, sobre todo con sus mujeres, a las que no aguanta», añade.

La reina prefiere alternar con el grupo de sus colegas de profesión o con las amistades menos elitistas de su marido, como las esposas de algunos de sus compañeros de regatas. También con matrimonios como el que forman Juan Ignacio *Juancho* Entrecanales, vicepresidente de Acciona, y su mujer, Gema Archaga, a cuya casa en El Viso han acudido muchas veces a fiestas y a cenas.

En mayo de 2008 fue muy comentada su asistencia a la fiesta de cumpleaños de Gema, celebrada a puerta cerrada en la discoteca Shoko de la calle Toledo, con cuatrocientos invitados y la actuación de Pitingo en directo. En casa de Juancho suelen coincidir también con Pelayo

Primo de Rivera, que era amigo del rey en la infancia y que está casado con Inés Entrecanales.

Pelayo, sin embargo, y según algunas versiones, no fue uno de los mil cuatrocientos invitados a la boda de La Almudena. Según se publicó en algún medio y se comentó sobremanera en círculos monárquicos, no se le invitó por sus críticas feroces a la entonces prometida del príncipe, a la que en esos ambientes también llamaban con desdén «la periodista» o «Letizia la ficticia».

En una cena en casa de Miguel Primo de Rivera, el rey Juan Carlos se volvió a sincerar en aquellos meses previos al enlace y, con su celebrada campechanía, repitió aquello de «este cabrón se carga la monarquía». Frase que ha sido puesta en su boca en muy diferentes contextos y que revela la resignación con la que Juan Carlos aceptó la entrada de Letizia en Zarzuela. Los ecos de aquella cena debieron de llegar a oídos del príncipe. Y ante las quejas de Felipe, el rey se vio obligado a pedirle a Miguel Primo de Rivera que hablara con su hijo Pelayo y le reconviniera por sus descalificativos hacia Letizia. «Señor, lo haré, pero como usted sabe mejor que nadie, a partir de ciertas edades los hijos no hacen caso de sus padres»,[23] le contestó. Según esta versión, por primera vez, los Borbones eran cuestionados hasta por los propios monárquicos.

Por el camino, a lo largo de los años, han ido pasando nombres que en su día estuvieron muy vinculados al heredero y que, con el tiempo y por sus propias trayectorias vitales, ya no coinciden tanto con él. Amigos escopeteros como Juan Claudio Abelló, que hizo la fila el día de la proclamación de Felipe VI y que está casado con una de las hijas del expresidente de El Corte Inglés, Isidoro Álvarez. Con él, el príncipe solía ir de caza a fincas como la del duque de Arión, Gonzalo Alfonso Fernández de Córdoba, donde se unían a la montería con su hijo, Fernando Fernández de Córdoba.

En sus años de soltería también mantuvo una fluida amistad con empresarios como Pepe Barroso, creador de la marca Don Algodón,

---

[23] «Por primera vez desde la muerte de Franco se cuestiona la monarquía en España», *Hispanidad*, 20/V/2004.

muy exitosa en los años ochenta, y de Pep's Records, discográfica en la que participa como accionista José Miguel Fernández Sastrón, ex de Simoneta Gómez-Acebo. A través de esta firma, Barroso lanzó en su día carreras musicales de artistas como Malú y entre su círculo de amistades se codea con cantantes como Alejandro Sanz o Alaska. Pero igual que estuvo en el pasado, su relación posterior con Felipe es casi inexistente. En su casa de la zona de El Viso, se dijo que el príncipe había cenado una vez con Barroso, Miguel Bosé y Alejandro Sanz, en un curioso encuentro que, durante años, ha sido pasto de comentarios malintencionados y de todo tipo de chascarrillos. También estuvieron entre las amistades de Felipe, Javier Merino y Carlos Mundi, responsables de la agencia de modelos Magic, para la que trabajaba Eva Sannum cuando comenzó su relación con el príncipe.

Este primer recuento de nombres se centra, eso sí, solo en una parcela de la vida de Felipe VI, que a lo largo de los años ha ido cultivando también otros círculos, otras amistades de la vela o de la milicia y alejadas por completo del mundo adinerado que representan sus antiguos compañeros de colegio. Otros muchos personajes han pasado por el círculo del rey, pero sin llegar a convertirse en íntimos. Amigos que conectan, despiertan simpatía y durante un tiempo parecen inseparables y después se revelan como transitorios. Vaivenes de la existencia que afectan a todos los mortales, sea roja o azul su sangre.

5

Los amigos regatistas, una caja quebrada y la corte de Letizia

Habían agotado todas las reservas. Los ceniceros, rebosantes de colillas apuradas hasta la última calada. La celebración se había alargado más de lo previsto en mitad de una noche que ya estaba a punto de dar paso al día, y todos, los cinco o seis amigos del príncipe que habían sido invitados a una cena navideña en su casa, se habían quedado sin tabaco. Un contratiempo que, en cualquier otra circunstancia y en otro contexto, sería bien fácil de solventar en un pub abierto de madrugada o en algún garito en el que aún se sirvieran copas. No allí, dentro del perímetro de La Zarzuela, donde solo hay ciervos, jabalíes y kilómetros cuadrados de bosque. Afectados por los estragos de los *gin-tonics* y otras bebidas espirituosas, todos miraban a Felipe en la confianza de que algo se le ocurriría. Tras mucho rogarle, el príncipe acabó ideando un plan.

—Para que me dejéis en paz y no me deis tanto el coñazo, le podemos mangar un par de puros a mi padre. Pero como se entere nos corre a todos…

Sucumbieron por la sola idea de poder testar de primera mano uno de los puros habanos que el comandante Fidel Castro le enviaba regularmente al rey de España por valija diplomática y que este guardaba celosamente para su disfrute personal e intransferible. Esos puros no se compartían con nadie. De ahí el pavor de Felipe y sus compinches a que el monarca les cazase en mitad de la noche con las manos en los habanos. «Fuimos allí, abrimos la caja donde los tenía y le birlamos dos puros de puta madre», relata uno de los testigos de aquella fechoría. «No se debió de dar cuenta, porque no dijo nada. Y nos los fumamos entre cinco o seis que éramos».

Los protagonistas de esta anécdota no son ni los Fuster, ni López Madrid ni ninguno de los primos griegos o de los hijos de Simeón de Bulgaria. Más allá de las amistades conocidas y ya relatadas con detalle, el rey Felipe cultiva también otro círculo, digamos más plebeyo, que ha ido recolectando a lo largo de sus años como regatista de los barcos de la Armada, los *Sirius* y los *Aifos* (el nombre de su madre, Sofía, al revés), y de otras embarcaciones civiles como la patrocinada por la Caja de Ahorros del Mediterráneo.

Un grupo, en definitiva, que nada tiene que ver con el de los elitistas y que forma una esfera totalmente diferenciada en torno a la corona, que casi nunca llega a convivir con el otro clan de enrevesados nombres e hijos de la *jet*. Felipe ha delineado cuándo y cómo pasar tiempo con unos y cuándo dedicarse más a los otros en un mosaico de amistades que, ni siquiera en los grandes eventos, como en la boda de su hermana Cristina o en la suya propia, se solapan. Salvo contadas excepciones, como aquella lista de convidados a su despedida de soltero, lo cierto es que de un lado al otro se miran incluso hasta con cierto desdén. Con esa misma o parecida sensación que sentía el primo de Letizia, David Rocasolano, cuando entró en contacto por primera vez con los «oligarquitas» de los mundos de Yupi.

«No se pueden mezclar —apuntilla categórico uno de los asiduos de este segundo cosmos más pegado al suelo—. Tienes que tener claro lo de las dos ramas. Los pijos y los normales. Si Felipe va de copas con Fernando León no irá con Álvaro Fuster. Y si va con Fuster no irá con Fernando ni de coña. Yo con esos otros ni me relaciono ni quiero relacionarme. Este grupo es más de tomar copas y de reírnos, de ir a su casa en La Zarzuela y estar tomando algo. Los Fuster y todos esos son cortesanos».

Los amigos de la vela son el otro gran soporte de la corte de Felipe VI, aunque entre estas amistades Letizia también tenga sus detractores por su poca afición a la mar y al calor de Palma. Salvo alguna excepción, como la de Jaime Anglada y su mujer, con los que Letizia tiene especial sintonía, o con las parejas de Fernando León y Juan Luis Wood, el resto del grupo no termina de entenderla. Porque Letizia, de fuerte carácter y de maneras algo desabridas cuando se encuentra incómoda, no deja indiferente a nadie. Y en Mallorca, precisamente, nunca ha estado del todo a gusto. En su primer año como reina no acudió a la entrega de los trofeos de la Copa del Rey de Vela y, quiera o no, estos gestos son pequeños desaires hacia un sector que siempre ha estado unido a la corona y teme perder ese estatus si la nueva corte decide un día trasladar su residencia estival hacia otros climas, o limitar a la mínima expresión sus apariciones en las regatas.

Un cambio de reyes y de paradigma que, sí o sí, repercutirá sobre esta Copa. Los patrocinadores dejarán de ser tan dadivosos con este evento si la presencia de los *royals* se limita, únicamente, a la entrega de los premios. «Esa es otra de las incógnitas que tenemos, porque Letizia es la que manda», resume uno de los amigos del rey, que pide confidencialidad. A su juicio, a la consorte no le agrada en absoluto el ambiente «de chonis» que reina en Mallorca en agosto.

«Es que Letizia es muy difícil —explica—. Yo entiendo que una persona que ha estado aquí y luego allí no se acostumbre y no sepa guardar las formas. Pero, joder, ya lleva unos cuantos años... Yo no he vivido circunstancias en que ella haya perdido los papeles, pero sí que me han contado muchas. Muchas de "ay, qué harta estoy, no me dejáis tranquila" y comentarios de ese estilo hacia los fotógrafos. O ha estado mal aconsejada o no se ha dejado aconsejar, que yo creo que es esto último, y por eso le ha pasado lo que le ha pasado».

Fernando, el compañero de Barcelona 92

El principal baluarte de entre todos estos amigos es Fernando León Boissier, que fue testigo de Felipe en la boda en La Almudena y pareja fugaz de la infanta Cristina. Pedro Sardina, cronista de vela en *ABC*, lo describió en su día como el «secretario escondido»[1] de Felipe VI o como el «amigo-amigo». El hombre con el que el rey habla a diario por teléfono y se descarga de sus problemas, o que, con bastante frecuencia, viaja a Madrid y se aloja en La Zarzuela como huésped. «Fernando por él da la vida», se suele decir.

Junto a él, completan este clan otros nombres como Kiko Sánchez Luna, Juan Luis Wood y el rockero Jaime Anglada, que protagoniza cada verano un concierto en el Club Náutico de Mallorca, que se ha convertido en cita obligada en la agenda de Felipe y Letizia y de todos los fotógrafos que se dedican a retratar su verano palmesano. También se integran en este círculo, aunque por diferente vía, dos veteranos de la Armada, los hermanos Rodríguez Toubes, Jaime y Juan Carlos, que han sido algo así como sus hermanos mayores en la mar a bordo de los *Sirius* y los *Aifos*.

Fernando León (1966) vive en Las Palmas de Gran Canaria y es aparejador en paro. Ni el hecho de ser el «amigo-amigo» del monarca le ha librado de los estragos laborales que acechan a tantos y tantos españoles. Aunque en su situación, la crisis aprieta pero en ningún caso ahoga. Vive una vida bastante despreocupada como estudiante de psicología deportiva después de haber trabajado algunos años en la Universidad de Barcelona. La clave de su calma reside en que a la vuelta de la esquina será indemnizado por sus trofeos de juventud y por su hoja de servicios en la vela.

El amigo de Felipe ha participado en cuatro Juegos Olímpicos consecutivos entre 1988 y 2000. Fue diploma olímpico (cuarto puesto) en Seúl 88 en la clase 470 y en Barcelona 92 en la clase Soling, en la que compitió junto al príncipe de Asturias y quedaron en sexto lugar. Cuatro años después, en Atlanta 96, logró la medalla de oro en la clase Tornado, junto a José Luis *Pepote* Ballester como pareja. Medalla que, al término de los Juegos, se llevaron a Mallorca para mostrársela personalmente a los reyes Juan Carlos y Sofía, que se fotografiaron con ellos

---

[1] Carmen Enríquez y Emilio Oliva, *Los príncipes, preparados para reinar*, Aguilar, Madrid, 2010, p. 118.

y con el preciado metal en el Club Náutico. En sus últimos Juegos, en Sidney 2000, quedaría noveno. Además, Fernando fue campeón del mundo en las clases 420 y Tornado en 1993 y 1994, respectivamente, y plata en los campeonatos del 96 y del 97. En definitiva, el oro olímpico y los dos campeonatos del mundo le van a reportar, en cuando cumpla los cincuenta, unos 120 millones de las antiguas pesetas (720.000 euros). Un pasaporte a una jubilación dorada y una vida despreocupada que le permite, pues, centrarse en los estudios universitarios sin que su alta en el antiguo INEM le quite el sueño.

Su amistad se hizo especialmente estrecha a partir de Barcelona 92, en aquellos Juegos que marcan un antes y un después en la vida de Felipe VI, con aquella entrada apoteósica en el estadio de Montjuic como abanderado del equipo español y entre los sollozos emocionados de su hermana Elena. Su relación se afianzaría tras la ruptura forzada con Eva Sannum, cuando Fernando le prestó su hombro y le ayudó muchísimo para que saliera adelante. Años después sería también el primero de este club de regatistas en enterarse de su nueva relación con Letizia. «Los demás sabíamos que estaba saliendo con alguien, pero no sabíamos con quién. Y antes de hacerlo público, una semana antes o así, nos lo dijo».

El barco patrocinado por la caja quebrada

Este regatista ha sido también el armador de los barcos en los que Felipe ha navegado más a gusto y en compañía de los mismos colegas con los que luego salía de copas por Puerto Portals o a comer a Flanigan.[2]

---

[2] Varias fuentes consultadas para la elaboración de este libro señalan que el rey Juan Carlos es copropietario y socio oculto de este famoso restaurante que puso en marcha el empresario y amigo del monarca Miguel Arias. «Flanigan es del rey Juan Carlos y de Miguel Arias —admite una de estas fuentes—. No se habla de eso pero el rey mismo solía decir: "Vámonos a mi casa que hay que hacer un poco de negocio". Y allí desayunábamos todos los días». Miguel Arias abrió también un restaurante en Madrid, Las Cuatro Estaciones, en donde Juan Carlos tenía un reservado para él.

«Aquí somos quince de tripulación, y él tiene una convivencia fantástica con nosotros —explicaba el propio Fernando—, intenta en todo momento ser uno más, si tiene que fregar el barco lo friega».[3]

El *CAM* era, ante todo y sobre todo, un barco de amiguetes que tuvo la desdicha o la mala fortuna, según se mire, de asociarse con un patrocinador como la Caja de Ahorros del Mediterráneo, símbolo de la España quebrada de los últimos años y de la borrachera inmobiliaria que nos hizo vivir por encima de nuestras posibilidades.

En 2011, la entidad fue intervenida por el Banco de España,[4] solo un par de semanas antes de que diera comienzo la XXX edición de la Copa del Rey de Vela en la que se esperaba a don Felipe a bordo. El trance puso en peligro su participación en las regatas y obligó a sus compañeros a reaccionar de inmediato.

De la noche a la mañana, el equipo de mantenimiento quitó todas las pegatinas que hacían referencia a la caja quebrada y la embarcación fue rebautizada con el nombre de *Hispano* para que Felipe no tuviera ningún obstáculo a la hora de prestar su imagen a la competición. Fernando, Kiko Sánchez Luna y todos los tripulantes, también Felipe, tuvieron que correr con los gastos que se derivaron de participar en la Copa sin un patrocinador de referencia. Ya el año anterior, en 2010, Fernando y Kiko habían tenido que pedir un crédito al ICO (Instituto de Crédito Oficial) ante la mala situación que presentaba la Caja, que ese año había limitado considerablemente su aportación.

La iniciativa del *CAM* se debe, precisamente, a Fernando, que tiró de Felipe para lograr la inversión económica que necesitaban. «Le pidió que le echase un cable», reconoce Jaime Rodríguez Toubes, armador de los *Aifos*. «Si sabes o puedes decir que ocasionalmente el príncipe de Asturias va a navegar contigo, pues siempre la gente arrima más

[3] Consuelo Font, «El barco es mío, no del príncipe», *El Mundo*, 26/VI/2010.

[4] El 22 de julio de 2011, la CAM fue intervenida y nacionalizada por el Banco de España, que cesó a los administradores de la entidad para auditarla, recapitalizarla y abrir un proceso de subasta para su adjudicación. El 7 de diciembre de 2011 fue comprada por el Banco Sabadell por el precio simbólico de un euro, tras unas ayudas de 5.249 millones de euros del Fondo de Garantía de Depósitos.

el hombro. Ahí él demuestra el sentido de la amistad y lo honrado que es. Porque no nos engañemos, en la vela nadie se ha hecho de oro. Quiero decir que cualquiera le pide un favor y si está a su alcance y no es ninguna cacicada, él hará lo que pueda. Es una persona que tiene el sentido de la amistad muy arraigado».

Las gestiones tuvieron resultado. En 2001, el entonces presidente de la Comunidad Valenciana, Eduardo Zaplana, llamó a los gestores de la CAM para plantearles la adquisición de un velero propiedad de un japonés y atracado en Miami que patronearía el propio príncipe de Asturias. La operación parecía redonda. En mayo, la entidad anunció la compra de un velero de alta competición por un millón de dólares (760.000 euros). Poco después se anunciaría la presencia de Felipe a bordo de esa embarcación. Sería la primera de la saga de los *CAM*.

Pero solo dos años después, en 2003, el propio Felipe se lamentaba porque el barco en el que navegaban no era competitivo y no estaba a la altura para medirse con el *Bribón*, que capitaneaba su padre. La Caja atendió el recado, invirtió 2,2 millones de euros[5] (unos 400 millones de pesetas) y cinco meses para construir «el barco perfecto», como lo calificó entonces Kiko Sánchez Luna.

El *CAM* tuvo hasta cuatro versiones diferentes antes de su mutación en *Hispano*. De hecho, una de ellas, el *CAM III*, que costó otros 1,8 millones de euros a la caja valenciana, se hundió en 2008. Pero tras la quiebra de la entidad, el nuevo dueño de la antigua Caja, el Banco Sabadell, se negó a seguir financiando eventos que poco o nada tenían que ver con su negociado. «Fueron muy claros: su respuesta fue una negativa tajante a la posibilidad de continuar con el patrocinio del *CAM* —admitió en su día el propio Fernando—. Ni siquiera recurrieron al consabido "vamos a estudiarlo" que por delicadeza se tendría que haber empleado en este caso. El no fue rotundo».[6] Así que el Sabadell acabó

---

[5] Esteban Urreiztieta, «Un barco para que gane el príncipe», *El Mundo*, 25/VII/2004.

[6] Consuelo Font, «Su barco, vendido por 600.000 euros», *El Mundo*, 3/VIII/2013.

vendiendo la embarcación a un armador italiano, que lo adquirió a precio de ganga por unos 600.000 euros. Fin de la historia.

Felipe ya no volvió a subirse más al *Hispano* después de aquel verano de 2011. Advertido por su entorno, quizá por su astuto secretario, Jaime Alfonsín, a partir de entonces volvió a los barcos de la Armada, al *Aifos* con el que navegaba cuando era más joven y al que ha vuelto en los veranos de 2012, 2013, 2014 y 2015. «Un barco un poco antiguo con el que no se puede ganar la Copa del Rey ni en broma», advierten en el entorno del Club Náutico, que aplauden sin embargo esa decisión acertada de alejarse de los patrocinios endiablados. Versión que corrobora orgulloso Rodríguez Toubes: «En la Armada navega muy cómodo y nadie puede achacarle que lo haga porque somos Estado y no representamos a ninguna entidad comercial o bancaria».

Kiko, otro amigo imputado

El otro artífice del *CAM* era Francisco *Kiko* Sánchez Luna (1965),[7] medallista olímpico, exconcejal del PP en Alicante y otro de los amigos del rey que ha caído en desgracia por sus cuentas pendientes con la Justicia. Una vicisitud que ha hecho que el entorno de Felipe evite hablar del tema para no ensuciar la corona con los trapos sucios de los cortesanos que la rodean.

El 5 de marzo de 2014, Sánchez Luna fue detenido junto a su padre, dos hermanos y otras cinco personas por un supuesto delito de fraude fiscal, en una operación conjunta de la Agencia Tributaria, la Guardia Civil y el Cuerpo Nacional de Policía que les acusó de evadir en torno a 700.000 euros en impuestos por la venta de móviles de alta gama que importaban para vender posteriormente. Al momento de escribir estas líneas, la investigación continúa su curso en el Juzgado de Instrucción número 7 de Alicante.

---

[7] Fernando León y Kiko Sánchez Luna son administradores de Sea Tech Desarrollo Náutico S.L., con sede social en Alicante.

Sin embargo, los apuros que atraviesa Kiko van más allá. El excompañero de Felipe está implicado en un caso de corrupción que se instruye en la Audiencia de Alicante[8] y por el que la Fiscalía solicita penas cercanas a los cinco años de prisión, por tráfico de influencias, cohecho y prevaricación.

Como concejal de Modernización del Ayuntamiento de Alicante —estuvo en la corporación municipal de Díaz Alperi y en la de Sonia Castedo—, adjudicó a su propia empresa, a través de dos sociedades pantalla, la gestión de los telecentros municipales. En el caso está imputado también su hermano Jacobo Sánchez Luna. Un empresario al que supuestamente quisieron extorsionar fue quien llevó el caso a la Fiscalía Anticorrupción, que inició las investigaciones.[9]

Kiko y Felipe han regateado juntos durante una década, y se conocen, al igual que ocurre con Fernando León, desde la época de los Juegos de Barcelona. En la Ciudad Condal, Kiko logró la medalla de oro en la clase 470, en pareja con Jordi Calafat. Cuatro años antes, había competido en Seúl junto a Fernando y habían quedado cuartos. Además, cuenta con dos campeonatos del mundo (1992 y 1993) en la clase 470.

El bróker y el cantautor

El grupo de tripulantes del antiguo *CAM* con más proximidad al rey de España lo completan el bróker canario y exolímpico Juan Luis Wood Valdivieso y el rockero Jaime Anglada. Wood (Las Palmas, 1974) compitió en los Juegos de Sidney y quedó en el puesto dieciséis de la clase Soling, mientras que en el mundial del 93 obtuvo también un diploma por su quinto puesto en la clase 470. En 2015 figura como apoderado de Mirabaud Finanzas Sociedad de Valores.

---

[8] El juicio sobre este caso se celebró del 24 al 26 de febrero de 2015 en la Audiencia de Alicante.

[9] «Detenido el medallista olímpico y exedil del PP, Kiko Sánchez Luna», *El Mundo*, 5/III/2014.

Como Felipe VI solo navega ahora con los militares de la Armada, Wood, Kiko y los antiguos colegas del *CAM* han tenido que buscarse la vida durante los últimos años para encontrar quien les financie su aventura en solitario. En 2014, el Maserati Alfieri 100 les dio una nueva oportunidad. «Si no hubiera existido este patrocinio, no habríamos tenido la posibilidad de reunirnos, ya que llevamos dos años buscando patrocinador», explicaba Wood en las páginas de *ABC*.

Jaime Anglada, que no tiene pasado olímpico pero sí una gran pasión por la vela, se unió a la pandilla en el año 2000, a través de Fernando y de Kiko, que le brindaron la oportunidad de sumarse a la embarcación. Desde entonces, se ha convertido en otro de los mejores amigos del rey. No le importa reconocerlo e incluso le parece destacable que Felipe VI pueda alternar con banqueros, con grandes empresarios o con un cantautor que lleva veintidós años escribiendo canciones. «Como amigo y como persona merece muchísimo la pena», nos explica. «Me lo ha demostrado con gestos de cariño hacia mí y hacia mi familia».

Con él y con su mujer, María Pilar Aguiló, es con quienes Letizia se siente más cómoda en Mallorca. Ambas esposas han hecho buenas migas y Letizia se ha volcado especialmente con una de sus hijas, que tiene una discapacidad. «Yo no siento que traten diferente a nadie. Sobre todo, lo más importante es que cuando tratan con mi hija lo hacen como personas muy sensibles y muy normales —destaca el cantautor—. Y sobre todo, sin lástima».

Las familias de Anglada y de Wood se alojan en palacio cuando viajan a Madrid y los niños de las tres parejas son más o menos de la misma edad. «Con este grupo, Letizia está más involucrada porque son más como ella ha sido toda la vida. Pueden ir al cine y no tienen que guardar las formas y pueden ir a su casa, que es una casa normal, humilde, como la tuya o como la mía, y no pasa nada», explica un confidente. «Ella se encuentra más a gusto con este tipo de gente que con los otros, los pijos. Aparte de que en el otro grupo, la mayoría van a ver qué es lo que sacan. Y estoy seguro de que algo sacan».

Los reyes, por su parte, han demostrado en sobradas ocasiones que son fans de la música de Anglada y que, cuando la agenda se lo permite, acuden a sus conciertos en Mallorca o en Madrid. Como hicieron —ya como reyes— tras la entrega del Premio Francisco de Cerecedo de Periodismo 2014 a José Antonio Zarzalejos. Acabada la cena de honor, en el hotel Palace, se fueron caminando hasta el Círculo de Bellas Artes para reencontrarse con el cantautor, que acababa de presentar allí su álbum *Tempo sinfónico.*

Pero este relato no estaría completo si no se mencionan varios nombres, por ejemplo el de Pedro Sardina, el cronista de vela de *ABC.* A modo de anécdota, él mismo suele contar que tuvo el honor de estrenar la piscina del rey cuando su casa aún no estaba ni amueblada.

Pedro ha estado en las bodas de los hijos de don Juan Carlos y doña Sofía y, por lo general, toda la familia real le tiene especial cariño por el afecto y la atención que siempre manifestó hacia don Juan, el conde de Barcelona. Sardina solía pasar horas y horas en el barco del abuelo del rey, rememorando una y otra vez las batallitas de toda una vida en el exilio y contra Franco. Además, ha seguido durante años los pasos del rey en la vela. Con poco más de seis años, Felipe aprendió a navegar en la escuela de Calanova, en un barco *optimist* al que le puso el nombre de *Tortuga.*

También son muy desconocidos para el público otros compañeros como Isidro Martí, que tiene una escuela de vela en Ibiza, o Pedro Perelló, dedicado a sus negocios en Italia. Igualmente, los reyes mantienen una buena amistad con los regatistas Luis Doreste, Theresa Zabell, Domingo Manrique, Roberto Molina y Alfredo Vázquez. Una gran cena de Navidad les suele reunir cada año.

Los amigos marinos y la saga de los *Aifos*

Dejando a un lado sus amigos civiles, lo cierto es que en la afición por la vela de Felipe VI hay tres personas clave a lo largo de su vida: el almirante Marcial Sánchez Barcáiztegui, exdelegado de vela de la Armada y ya fallecido, que lo introdujo en la vela pesada y en la vela de cruzada; y, por otro lado, los gallegos Jaime y Juan Carlos Rodríguez

Toubes, de la Escuela Naval de Marín, que dieron el relevo al almirante cuando este se hizo mayor y han estado siempre, de una forma u otra, a la vera de Felipe en los barcos de la Armada.

En torno al año 1983, el rey Juan Carlos se dirigió a los tres para pedirles que el príncipe empezara a navegar en los barcos de competición de la Armada con base en Mallorca. Primero, en la saga de los *Sirius*, de los trece a los dieciocho años, y, cuando ingresó en la Escuela Naval de Marín, en la de los *Aifos*. Juan Carlos Rodríguez Toubes fue jefe de estudios de toda su promoción en el *Juan Sebastián de Elcano* y su hermano Jaime, es el armador de los *Aifos*.

La Armada es la encargada de sostener y dotar este barco, bautizado así en honor de la reina Sofía. La tripulación está formada por catorce marinos, muchos de ellos excompañeros de promoción de Felipe. En su primer verano como monarca, navegó dos o tres días con ellos dejando a los escoltas en las zódiacs que les custodiaban. Entre otros, le acompañaban el capitán de fragata Ricardo Maldonado, la persona que detrás de Jaime lleva más años navegando a su lado, también los *Tupis*, como llaman a los gemelos Jorge y Carlos Ortiz; Alejandro Blecua, alias *Rambo*, o Ignacio Iturrioz, guardiamarina en la Escuela Naval de Marín.

«Siempre ha sido una persona muy afable, muy trabajadora, muy honesta», reconoce Jaime Rodríguez Toubes, que siente verdadera y sentida admiración por Felipe VI. «Desde pequeñito se exigió a sí mismo lo que se le podía exigir a cualquier persona más formada, más hecha y más profesional», añade.

A ambos les unen treinta años de amistad, de lealtad y de la discreción propia de los hombres de la milicia. Una relación que se consolidó aún más cuando Jaime perdió a su hijo, de nueve años, víctima de un cáncer. «Siempre sentí el apoyo, el calor, la amistad profunda y el saber que estaba ahí», explica. «Estaba navegando con él en Barcelona cuando recibí la noticia de que mi hijo había tenido un problema. Desde ese momento y hasta que se murió, y después, siempre han estado a mi lado, tanto don Felipe como doña Cristina. De una manera discreta pero profunda, cariñosa, entrañable, magnífica y maravillosa. Y eso es algo que no olvidaré nunca y me moriré recordándolo».

Con este otro grupo, el más insondable y desconocido de cuantos orbitan en torno al rey de España, Felipe suele reencontrarse en citas en casas de unos y de otros, que siempre han permanecido en la más absoluta reserva. También se ha acordado de ellos para incluirlos en los eventos que han marcado su vida: su boda o su proclamación del 19 de junio. «Los marinos tenemos el marchamo de la discreción y de no dar la lata —explica—. Yo creo que, con nosotros, las veces que nos hemos visto, varias y bastantes a lo largo de estos años, gracias a Dios, nunca ha habido ni una foto robada ni un comentario inadecuado. A los marinos, la discreción y la lealtad son cosas que desde los dieciocho añitos nos meten en la Escuela Naval».

Como todos los que aman este mundo de las regatas, Jaime espera que los nuevos reyes sigan unidos a la vela por muchos años. Porque el sostenimiento y el despegue de este deporte en España se deben, en buena medida, a la familia real. «Su simple presencia y el que naveguen dos o tres días es más que suficiente. Es un deporte que nos ha dado grandes triunfos y es importante que la familia real siga estando, de algún modo, pastoreándolo».

La «guardia de corps»

En los entresijos de la nueva corte también hay mucho militar, que es el séquito que más aprecia el rey por su lealtad y, sobre todo, por su garantía de que son una tumba inescrutable, a prueba de chismorreos. Una guardia de corps formada por algunos de los mejores amigos de don Felipe, que ocupan puestos de relevancia en el nuevo organigrama de la Casa del Rey.

No hay que olvidar que Zarzuela, además de un palacio, es un cuartel. Y en ese cuartel, un grupo de guardias reales, tenientes coroneles en su mayoría, tiene el privilegio de compartir más horas de intimidad con el capitán general de las Fuerzas Armadas. Juegan con él a pádel en las instalaciones de Zarzuela y acuden a cenas o a salidas nocturnas sin Letizia, como la que protagonizaron a finales de julio de 2014 y que fue contada en las páginas del diario *Estrella Digital.*[10] Cada cierto tiempo suelen organizar también una comida con sus mujeres.

Antes de convertirse en rey, Felipe solía presentarse de vez en cuando en el Cuartel del Príncipe, en Mingorrubio, pasado El Pardo, para comer con sus amigos o simplemente para tomarse algo con el que estuviera de guardia. «Si revisas los tenientes coroneles que están en la Guardia Real, son casi todos amigos suyos, oficiales de su promoción que están destinados allí», advierte un antiguo trabajador de la Casa.

Veamos algunos nombres. El primero es Fernando Rocha y Castilla, el único entre este séquito que fue uno de los dieciocho testigos de su boda en 2004. Teniente coronel de la Guardia Real, desde 2012 es jefe del Grupo de Honores. Mando desde el que participó en la salutación que las Fuerzas Armadas en su conjunto rindieron al nuevo monarca en el patio del Palacio Real pocos días después de su proclamación.

Otro es el coronel Fernando Morón, compañero de su promoción en la Academia Militar de Zaragoza (ambos coincidieron allí en el curso 85-86), y destinado en la actualidad como jefe del Estado Mayor de la Guardia Real. Una trayectoria parecida a la que ha transitado Fernando Carrillo Cremades, de Alcantarilla (Murcia), que fue compañero de habitación de don Felipe en la Academia General del Aire de San Javier (curso 87-88).

Carrillo sirvió ocho años como capitán de la escuadrilla Plus Ultra de la Guardia Real y, tras un tiempo fuera de la Casa, en destinos como el Estado Mayor del Aire, en la sede de la OTAN en Países Bajos, o en Afganistán como jefe del Escuadrón de Zapadores Paracaidistas, volvió a Zarzuela en 2010. Desde 2011 está al mando del Grupo de Apoyo de la Guardia Real.

De su promoción de San Javier procede también Francisco Javier Vidal, uno de los retratados en la salida nocturna del rey publicada por *Estrella Digital.* Teniente coronel, Vidal está destinado actualmente en

---

[10] F. de Castro, «Así fue su primera salida nocturna en solitario como rey», 29/VII/2014.

la base de Torrejón de Ardoz y, en el desfile del 12 de Octubre del año 2012, tuvo el honor de comandar el primer avión que abrió el desfile aéreo de la fiesta de los ejércitos. En la conmemoración de las bodas de plata de su promoción, Vidal se encontraba en Herat (Afganistán) y, según ha contado él mismo, el entonces príncipe tuvo el detalle de llamarle personalmente por teléfono a él y a otro compañero que estaba en otro destacamento del Ejército del Aire en Dakar. «Nos llamó a los dos y esa llamada cariñosa y cercana estoy seguro que a los dos nos reconfortó y nos hizo sentir, un poco, como si estuviéramos allí con el resto de los compañeros».[11]

Completa el grupo Eduardo Díaz Monje, teniente coronel del Ejército de Tierra y número uno de su promoción. En una entrevista en Radio Nacional, él mismo explicaba que Felipe mantiene una relación estrecha y permanente con todos sus antiguos compañeros de las academias. «En concreto con la nuestra, acude siempre que puede a reuniones periódicas que tenemos, ya sean cenas o actos sociales. Y se mantiene muy al tanto de las vicisitudes de todos los compañeros de la promoción».

Miguel Herráiz no es guardia real, pero lleva a la sombra del rey más de treinta años como responsable directo de seguridad y de la de su familia más próxima. Este teniente coronel de la Guardia Civil escolta a don Felipe desde que ingresó como estudiante de derecho en la Universidad Autónoma de Madrid y, junto a él, ha vivido en primera persona la llegada de Letizia a su vida y las operaciones de seguridad que hubo que coordinar cuando el noviazgo aún era secreto.

En tantos años de roce y de experiencias compartidas, Herráiz ha forjado una lealtad inquebrantable a los nuevos reyes, que se ha trasformado en una buena amistad entre ambos matrimonios, que hasta han compartido en alguna ocasión viajes de carácter privado. Son ya muchos años, en los que Felipe deposita su plena confianza en Herráiz, que, sin ser el responsable último de la seguridad de Zarzuela, ha demostrado estar por encima de jerarquías orgánicas.

---

[11] Entrevista en el programa *Las mañanas de Radio Nacional*, 3/VI/2014.

La profesora que enseña inglés a la princesa Leonor y a la infanta Sofía es la esposa de otro de sus guardias de máxima confianza. Y en este grupo entran también otros nombres como Carlos Prada Larrea, al mando del grupo de escoltas desde 2011, Francisco Curro Lizaur, que estuvo en protocolo, y Miguel Parrado, que fue ayudante del príncipe durante años y que al momento de escribir este libro preparaba el curso de Estado Mayor en Lisboa.

De su paso por las tres academias también destacan varios nombres que Felipe incluyó en el acta de sus testigos de boda: Esteban Bienert Barberán, capitán de corbeta de la Armada y piloto del gran avión naval Harrier; Miguel Henkart Fernández de Bobadilla, del Ejército del Aire y, en 2015, capitán de Air Europa; y Alberto Pamos Gómez, de la Armada.

El propio Jordi Gutiérrez, portavoz de la Casa del Rey, recuerda cómo hace años acompañó al entonces príncipe a San Javier, a una entrega de despachos y, al terminar el acto, la comitiva de palacio tuvo que esperar hasta que acabase la etapa del Tour porque Felipe había decidido, sobre la marcha, quedarse a ver a Perico Delgado con sus compañeros de promoción. Anécdota que ejemplifica lo estrechos que siguen siendo esos lazos a pesar de los años transcurridos. Otro de los compañeros de Felipe en San Javier, el capitán Gonzalo de la Torre, se casó en 1994, en el pueblo de Pareja, a orillas del pantano de Entrepeñas (Guadalajara), en una ceremonia en la que el entonces príncipe, junto a sus compañeros de promoción, levantó su sable de gala para formar un arco de salida a los recién casados.

«En las academias militares es donde más tiempo ha pasado y donde más tiempo ha sido él mismo», explica otro exmiembro de Zarzuela. «Saben que ahí la fidelidad es ciega, que los aplauden a rabiar y que los quieren. Por eso son tan graves las faltas de consideración de la reina hacia el mundo militar», añade. Faltas de consideración como aparecer con un atuendo poco apropiado para una entrega de despachos en Marín, en la que Felipe se reencontró con sus antiguos compañeros. «Al parecer, Letizia fue vestida de forma inadecuada, como si fuera un acto de andar por casa, cuando todas las demás iban muy peinadas y se habían comprado un vestido solamente para esa ocasión».

Se cuenta también que, en una comida de promoción, ellos, los hombres, comían por un lado y las mujeres, por otro. A Letizia le habían preparado un sitio de presidenta en la mesa, pero prefirió colocarse en la mesa de los niños con Leonor y con Sofía para disgusto de todas. «Eso, que puede hablar muy bien de su cuidado como madre, ¿verdad?, es un desprecio hacia las otras mujeres. Por eso, ahí tiene carrera por hacer».

Alfonso de Ceballos Escalera, marqués de la Floresta y el hombre que denunció la revuelta nobiliaria contra Letizia, incide también en esa línea, con otros desplantes hacia el mundo de la milicia. «En las comidas mensuales a las que va el príncipe con sus compañeros de promoción destinados en Madrid, alguno me ha contado que antes estaban muy pendientes de doña Letizia, de darle conversación y de estar un poco al quite con ella. Pero dicen que después de las malas caras y de los feos, de "ahora me levanto y me voy", y otros detalles, la dejan sola y no le hacen ni caso. Si se aburre, la dejan sola. Vamos, que están deseando que deje de ir. A ella el mundo militar no le gusta —añade—. Yo sé, por comentarios que me ha hecho gente del Cuarto Militar, que ha tenido roces también con los ayudantes del rey y del príncipe. Sé que hace tiempo, un año y pico o así, entró en el Cuarto Militar, en el Palacio Real, y dijo tres o cuatro impertinencias a los que estaban allí. Algo así como: "Ah, bueno, aquí como siempre sin hacer nada". Y uno se levantó y, en fin... le contestó».

Letizia y su corte de periodistas

Las referencias negativas hacia el papel de doña Letizia en algunos escenarios de la corte resultan a veces grotescas. Deformadas en tanto que no tienen la contraparte de esas otras voces que podrían salir a defenderla con más ahínco, y que si no lo hacen es, en parte, porque la reina está obsesionada con que su vida privada no trascienda los muros de palacio. «Nunca delante del servicio», como diría Isabel II de Inglaterra a su familia. Ni siquiera nadie de su entorno ha querido apuntillar una sola coma a toda esa retahíla de ataques que su propio primo vertió en su polémico libro.

Letizia tiene defensores, por supuesto. Faltaría más. Y sería injusto no escuchar su versión ni recogerla por escrito en este relato. Aunque el trabajo se dificulta por la obligatoriedad impuesta del anonimato.

«Creo que había un sector crítico que pensaba que presionando mucho se divorciarían. Y por la lucha interna que han tenido se han mantenido unidos», explica una compañera del gremio que, sin ser de su círculo más íntimo, de esos cinco o seis nombres que siempre aparecen asociados a Letizia, se encuentra también entre las amistades de la reina. «Compartimos la vida y yo para ellos creo que puedo ser un brote de realidad», asegura. «Ahora que son reyes, a los que han perdido esa batalla ya no les queda más remedio que convertirse en cortesanos. Y toda esa crítica voraz de antes ha cesado».

Esta fuente defiende que Letizia está haciendo un «magnífico papel». Sobre todo, porque ha renunciado, primero, a su carrera profesional y, segundo, a su propia independencia y libertad para embarcarse en un sueño que, por momentos, se ha convertido en un delirio. «Ha entregado su vida a algo que parecía un cuento de hadas y que, a veces, se ha convertido más en una mazmorra. Ella ha tenido muy limitado y restringido encontrar lugares donde refugiarse, donde le guardaran su confianza».

Sobre la pareja, considera que él «nunca tiene un gesto de desagrado» y que a ella, a pesar de los diez años transcurridos desde su llegada a Zarzuela, se le siguen escapando gestos propios de su pasado. «Ha aprendido muchísimo y muy rápido, pero es cierto que la esencia de plebeya la mantiene. Se nota en su espontaneidad, en sus opiniones», explica. «Es muy perfeccionista en su comportamiento, muy profesional de cara al público. Porque para ella, ser reina es un trabajo que lo aborda con la mayor ambición de conseguir la perfección. Luego su vida privada es un búnker».

Y pocas confidentes conocen bien ese búnker. En junio del año 2003, Letizia y un grupo de amigas se citan para cenar en un conocido restaurante de Madrid y para despedir a una compañera, Gina, que inicia una nueva etapa profesional en Estados Unidos. Todas son caras más o menos conocidas de la pequeña pantalla. Provienen de CNN Plus, el nexo de unión de casi todas, aunque luego la vida haya ido reorientando a cada una por diferentes senderos profesionales. Y ahí acuden Cristina Palacios, Ana Prieto, Almudena Bermejo —la más veterana— y Gina Montaner.

«Tras pedirnos total discreción, en aquella noche de risas y complicidades, nos anunció que llevaba un tiempo saliendo con el príncipe, quien al poco rato se sumó a la sobremesa y departió amablemente con nosotras». Gina es, del círculo más cercano a Letizia, la única que en estos diez años ha roto el pacto no escrito de absoluta discreción firmado entre las partes contratantes y la nueva reina de España. Y fue ella la única que, conocido ya el compromiso, desveló esta pequeña anécdota totalmente inocua sobre la entrada en escena de Felipe en el único mundo que conocía hasta entonces la presentadora de TVE. «Antes de abandonar Madrid, volví a hablar con ella y deduje que se trataba de una genuina historia de amor. Ambas nos deseamos la mejor de las suertes».[12]

Cinco meses después, Felipe y Letizia anunciaron su boda. Un comunicado quizá algo precipitado, si uno repara en la velocidad de crucero que tomó ese noviazgo. No es difícil imaginarse el desconcierto que aquella entrada apoteósica de Felipe debió ocasionar entre ese grupo de periodistas. Por primera vez, el príncipe descendía varios escalones en su estatus para conocer a las amistades de Letizia, al tiempo que ella misma empezaba a subir por otra escalera social que le conducía rumbo al trono.

Seguro que las cuatro amigas le sometieron al más duro de los interrogatorios. Antes de despedirse, brindaron por la felicidad de todas. Contra natura, contra lo que su profesión demanda, mantuvieron el secreto hasta noviembre de aquel año, sin que ninguna de ellas hablara más de la cuenta. Aprendieron muy pronto a callar y a ser testigos mudos de los entresijos de la corte y de la Jefatura del Estado y fueron

---

[12] «Te trataré como una reina», *ABC*, 5/XI/2003.

recompensadas con una lealtad que les ha facultado a seguir al lado de la reina transcurridos ya más de diez años de su entrada en Zarzuela.

Al contrario que la reina Sofía, que se negó siempre a tener algo parecido a una corte de amigas íntimas en España y que solo se rodeó de dos o tres personas (su hermana Irene, su prima Tatiana o sus secretarias Laura Hurtado de Mendoza y Susana Cortázar), su nuera se ha esforzado por conservar intacta una parcela de su anterior vida que la mantenga unida al pulso de la calle. Una parcela copada por este grupo de colegas de profesión y alguna otra excepción. Como Mari Luz Valero Reneses, la peluquera que la arreglaba todas las noches antes de sentarse en la mesa del *Telediario* de La 1 y que, aunque sigue trabajando para la Corporación en Prado del Rey, está dispensada para irse con Letizia cada vez que ella requiere sus servicios o inicia un viaje internacional de largo recorrido. En este tiempo, Mari Luz, que se desplaza todos los días a palacio para peinar a la reina, se ha convertido en otro de los personajes clave de la propia corte de Letizia y en una de sus privilegiadas confidentes, como lo demuestra el hecho de que la acompañase en la salida nocturna y privada que Letizia protagonizó junto a un grupo de amigos en mayo de 2015 por el barrio de Malasaña. A ella se debe también el cambio de imagen experimentado por Letizia ese mismo año tras el sorprendente corte de su melena.

CNN Plus inició sus emisiones el 27 de enero de 1999. En esa redacción joven y progresista que competía con el Canal 24 Horas de Televisión Española, Letizia fue el primer rostro que salió en pantalla en los boletines en abierto a través de Canal+. Llegaba a la tele antes de las cinco de la madrugada, pero, a cambio, entraba en las principales oficinas del país a primera hora de la mañana, la franja considerada como *prime time* en este tipo de cadenas.

Letizia todavía estaba casada con su primer marido, el profesor de literatura Alonso Guerrero, aunque la relación moriría en esos meses siguientes en los que ella, en un trance nada agradable para nadie, encontró refugio y consuelo entre sus compañeras de la tele. Ahí empezaron a atarse esos lazos sólidos que luego la han unido de por vida con Sonsoles Ónega, Cristina Palacios Rubio, Mar Peiteado Mariscal,

Ana Prieto Urbano, Inmaculada Aguilar Nacher y Almudena Bermejo Sánchez. Las mismas que fueron testigos, después, de su romance con el presentador de la cadena David Tejera, y de su entrada en el «cuento de hadas» de Zarzuela.

Todas ellas forman su propia corte —con sus confidencias, sus viajes y sus escapadas— en paralelo a la del rey Felipe VI. Y tres de ellas, además, fueron elegidas como testigos de la novia para la boda con el príncipe: Cristina, Sonsoles y María del Mar.

De ilustre apellido, Sonsoles es hija del periodista Fernando Ónega, autor del último libro que cuenta con la venia real de don Juan Carlos —*El hombre que pudo reinar*—. En CNN Plus, informaba sobre temas de justicia, pero es más conocida por su desempeño como corresponsal parlamentaria de los informativos de Telecinco. Para esa cadena ha cubierto la proclamación del 19 de junio desde una posición privilegiada en la tribuna del Congreso o la entrega de los premios de periodismo Luis Carandell, que Letizia concede anualmente en el Senado a las mejores plumas de la crónica parlamentaria.

Sonsoles ha escrito varias novelas, la más reciente con un título que resume a esa tribu de mujeres ambiciosas y profesionalmente muy preparadas de la que Letizia es su máximo exponente: *Nosotras que lo quisimos todo*. En casa abundan las fotos con Letizia, Felipe y sus respectivos hijos.

Imma Aguilar fue otra de las presentadoras de CNN Plus que hacía el turno de fin de semana. En su cuenta de Twitter se define como «posperiodista, transpolítica, conovelista y extelevisiva». Palabros que definen su paso del mundo de las redacciones a la arena de la comunicación política como asesora de La Entesa, el grupo que engloba a los socialistas catalanes y a IU, ERC e ICV en el Senado. Los martes por la tarde, cuando hay pleno con preguntas al presidente del Gobierno, es fácil verla en los abarrotados pasillos de la Cámara Alta, inmersa en alguno de los corrillos que se forman con periodistas.

En el verano de 2014, tras la debacle de los socialistas en las elecciones europeas, Imma dirigió la comunicación de la campaña del diputado Eduardo Madina a las primarias internas del PSOE, que ganó

Pedro Sánchez. Esa coincidencia dio lugar a que algunos especulasen con que Letizia era más pro-Madina que pro-Sánchez. Circunstancia que quedó rápidamente desacreditada cuando, en el primer despacho del nuevo líder del PSOE con Felipe VI, ella irrumpió de repente para saludar a Pedro y bromear con él sobre su pasado común en el Ramiro de Maeztu. «Vengo a conocer al hombre con el que dicen que me iba de copas en el instituto», le soltó nada más cruzar la puerta del despacho y a pesar de que ambos nunca coincidieron al mismo tiempo en esas aulas. Él estudiaba por las mañanas y Letizia, en el turno de noche. Fueron apenas veinte minutos, pero Sánchez salió de allí convencido de que la nueva reina era «un torbellino de energía».

En CNN Plus, Ana Prieto era productora en el departamento de asignaciones. Antes había sido, con solo veintiséis años, jefa de informativos de Europa Press Televisión. Tras pasar por el Instituto de Empresa, trabajó para Dragados y Construcciones, hasta recalar en la Editorial SM, donde, durante once años, ha sido jefa de comunicación corporativa. Gracias a su relación con la reina, Letizia preside cada año la entrega de los Premios Barco de Vapor de literatura infantil. Ambas tienen además gustos musicales parecidos y suelen acudir a conciertos en los que más de una vez se las ha fotografiado juntas.

Cuida a sus amigas

Cuando Cristina Palacios dio a luz a su hijo, la entonces princesa se acercó hasta Tarragona para visitarla y pasar tiempo con ella. Gesto que denota la atención que presta a sus amistades más allegadas. Cristina pertenece a la familia riojana de las bodegas Palacios. Trabajó en Antena 3 Televisión de Zaragoza, cuando Pepe Oneto dirigía los informativos, y también pasó por los estudios del canal Fox en Estados Unidos. A día de hoy se dedica a impartir cursos de formación en comunicación.

María del Mar Peiteado Mariscal, por su parte, se ha especializado en temas de belleza en publicaciones como *Yo Dona*, *Vogue* o *La revista de Ana Rosa*, en la que tenía su propio consultorio. Y Almudena

Bermejo, la mayor de todas, trabajó en Telemadrid antes de recalar en CNN Plus y conocer a Letizia. En 1992 publicó junto a Marta Robles la primera biografía que se escribió sobre la exmujer de Felipe González: *Carmen Romero, la dama del PSOE*. Al cierre de estas líneas, sigue dirigiendo el Espacio Fundación Telefónica, en la Gran Vía de Madrid, que fue inaugurado por los propios príncipes en 2012.

El día de San Valentín de 2015, Almudena se casó con su actual pareja y organizó una celebración íntima en el restaurante del Teatro Real, a la que no faltó la propia Letizia, que quiso dar su enhorabuena a los novios en persona. Una vez más, la ausencia de Felipe VI sirvió como excusa para atacar a la reina en vez de remarcar cómo Letizia mima a sus amigas por encima de sus obligaciones o conciliando ambas esferas.

«Es un círculo muy inexpugnable, porque todas se han confabulado para no decir nada», explica uno de sus antiguos jefes en CNN Plus. «Desde el minuto uno, yo creo que ella le dijo al príncipe que iba a conocer a sus amistades, pero que él tenía que hacer lo mismo con las de ella».

A este grupo, en cuyos encuentros solo de chicas no pinta gran cosa don Felipe, se une también la periodista Esther Jaén, especializada en crónica política y tertuliana habitual de algunos programas de debate. La Zarzuela reconoce que, una vez al año, suelen organizar un viaje de carácter privado del que no sueltan prenda. Pero algunas de estas escapadas han trascendido luego a los titulares de las revistas. Así es como se supo que en 2012 estuvieron de compras por Manhattan, en Nueva York, o que, en abril de ese mismo año, se encontraban en Jávea (Alicante) cuando el rey Juan Carlos se cayó en Botsuana y tuvo que ser trasladado de urgencia a Madrid, y ella hubo de regresar de inmediato a la capital en el primer AVE de vuelta. En otra ocasión, estuvieron juntas en Australia, en otro itinerario del que se ha rumoreado mucho pero del que nunca se han visto fotos o evidencias que lo sustenten.

De su paso por Televisión Española no ha quedado un ramillete de amistades tan consolidado, aunque sí guarda una buena relación con la corresponsal María Oña, a quien Letizia visita en Lisboa —su última corresponsalía— cuando quiere pasar un tiempo a solas con ella. También mantiene una relación estrecha con el matrimonio formado por Lorenzo Milá y Sagrario Ruiz de Apodaca, que cubrió durante varios años la información oficial de los príncipes de Asturias para los telediarios de La 1. Sin embargo, quien fuera su jefe, Alfredo Urdaci, no mantiene con ella, a día de hoy, ninguna relación.

El millonario luso convertido en marqués

Si los viajes privados de Letizia y sus amigas no han provocado, por lo general, demasiado revuelo ni la aparición de fotos incómodas, no se puede decir lo mismo de sus escapadas a las playas del Algarve portugués, al castillo del empresario luso Vasco Manuel de Quevedo Pereira, una de las principales fortunas de Portugal, y de su mujer, Isabel María de Carvalho.

En 2010, la entonces princesa, a su aire, mal aconsejada o no dejándose asesorar, decidió pasar allí junto a sus hijas el fin de semana en el que Constantino de Grecia celebraba en Londres su setenta cumpleaños con la flor y la nata de la realeza europea. Nadie entendió que la reina Sofía y el príncipe de Asturias se desplazasen a los actos conmemorativos y que, en cambio, Letizia se fuese a la casa de este desconocido empresario elevado en España a la categoría de marqués por no se sabe muy bien qué méritos. La revista portuguesa *Caras* y la española *¡Hola!* publicaron sendas fotos de aquella estancia y provocaron un enorme revuelo. Porque se volvió a pensar que la corte tenía chivatos.

El rey Juan Carlos lo nombró marqués en 2011, en un gesto que se atribuye directamente a la mediación de Letizia con su marido. Porque ni en la Diputación de la Grandeza sabían quién era este empresario luso cuando el monarca dio a conocer su nombramiento en el BOE.[13]

---

[13] De hecho, en el almuerzo de bienvenida ofrecido por la Diputación de la Grandeza, en el caso de Quevedo Pereira, el duque de Aliga tuvo que hacer encaje de bolillos para recordar sus ignotos y remotos méritos como miembro de una familia portuguesa históricamente vinculada con la corona española. «Ya el rey Carlos III

En su primer año de reinado, Felipe VI se ha caracterizado por tomar medidas y ejemplificar gestos diametralmente opuestos a los de la etapa encarnada por su padre.

La reina Sofía fue ovacionada por las Cortes el día de la proclamación de su hijo. «Su dignidad y sentido de la responsabilidad son un ejemplo que merece un emocionado tributo de gratitud», dijo Felipe VI.

Al volante del Rolls Royce utilizado por los nuevos reyes el 19 de junio de 2014 estaba su actual jefe de Seguridad, José Corona, que protege a don Felipe desde que tenía dieciséis años.

Los hermanos Ricky y Álvaro Fuster. Este último fue compañero de clase de Felipe de Borbón en el colegio Los Rosales y uno de sus mejores amigos de la infancia.

Pablo de Grecia compartió casa con su primo durante los dos cursos académicos que estuvieron en Georgetown. Allí fue testigo del noviazgo del entonces príncipe con la norteamericana Gigi Howard.

Konstantin de Bulgaria saluda cariñosamente a don Felipe durante la recepción celebrada en El Pardo en la víspera de la boda real. «No es una amistad de la que me guste presumir», asegura.

En primera fila, la corte de amigos elitistas de Felipe, fotografiados en la boda de la infanta Cristina: Javier López Madrid, Ricardo Fuster, el venezolano Lorenzo Mendoza y Álvaro Fuster.

Salida del rey con sus compañeros de promoción de las academias militares poco después de su proclamación. Esa noche sus escoltas zarandearon a una periodista a la salida de un restaurante en Chueca (Madrid).

CAM

Tripulación del CAM. Fernando León, a la izquierda de don Felipe, es uno de sus mejores amigos. Sentado en primer término, Kiko Sánchez Luna, imputado por la Audiencia Provincial de Alicante.

Tripulación del *Aifos* (el nombre de Sofía al revés) de la Armada. Al lado del rey, con gorra, Jaime Rodríguez Toubes, su padrino en la mar. Tras la quiebra de la CAM, Felipe solo navega en las embarcaciones de la Armada.

En 1994 Felipe, junto a sus compañeros de promoción, levantó el sable de gala para formar un arco de salida en la boda del capitán Gonzalo de la Torre, celebrada en Pareja (Guadalajara).

La reina Letizia fue «cazada» por los fotógrafos en una salida nocturna con sus amigas por el madrileño barrio de Malasaña. Entre otras su peluquera, Mari Luz Valero.

Letizia asistió en 2010 a un concierto de Alejandro Sanz. Son habituales sus escapadas con amigas y sin la compañía de su marido.

Esta foto del entonces príncipe Felipe con Eva Sannum en la boda de Haakon de Noruega y Mette Marit arruinó los planes de boda de la pareja. Felipe quería anunciar su compromiso de forma inminente, pero los atentados del 11-S frustraron sus planes.

Jaime Alfonsín, abogado del Estado y actual Jefe de la Casa, acompaña a don Felipe desde el año 1995. Dejó una prometedora carrera en el despacho Uría & Menéndez para convertirse en el jefe de su secretaría.

Felipe VI, en mangas de camisa en su despacho oficial de La Zarzuela, es asistido por uno de sus ayudantes de campo.

El adiós inesperado de Érika Ortiz en 2007 es la situación más trágica por la que han tenido que pasar tanto Letizia como sus allegados.

El 12 de junio de 2015, Felipe VI revocó el uso del título del ducado de Palma por parte de su hermana. Días antes, la infanta había sido fotografiada en Suiza con su prima Cristina de Borbón-Dos Sicilias, que es también una de las confidentes de Letizia.

HEMEROTECA 22.07.2015

MADRID 36°C 20°C

MADRID

El socialista Pedro Zerolo ya tiene una plaza con su nombre en la capital

El Confidencial

EL DIARIO DE LOS LECTORES INFLUYENTES

ESPAÑA OPINIÓN COTIZALIA MUNDO CULTURA DEPORTES TEKNAUTAS ACYV MULTIMEDIA VANITATIS El Confidencial TV

IBEX 35 0,20% EURO STOXX50 -0,16% S&P 500 -0,43% NIKKEI -1,19% EUR/DÓL 1,0939 P.RIESGO 126,10 EURÍBOR 0,1710

López Madrid, Marjaliza y Granados compartieron yate: la UCO aporta los correos

POR JOSÉ MARÍA OLMO | 8

Los agentes del Instituto Armado han detectado comunicaciones hasta ahora secretas entre López Madrid y dos de los principales implicados en la trama, el exconsejero de Presidencia Francisco Granados y su socio, el constructor David Marjaliza, acerca de una embarcación de lujo

Javier López Madrid se ha visto implicado en diferentes escándalos en los últimos años, desde las tarjetas *black* de Caja Madrid a la Operación Púnica.

El director de Comunicación de la Casa del Rey, Jordi Gutiérrez, coincidió en el besamanos de la proclamación con Álvaro Fuster, íntimo amigo de Felipe.

Antes de la inauguración de la Casa del Lector en el Matadero de Madrid, en octubre de 2012, Felipe y Letizia protagonizaron un tenso intercambio de palabras que dejó boquiabiertos a varios testigos.

Juan Miguel Villar Mir, propietario de OHL y del grupo que lleva su nombre, siempre ha sido un hombre muy cercano a la corona. Su hija Silvia está casada con Javier López Madrid.

A Pedro López Quesada, marido de Cristina de Borbón-Dos Sicilias, Urdangarin lo apodaba cariñosamente *Perich*. La pareja forma parte de la corte más próxima al rey Felipe, pero también mantiene estrechos lazos de amistad con su hermana Cristina y el marido de esta.

Determinados gestos imprudentes de la reina delatan su deseo de tener todo bajo control dentro y fuera de La Zarzuela.

Tampoco se sabe gran cosa sobre la conexión entre Letizia y este matrimonio. Lo que sí se conoce es que ha ido allí más veces de veraneo. En julio de 2012, por ejemplo, junto a su madre, Paloma, y sus dos hijas.

En su propia lista de testigos de boda, la reina añadió otros nombres que, por ende, sirven también para perfilar su propia esfera más privada. Además de sus padres, sus abuelos, sus hermanas y su cuñado, Antonio Vigo, seleccionó a varios periodistas. Entre ellos, el expresidente de la Agencia Efe Álex Grijelmo, la periodista Sonia Martínez Muñoz y tres hombres: José Eduardo Medina Casado, Luis Bruzón Delgado y Jaime Arturo del Burgo, que —como hemos visto— tiene su propia historia.

Al grupo de nombres que engloban su corte se podría añadir también el de su dermatólogo, Pedro Jaén, el veterano y reputado médico que retoca el rostro de Letizia y de su madre sin necesidad de cirugía. Ya como reina, y en un gesto de aprecio hacia él, Letizia se dejó ver en una de sus últimas fiestas de cumpleaños, celebrada en un local de la calle Félix Boix de Madrid.

Cierra este variopinto listado la gobernanta de su Casa en Zarzuela, su paisana María José Arbesú, procedente del hotel Miguel Ángel de Madrid. Letizia la fichó en 2009 para sustituir a la anterior ama de llaves, Elena Vergara-Jáuregui, que había estado al frente de la residencia privada del heredero desde que la frecuentaba Eva Sannum y que inició a la reina en la conducción de una casa de esa envergadura. Tras salir de Zarzuela y ceder el testigo, Vergara-Jáuregui trabaja ahora en el Palacio de Oriente a las órdenes de Patrimonio Nacional.

Las amistades de Felipe VI y Letizia, repasadas aquí con detalle, evidencian una vez más la distancia abismal entre dos mundos casi antagónicos y que solo tienen en común este matrimonio. Resulta imposible acortar esa lejanía. Y de hecho, muchos andan empeñados en exprimirla

---

creó a favor de un antepasado suyo el título de marqués de los Soidos, con grandeza de España», explicó. «No es nueva esta estrecha relación entre los monarcas españoles y la nobleza portuguesa. Los títulos de marqués de Castel Rodrigo, de duque de Abrantes, de Linares, de Aveyro y de Camiña, entre otros, dan fe de esta vinculación fraternal, que hoy se ve reiterada con la concesión de este título a Vasco Manuel de Quevedo Pereira Coutinho».

para minar a la pareja y aumentar sus diferencias. Sin embargo, parece que la mera existencia de estos compartimentos estancos, llenos de tripulantes muy diferentes los unos de los otros, es la clave, por ahora, para que este barco no se hunda y, en el caso de ella, el único y reducidísimo espacio donde puede mostrarse tal cual es y sin miedo a otra nueva traición como las que han quedado grabadas a fuego en su memoria. Por ello, esta guardia pretoriana sigue siendo tan insondable, tras más de diez años en los alrededores de la corte. Amigas que, al contrario de lo que ocurre con algunos de los nombres del entorno de Felipe, nunca han salpicado a la corona con ninguna mancha ni con ningún traspié extraño. Un grupo que, en definitiva y gracias a la mediación de Letizia, ha oxigenado los ambientes que frecuentaba hasta hace no mucho el nuevo rey de España.

6

Todos los hombres del rey

Entre hoyo y hoyo de un campo de golf de Madrid, un hombre callado y tímido, con aspecto bonachón, de ojos minúsculos, pronunciadas entradas y cabello teñido de castaño, elegante en el vestir y con maneras educadas, discreto en sus movimientos, ensaya su *swing* mientras discurre sobre asuntos básicos para la Jefatura del Estado. Es la imagen de Jaime Alfonsín, el jefe de la Casa de Felipe VI. Él es el principal consejero del monarca, su maestro de cabecera y el cerebro que analiza, ordena o idea todos los asuntos que atañen al hijo de Juan Carlos y Sofía.

Nacido en Lugo el 18 de agosto de 1956, Alfonsín lleva dos décadas junto a Felipe. En 1995 trabajaba en el prestigioso despacho de abogados Uría y Menéndez. Con la vitola de haber sido uno de los más destacados en su promoción de abogados del Estado, había llegado a esta empresa tras pasar por Barclays, donde fue secretario general y jefe de la asesoría jurídica del banco. A finales de ese año, cuando contaba treinta y nueve primaveras, recibió la llamada que le cambió la vida. La corona reclamaba su servicio para ser el jefe de la Secretaría del príncipe de Asturias, creada por aquel entonces porque Felipe había vuelto de Estados Unidos y había que desarrollar la fórmula para que Su Alteza se forjase, poco a poco, de cara a su llegada al trono.

El hacedor de su fichaje fue el entonces jefe de la Casa, Fernando Almansa, quien detalla a los autores cómo se gestó la incorporación. «Yo tenía amistad con quien era presidente de Barclays en aquel momento y la Casa Real también tenía mucha relación con alguien del despacho que había sido profesor del príncipe». Ese alguien que informó sobre la preparación y discreción de Alfonsín era Aurelio Menéndez, antiguo preceptor del príncipe de Asturias. «Felipe acababa de terminar su etapa de formación universitaria e iba a empezar a tener una agenda institucional y era importante crearle una secretaría; esa agenda institucional que se le presentó al rey y al príncipe incluía tomas de contacto con los tres poderes, visitas a las comunidades autónomas, etcétera.».

La corona española quería evitar a toda costa que el heredero apareciera ante los ciudadanos como un tipo sin oficio o beneficio, más allá de su larga espera para sustituir a su padre. La intención era que su figura pública se diferenciase lo más posible de Carlos de Inglaterra. Había que crear un *Manual del príncipe*, por utilizar el argot de la Casa, donde se incluyeran sus tareas destinadas a conocer mejor el país en el que iba a reinar algún día. En la creación y diseño de esa suerte de libro de estilo del heredero se enmarcan, por ejemplo, sus famosos viajes por Iberoamérica para asistir a las tomas de posesión.

No hubo demasiadas dudas a la hora de elegir a Alfonsín para ocuparse de este cometido. «Se nos dieron unos estupendos informes sobre él». Almansa destaca que «siendo abogado del Estado, tenía un futuro económico brillante por delante y podría haber acabado como socio del bufete de Uría y Menéndez, pero renunció a eso y a una vida probablemente más cómoda en lo económico». Y lo hizo porque le gustó el desafío. «Yo no le podía pagar lo que cobraba y aceptó venir. Ya me pasó eso mismo cuando fiche a Asunción Valdés, que tenía también un futuro brillante en donde trabajaba, en el Parlamento Europeo», rememora.

La corresponsal de *ABC* en asuntos monárquicos, Almudena Martínez-Fornés, también destaca la capacidad del jefe de la Casa para abandonar un futuro prometedor como letrado. «Quizá lo más admirable de él es que renunció a una gran fortuna, que es lo que hubiera ganado en el despacho de Uría y Menéndez —porque tenía una carrera meteórica— por trabajar junto al príncipe». A su juicio, «él jamás pensaba que iba a estar toda la vida». Desde su llegada a palacio, Alfonsín ha sido la persona de máxima confianza de Felipe. Sobre todo, por su inteligencia y por su exagerada prudencia.

Alfonsín creó ese manual sobre qué debe hacer un príncipe de Asturias, con la misión de elegir a qué actos acudir o qué discursos pronunciar, siempre con la máxima de no hacer sombra a la figura del rey. «La verdad es que la relación fue buenísima y la confianza total desde el principio y a pesar de que hay más de diez años de diferencia. Es una buena persona, muy inteligente, pero es muy prudente y habla poco», destaca la periodista. «Siempre va a ser muy discreto, no va a dar motivo para que se hable de él. Hasta las veces que me ha llamado la atención por alguna cosa ha sido muy correcto, como estas personas que siempre están más dispuestas a dar que a recibir», concluye.

No se opuso a Eva Sannum ni a Letizia

Esa virtud de la discreción es, para quienes se mueven en los círculos de la corona, quizás la clave por la que el jefe de la Casa ha estado dos décadas junto a Felipe. Un extrabajador de Zarzuela afirma que «Alfonsín no se ha permitido el lujo, y no lo ha hecho aunque se lo hubieran permitido, de meterse en la vida privada del príncipe. Él tiene claro que está para otras cosas». Por ejemplo, insiste esta fuente, el actual jefe de la Casa nada tuvo que ver con una de las decisiones más difíciles que ha tenido que tomar Felipe VI en su vida: abandonar su noviazgo con Eva Sannum por el bien de la institución. Como se explica en otro capítulo de este libro, fueron otros consejeros y/o amigos de Juan Carlos, amén del expresidente Aznar, quienes presionaron para que no hubiera matrimonio con la noruega.

Pese a su edad, el actual número uno del organigrama de Zarzuela tiene una mentalidad más abierta, menos arcaica que las de otros ilustres cortesanos que volvieron a escandalizarse sobremanera al conocer el noviazgo posterior del príncipe con la hoy reina. «Ellos pensaban —insiste este exempleado de palacio— que uno de los errores del príncipe en su relación con Letizia es que, al fin y al cabo, ella tenía amigos periodistas. Para su mentalidad, ella era una mujer que no tenía nada que ver con la clase social afín a la monarquía. La veían como una mujer republicana, de un barrio humilde, y no la querían por estas características». No es el caso de Alfonsín. Y acaso por ello este aficionado al golf, que está casado con Natalia Uranga y es padre de dos hijas, no ha acusado el desgaste de la institución y continúa junto a Felipe.

Nadie en la corte de Felipe VI discute la buena preparación y los atinados consejos que aporta al rey este gallego que es hijo de una farmacéutica y un miembro del Tribunal Administrativo. «Sigue la pauta que seguía Sabino Fernández Campo con Juan Carlos, pero yo diría que es incluso más listo que él. El recordado Sabino venía del Ejército y de otra época. Sin embargo, Alfonsín es muy actual, es una persona moderna y muy parecida al príncipe», remarca otro conocedor de los entresijos de La Zarzuela. «Va a ser un buen jefe de la Casa, pero sin tener tanto protagonismo como ha podido tener Sabino, porque él tenía por encima al marqués de Mondéjar, Nicolás Cotoner, que era el jefe de la Casa, pero siempre dio la sensación de que mandaba más».

La comparación entre ambos personajes de las dos cortes borbónicas tiene sentido porque el archiconocido Sabino Fernández Campo acompañó a Juan Carlos en los primeros pasos en Zarzuela, al igual que Alfonsín es el consejero áulico en el inicio del reinado de Felipe VI. «Mondéjar era el padre, el hombre bueno que no se metía con nadie y para quien el rey era como un hijo, mientras Sabino era una persona mucho más ladina que él, más instruido, tenía más mano izquierda, sabía cómo controlar a los políticos, moverse en todas las aguas».

«Alfonsín es diferente porque es tan listo o más que Sabino, pero es un hombre en la sombra, un hombre más callado, al que no le gusta sobresalir». Para muchos, es demasiado gris, pero todos coinciden en que es una persona sumamente inteligente. Un periodista nada complaciente con la monarquía, Eduardo Inda, asegura a los autores que «es lo mejor que ha pasado por la Casa, con diferencia, porque es un diez intelectualmente, moralmente, éticamente; es el gran desconocido». El citado Almansa resume que «Alfonsín ha sido una persona muy equilibrada, reservada y prudente, como buen gallego, en el buen sentido de la palabra».

Como en cualquier empresa, no existen dos jefes iguales. Por la jefatura de la Casa del Rey han pasado cinco personas durante los casi cuarenta años de reinado de Juan Carlos. El citado Nicolás Cotoner, marqués de Mondéjar, fue el primero en ocupar el cargo, entre 1977 y 1990. Su número dos en ese tiempo, Sabino Fernández Campo, conde de Latores, ocupó el puesto solo tres años, hasta 1993. Desde entonces, Fernando Almansa dirigió las operaciones en Zarzuela durante casi una década, en concreto hasta 2002. Ese año llegó a palacio como principal dirigente Alberto Aza, que también ocupó el puesto durante nueve años. En 2011 aterrizó en el despacho adjunto al del rey Rafael Spottorno. Y con el cambio de reinado, en 2014, Alfonsín fue el elegido.

Su virtud y su defecto

Paradójicamente, la total discreción y prudencia del primer jefe de la Casa de Felipe VI también es, para quienes lo conocen, su mayor defecto. Un alto cargo de Zarzuela que trabajó muy cerca de él destaca que «es un hombre muy trabajador, pero muy poco sociable; ese es el defecto que le veo, porque no le gustan mucho los medios». Sin embargo, y aunque parezca incoherente con su talante, en el primer año de reinado de Felipe VI es precisamente su mano derecha, en razón de su cargo, quien lleva la voz cantante en las reuniones esporádicas con algunos periodistas de la corte. En ellas también evidencia su timidez y su enorme prudencia, demasiada para muchos. «Se la coge con papel de fumar», define gráficamente otro ex alto cargo de la corona.

El último jefe de comunicación de la Casa durante el reinado de Juan Carlos I, Javier Ayuso, discrepa de esa expresión, aunque coincide en el diagnóstico de la personalidad de este hombre clave en la sombra. «Probablemente sea excesivamente prudente, sí, eso puede ser el único defecto que le vea yo, pero eso para el rey no es un defecto sino una virtud». De hecho, este periodista que antes pasó por el BBVA y después regresó a *El País* considera que «es importantísimo que Felipe haya llegado a ser rey completamente inmaculado veinte años después del aterrizaje de Alfonsín, y eso es gracias a una política muy prudente que han hecho ambos».

Ayuso conoce bien al principal consejero del rey porque estudió con él en el colegio jesuita de Nuestra Señora del Recuerdo, en la zona de Chamartín. Por aquel entonces, cuando ambos jugaban al fútbol, con Alfonsín como portero, o al tenis, el deporte que mejor se le daba al consejero del rey, ninguno de los dos podía sospechar que acabarían trabajando en Zarzuela, primero, y casi de la mano, después, en el histórico proceso de la abdicación de Juan Carlos I y entronización de Felipe VI.

Alfonsín se fue al célebre colegio de El Pilar, también famoso por ser una fábrica de talentos, para acabar sus estudios preuniversitarios. Alumno de derecho en plena Transición, no consta si fue uno de esos muchachos que corrió delante de los grises, aunque es complicado saberlo con certeza, porque en España hay muchos que dicen haberlo hecho, siendo imposible discernir entre los que sí corrieron y los que lo imaginaron a posteriori para labrarse un pasado antifranquista. En todo caso, parece ser que tiene una visión más bien progresista de la política.

Todas las fuentes consultadas para este libro, que no son pocas, coinciden en señalar la especial inteligencia del jefe de la Casa de Felipe VI. Quien juega habitualmente al ajedrez, sabe que puede prever cinco movimientos del contrario si es un buen jugador. En el caso de Alfonsín, quizás sea capaz de anticipar diez movimientos, dado que es un hombre extremadamente cauto, un estratega que antes de decidir piensa acerca de todas las consecuencias que puede tener una audiencia o una actuación o un discurso de su querido Felipe, según describe uno de sus amigos. Quizás por esa capacidad de reflexión el rey confía ciegamente en sus consejos.

En 1978 Jaime Alfonsín se licenció en derecho en la Universidad Autónoma de Madrid y obtuvo el primer premio extraordinario de su promoción. Dos años después ingresó en el cuerpo de abogados del Estado. Antes de desembarcar en la empresa privada, trabajó en las delegaciones de Hacienda de Teruel y Cuenca, en el Ministerio de la Presidencia, en el Tribunal Supremo y en la asesoría jurídica de la Comisión de la Unión Europea, además de ocupar el cargo de director general de cooperación entre el Estado y las autonomías. Conoce todos los recovecos de la Administración como la palma de su mano, algo más que necesario en los servicios que ha prestado a Felipe desde 1995, primero como jefe de su Secretaría y después como jefe de su Casa.

Un trabajador nato

Quienes escriben estas líneas demuestran que no son proclives al elogio permanente, pero en el caso de Alfonsín existe unanimidad en las variopintas fuentes cotejadas. Y es que otra de las características que los de aquí, los de allá y los de más allá destacan de este fanático del golf es su capacidad de trabajo. En sus dos décadas junto a Felipe, se ha ocupado en persona de casi todos los detalles.

Por ejemplo, jugaba un papel clave en la organización cada año de la entrega de los Premios Príncipe de Asturias. El primer puente de la Casa Real con la Fundación Príncipe de Asturias fue el asturiano Sabino Fernández Campo. En el momento en que llega Jaime Alfonsín, todas las relaciones se llevan a través de la Secretaría del príncipe, pero sin olvidar nunca el papel y el peso del jefe de la Casa. Carlos Lafuente, exresponsable de protocolo de la Fundación, explica que «el día a día de la Fundación se despachaba fundamentalmente con Jaime Alfonsín».

Una de las actividades más conocidas de Felipe en su tiempo como príncipe de Asturias son los viajes internacionales. El diplomático Inocencio Arias explica que siempre se hacía una reunión previa en Zarzuela, en la que intervenía Alfonsín y, normalmente, también alguien de la Casa del Rey. «Es una persona con bastante criterio, muy leal al príncipe, con cultura, un tío preparado y muy sensato, también con mucho sentido común», expone Arias. Y, cómo no, destaca su timidez y su poco gusto por las cámaras. «Pocas entrevistas va a dar a lo largo de su vida». Él es feliz trabajando en palacio y embocando hoyos los fines de semana, siempre lejos de cualquier presencia pública.

El sello de Alfonsín se nota en la forma que tiene de trabajar Felipe VI con sus colaboradores más estrechos. Desde que en 1995 empezó a laborar para él, en vez de diseñar el programa y esperar a que luego el príncipe lo ejecutase, el entonces jefe de la Secretaría decidió incluir al heredero en las reuniones con sus asistentes. Gracias a aquella decisión de involucrarlo en el trabajo, ahora en el trono Felipe asiste igualmente a las reuniones y forma parte del equipo que toma las decisiones.

Se trata de una diferencia capital, una más, entre la corte de 2015 y la corte precedente, dado que con el rey emérito las cosas eran distintas: el equipo se reunía a trabajar, tomaba las decisiones y se las explicaba al monarca, que después decidía si las ejecutaba como se las proponían o no. Uno de los empleados cualificados de Juan Carlos I afirma sin tapujos que «me he reunido más veces con Felipe que con su padre». Poco a poco los modos y maneras del antiguo reinado han ido desapareciendo y modernizándose, de forma que las labores en Zarzuela se han profesionalizado en los últimos años como una muestra más de los cambios que necesita la institución para funcionar al compás de los tiempos.

No obstante, el jefe de la Casa no es el único que influye en Felipe VI. En ese particular microcosmos que es el Palacio de La Zarzuela trabajan codo a codo con el monarca apenas media docena de individuos. Son todos los hombres del rey. Sin ellos, el reinado no sería igual. Alfonsín lidera el equipo y es, con mucha diferencia, quien más ascendencia tiene sobre el rey. Pero el resto de piezas del engranaje también cuentan con la total confianza de quien ocupa el trono.

Jordi Gutiérrez, un *dircom* y un amigo

En el núcleo duro de Zarzuela destaca, precisamente por su sintonía personal con el monarca, el director de Comunicación, Jordi Gutiérrez. Este charnego, que asume el término restándole cualquier sentido peyorativo, nació en 1959 en Barcelona. Sus padres, andaluces de nacimiento, uno de Chiclana y otro de El Viso del Alcor, se trasladaron a la Ciudad Condal en los años cuarenta, en plena posguerra, para encontrar un trabajo y un futuro mejores. Y se esforzaron arduamente para que su hijo pudiera cursar los estudios en ciencias de la información en la Universidad Autónoma de Barcelona, donde se licenció en 1977. Empezó a trabajar en Radio Nacional, pasó por Televisión Española y por el diario *Avui* hasta que fue nombrado delegado de TV3 en Madrid en 1984.

Como en el caso de Alfonsín, Fernando Almansa fichó a Jordi para que trabajase en la Casa del Rey a las órdenes de Asunción Valdés, la responsable de Comunicación. Al poco tiempo de llegar a su cargo como número uno de la Casa, Almansa quiso reforzar la jefatura de medios de comunicación. Tal y como rememora en conversación telefónica con los autores, buscaban un perfil de periodista que conociera aspectos de Zarzuela y que hablase catalán. El candidato idóneo era Jordi Gutiérrez, en aquel momento corresponsal de la cadena pública catalana. Un tipo «avispado, listo y sagaz», en palabras del propio Almansa.

Jordi empezó su andadura en palacio como subdirector general de Relaciones con los Medios. Primero bajo el mando de Asunción Valdés durante diez años y después, a partir de 2003, con Juan González Cebrián. El tándem formado por González Cebrián y Gutiérrez estuvo, por tanto, encargado de dirigir la estrategia de comunicación en momentos de gran relevancia y enorme dificultad para la monarquía, como el anuncio de compromiso y la posterior boda entre Felipe y Letizia o como el divorcio camuflado de «cese temporal de la convivencia» de la infanta Elena y Jaime de Marichalar.

A lo largo de sus primeros dieciséis años en Zarzuela, Jordi se mostró siempre discreto, con su trato afable y sus modales exquisitos, por lo que se ganó el cariño de casi todos en la Casa. En especial amistó con los hoy reyes, porque este periodista enseguida conectó a la perfección con Felipe, en primer lugar, y con Letizia, cuando ella aterrizó en palacio. Al ser el número dos en materia de comunicación, Jordi viajaba habitualmente con el príncipe Felipe y se ocupaba de muchos de sus asuntos relacionados con la prensa, en alianza perpetua con Alfonsín. Ahí, en ese trabajo diario, se forjó una amistad a prueba de bombas entre el periodista y el entonces heredero. Y se creó también una suerte de triunvirato entre Felipe, Alfonsín y Jordi que ahora, en 2015, sigue funcionando a un nivel mayor, con uno de ellos reinando y los otros dos trabajando como fieles escuderos para todo lo que sea menester.

A la terna hay que sumar, claro está, a la reina. Sabido es que el duro carácter de Letizia no ha sido asumido ni aceptado por muchos miembros de la corte. Pero Jordi, el simpático Jordi, que quizás sea la excepción que confirma la regla, ha mantenido una cordial relación con ella. Acaso es que se unieran, en su momento, por las muchas dificultades que la una, como afectada, y el otro, como empleado, tuvieron que vivir al informar sobre el noviazgo con Felipe, el posterior matrimonio, el trágico fallecimiento de Érika Ortiz o los felices alumbramientos de la princesa Leonor y la infanta Sofía, entre otras cosas. El comportamiento de Jordi siempre fue un dechado de absoluta lealtad para los príncipes. En cambio, otros consideran que fue servilismo, como Jaime Peñafiel, que llegó a escribir que el periodista era «el más eficiente y rendido cortesano» de la pareja.[1]

En diciembre de 2009, a Jordi le comunicaron su salida de Zarzuela. El entonces jefe de la Casa, Alberto Aza, había decidido un cambio en la estrategia de comunicación. Se iban Juan González Cebrián y Jordi Gutiérrez. Aunque él resta dramatismo a su salida, lo cierto es que la decisión no le hizo gracia alguna. «Estaba destrozado, no entendía nada», asegura otro empleado de Zarzuela. A los príncipes de Asturias les disgustó sobremanera la marcha de su querido Jordi y, por ello, sus relaciones con Aza se agrietaron y enfriaron durante un tiempo como consecuencia de lo que ambos calificaban como «un golpe bajo». De hecho, ellos mismos, contrariados, querían elegir al nuevo número dos

[1] Jaime Peñafiel escribió esta definición el 13 de diciembre de 2009 en el suplemento *Crónica* y la repitió en la misma publicación, citando su antiguo artículo, el 12 de julio de 2014.

de comunicación, pero no convencieron a Ramón Iribarren, que era el elegido por Aza como sustituto de González Cebrián.

Don Juan Carlos había encomendado a Iribarren como una de sus principales tareas dar a conocer a la opinión pública las bondades de los príncipes de Asturias. Pero ambos seguían enfadados con la marcha de Jordi y recibieron a regañadientes al nuevo responsable de Comunicación. En ese contexto de cierta tensión, propusieron a Iribarren que nombrase como su segundo de a bordo a un conocido suyo y llegaron a enviarle el currículum del susodicho. Su favorito era un periodista que se dedicaba a las nuevas tecnologías, a veces escribía en *El País* y residía en Barcelona. En cambio, Aza e Iribarren concluyeron que este fichaje era una idea disparatada. Y se decantaron por contratar a Javier Arenas, exdirector de Radio Nacional, para inicial disgusto de los hoy reyes. Aquel nombramiento de enero de 2010 se ha revelado acertado, teniendo en cuenta que Arenas ha continuado en la Casa como mano derecha del propio Iribarren primero, de Javier Ayuso después y ahora, en el nuevo reinado, de Jordi.

Volviendo al hilo narrativo principal, el caso es que en el último mes de 2009 Jordi fue despedido de Zarzuela en un giro traumático e inesperado para él y con el consiguiente enfado de Felipe y Letizia. A partir de entonces, dejaba de acudir diariamente a palacio, pero no abandonaba, ni mucho menos, sus vínculos con la Casa. Para empezar, continuaba siendo amigo de los príncipes y no dejó de verles, puesto que siguió en permanente contacto con ellos. También seguía enrolado en la Fundación Príncipe de Girona y participaba como jurado de los Premios Príncipe de Asturias. Y, por encima de todo, llegaba a su nuevo trabajo gracias a las influencias, ese intangible tan real como difícil de definir, de Juan Carlos I.

Al poco tiempo de salir de la Casa, Jordi Gutiérrez fichó como responsable de comunicación de la patronal madrileña CEIM, presidida por el inefable Arturo Fernández, amigo íntimo del rey emérito. «Cuando se marchó Cebrián de la Casa se vino conmigo y ha sido una experiencia muy buena para mí y, por supuesto, para él, durante casi seis años», narra el empresario. Su fichaje «no fue un favor, no, porque yo le conocía y en Zarzuela sabían que yo no tenía a nadie en ese momento». Entonces, matiza, «yo tenía al que tuvo Montoro, pero aunque me llevaba muy bien con él no me entendía para trabajar; Jordi es un gran relaciones públicas y me ha ayudado mucho en mi forma de actuar».

Para este singular empresario que siempre hablará bien de la corona, la vuelta de Jordi a la Casa al subir Felipe al trono fue un gran acierto, porque «él es el que más conoce la vida de los príncipes». Su marcha de CEIM no sorprendió al antiguo capo de los empresarios madrileños. «Tuvo la deferencia, además, de hablar conmigo. Le dije: "Me llevo un gran disgusto pero se venía venir que algún día ibas a volver"».

La corresponsal de *ABC* en Zarzuela corrobora la amistad entre Jordi y los reyes. «Es una persona muy próxima a Felipe, tan próxima que cuando Jordi salió de Zarzuela, todos sabíamos que algún día volvería». De hecho, abunda, «durante la etapa en la que Jordi estaba fuera, tú le decías si algún día volvería y él decía que, por supuesto, si el príncipe le llamaba, lo haría». Como no podía ser de otra manera, llegado el momento Felipe telefoneó a su amigo y le hizo saber que sería el *dircom* de su Casa. El periodista vio cumplido su deseo de regresar a Zarzuela, estaba vez ya con mando en plaza.

La oscura línea entre la verdad y la mentira

El puesto de responsable de Comunicación de la Casa del Rey es apetecible para cualquier informador, pero las labores que acarrea no son sencillas. Amén de hacer de frontón para despejar todos los pelotazos que envían tantos y tantos medios, algunos con rigor y otros con demasiada fantasía, el cargo conlleva una responsabilidad institucional nada fácil de tragar. Cuando uno se ocupa del diseño y la organización de las estrategias de comunicación para afrontar cuestiones tan espinosas como la salud del jefe del Estado, las porquerías del caso Urdangarin o la preparación de la sucesión en el trono, los errores se pagan caros. Lo saben bien algunos de los que han pasado por ese puesto.

Quienes trabajan en la trinchera informativa de Zarzuela viven a veces situaciones límite en la pelea diaria con los informadores. Un botón de muestra del dificultoso quehacer de estos altos cargos que se esfuerzan para limpiar, aderezar y exponer la vida y milagros de la familia real se produjo en 2011, a cuenta de la operación de pulmón de don Juan Carlos en Barcelona. Aunque la versión oficial era que el monarca se encontraba perfectamente, iba a ser intervenido. Ocurrió que varios medios catalanes se enteraron de que en una clínica de la Ciudad Condal había una reserva especial de quirófanos puestos a nombre de una tal Sofía. Y dedujeron lógicamente que se trataba de la nieta o la consorte del rey. Pero en realidad se trataba del rey.

Tras contactar con sus fuentes, dichos medios iban a contar en sus primeras páginas que la reina iba a someterse a una operación de urgencia. En realidad, al monarca se le iba a operar del pulmón, con anestesia total. Una intervención complicada que podría dar pábulo a todo tipo de rumores malintencionados. Hubo un acalorado debate entre los altos cargos de la corte de Juan Carlos sobre cómo afrontar el asunto. En Zarzuela hubo partidarios de no informar a los ciudadanos de lo que estaba pasando y mantener el secretismo hasta que saliera del quirófano.

En paralelo, el presidente del Gobierno, José Luis Rodríguez Zapatero, que conocía los hechos, estaba en una cena oficial en Bruselas. La idea primigenia de los representantes de la corona fue que cuando le preguntasen por ello, al término de la velada, el político dijera que la Casa del Rey iba a emitir un comunicado. Los responsables de prensa de Zarzuela pidieron a los medios que tenían la información errónea que esperasen al mensaje que se iba a dar a conocer. Se produjo un imprevisto: la cena se retrasó y, para colmo, en la rueda de prensa posterior los periodistas no preguntaron al respecto. Así, no hubo comunicado y los directores de varios medios estaban dispuestos a publicar al día siguiente que se operaba a la reina.

Con verdaderos esfuerzos, Iribarren y compañía convencieron a los informadores para que no publicasen la versión sobre la reina. «Mañana me darás las gracias», decía el *dircom* a los periodistas. Finalmente, ningún diario se lanzó y a la mañana siguiente Zarzuela informó, con el rey ya en el quirófano, sobre la operación. Un ejemplo de cómo los periodistas a sueldo de la Casa del Rey se mueven en una delgada y oscura línea entre la verdad y la mentira, siempre combatiendo las intoxicaciones interesadas, sí, pero igualmente mirando para otro lado o negando asuntos verdaderos, porque son secretos que, a su juicio, no deben conocerse. Es decir, la razón de Estado se utiliza para ocultar o disimular la realidad.

Otro asunto clave para cualquier jefe de Comunicación de la Casa es su contribución al tradicional mensaje navideño del monarca. En el caso de Jordi Gutiérrez, participó activamente en la elaboración de la primera alocución de Felipe VI en Nochebuena. El mentado Arturo Fernández asegura que en el debut del rey, el 24 de diciembre de 2014, se notó mucho «la pluma de Jordi». «Yo le conozco mucho porque a mí me ha hecho muchos discursos y porque él cambió mi estilo de dirigir a los empresarios».

Al decir del conocido empresario, en el primer discurso navideño de Felipe VI «había un halo de transparencia, de facilidad, no era uno de esos discursos con palabras de estas que hacen que se tenga que descifrar lo que se ha dicho (...). Jordi es un hombre con ideas muy claras, es un magnífico periodista, pero, sobre todo, conoce la idiosincrasia del pueblo. Ha sido delegado de TV3 en el Congreso y conoce muy bien a los políticos. Pero también al pueblo porque él es de padres muy modestos y sabe muy bien lo que hay que decir». Conozca lo que conozca, el caso es que Felipe VI y Letizia confían en Jordi Gutiérrez, un director de Comunicación que para ellos también es un cómplice, un parapeto y un amigo.

Además del abogado del Estado que ocupa la jefatura y del periodista dedicado a salvaguardar la imagen de la Casa, otros cuatro hombres trabajan en el círculo de poder de La Zarzuela. Su característica común es que todos ellos son militares y, por ello, se les supone una lealtad y una discreción tan absolutas como necesarias para sus cargos. Todos forman parte de la cantera de Zarzuela porque ocuparon puestos de relevancia durante el anterior reinado. Se trata del secretario general de la Casa, Domingo Martínez Palomo, el jefe del Cuarto Militar, Juan Ruiz

Casas, el jefe del Gabinete de Planificación y Coordinación, Emilio Tomé de la Vega, y el jefe de la Secretaría de la Reina, José Manuel Zuleta y Alejandro.

El consejero de la reina

Este último, Zuleta y Alejandro, marqués de Duero y duque de Abrantes, es el hombre de confianza de doña Letizia. Como se desgrana en este libro, la llegada de la consorte real a palacio, en aquel lejano 2003, no fue nada fácil por su duro carácter y las consiguientes dificultades para encajar en un mundo ajeno al suyo. Una periodista, acostumbrada a la libertad y amante de ella, hecha a sí misma con su esfuerzo, se ve de pronto encerrada en un complejo de edificios, en La Zarzuela, donde se estilan la servidumbre y los anacrónicos valores monárquicos. En su nada fácil etapa como princesa de Asturias, tuvo que amoldarse a una cosmovisión radicalmente distinta a su vida anterior. No es extraño, por tanto, que en una ocasión mantuviera la conversación que sigue con un empleado de la Casa.

—Vaya desastre. Esta casa es un desastre, con toda gente antigua. No hay más que curas y militares.

—Señora, vamos a ver, a usted no le gustan ni los curas, ni los militares, ni los diplomáticos. Pues no le quedan a usted misas por oír y desfiles por asistir... Más vale que se hagan amigos y que les dé la vuelta.

—Es que esto es insoportable...

Insoportable e insufrible tuvo que ser tanto para ella como para los empleados de la Casa el largo periodo de adaptación mutua. Pese a todos sus vaivenes y quejas, Letizia encontró en Zuleta el amigo y consejero que necesitaba en la corte. Los caminos de la existencia son inescrutables y así, sin que ambos pudieran sospecharlo años atrás, la periodista y el noble amistaron y mantienen una estrecha relación. «Zuleta es realmente el segundo de la Casa, un tipo muy majo, muy estupendo y capaz de soportar a la reina», comenta con no poca mala leche un excompañero de fatigas. «Es una persona totalmente discreta, prudente, un aristócrata de toda la vida que tiene muchos títulos, pero también es un tipo sencillo», agrega una periodista que lo conoce.

Nacido en Melilla en diciembre de 1960, José Manuel de Zuleta y Alejandro ingresó en la Academia General Militar en 1979 y llegó a teniente cinco años después. Casado con Ana Pérez de Guzmán en 1986 y padre de varias hijas, su misión más arriesgada tuvo lugar en Sarajevo (Bosnia-Herzegovina), entre mayo y noviembre de 2000. Coronel de Caballería desde 2011, este fanático del Real Madrid ha desarrollado casi toda su carrera militar en la Casa del Rey, donde ha ocupado diversos puestos en la Guardia Real, el Cuarto Militar y la Unidad de Protocolo.

José Manuel no es el único Zuleta en la Casa del Rey. Los Zuleta son una familia que posee multitud de títulos nobiliarios. Su hermano Felipe Zuleta sirve como teniente de Caballería y es el instructor de hípica de la infanta Elena. De hecho, aunque está casado con Rocío Martín, sobrina del exduque de Alba, Alfonso Díez, en 2007 se desataron rumores sobre su extrema cercanía a la hermana del rey que tiene como alumna.[2] Es decir, ambos jinetes han crecido en la corte de Juan Carlos I y continúan presentes, cada uno a su manera, en la corte de Felipe VI.

A juicio de un noble que conoce a la familia, «es una anomalía que los dos hermanos estén en la Casa y es una anomalía que ninguno de los dos haya desarrollado carrera militar fuera de la Casa». Según detalla a los autores un exempleado de Zarzuela, José Manuel, el fiel servidor de Letizia, entró como teniente en el Escuadrón de Lanceros de la Guardia Real por su amistad con la infanta Elena. «Había un grupo allí que montaba a caballo y formado por Elena, el teniente Seoane, que falleció en un accidente de tráfico y que era muy amigo de la infanta, y Zuleta, que era primo de Seoane».

A lo largo de tantos años de servicio en la Casa del Rey, Zuleta, el consejero de la reina, se ha ocupado de muy diversas cuestiones. Por ejemplo, Fernando Almansa recuerda que, antes de pasar a ser el hombre de confianza de Letizia, el duque de Abrantes demostró grandes dotes

---

[2] «José Manuel Zuleta, la nueva mano derecha de la reina doña Letizia», *Vanitatis*, 27/VI/2014.

organizativas. «Es un hombre muy sensato y se nota su preparación militar a la hora de organizar. Ayudó mucho en las bodas de Elena y Cristina», rememora. Y, como si siguiera el manual del buen cortesano, siempre se ha comportado con discreción. En una ocasión, durante un viaje de Felipe y Letizia a Miami, en noviembre de 2013, un periodista intentó sonsacar a Jaime Alfonsín y José Manuel Zuleta sobre su década junto a la pareja. El segundo respondió, flemático y con una sonrisa: «Mira, él (Alfonsín) es mudito número 1 y yo mudito número 2. Encantados».[3]

A pesar de poseer diversos títulos, Zuleta no ha cultivado demasiado su condición de noble. «Su madre no pertenecía a la nobleza y él siempre se ha sentido un poco descolocado, por muy duque que sea», explica una fuente de similares características. «La nobleza española, como toda la sociedad española, es una sociedad matriarcal: si una duquesa se casa con un albañil no pasa nada, porque los hijos serán exactamente igual que la familia ducal; pero si el duque se casa con la asistenta, los hijos ya no están educados igual que el resto de la nobleza». En ese mundo donde se coleccionan ducados y marquesados, no se perdona el pasado plebeyo, como tuvo que sufrir la propia Letizia en su momento.

Acaso a este atípico noble y militar que es Zuleta y a Letizia les uniera precisamente ese rechazo que han padecido por parte de determinados personajes. El caso es que a finales de 2003, con la llegada de ella a palacio, la Casa del Rey decidió reforzar la Secretaría del príncipe de Asturias con las incorporaciones del propio Alejandro Zuleta, que provenía del departamento de Protocolo, y del coronel Emilio Tomé de la Vega, quien había sido ayudante de campo de Felipe, venía del Gabinete de Planificación y pasó a ocupar el puesto de jefe adjunto de la citada Secretaría. Gracias a su buena relación con la reina, en 2015 ambos ocupan puestos de mayor relevancia en el organigrama de Zarzuela.

Nada más entronizarse, en junio de 2014, Felipe VI acometió los nombramientos necesarios para cambiar un equipo, el de su padre, por el suyo propio. Apostó, como estamos describiendo, por personas

---

[3] Alberto Pinteño, «Conmigo o contra mí», *Vanity Fair*, enero de 2014.

que contasen con su total confianza, así como con el plácet de Letizia. Con los relevos anunciados, salieron de Zarzuela, entre otros, Rafael Spottorno y Javier Ayuso, quienes habían contribuido decisivamente a que todo saliera bien durante la abdicación de Juan Carlos I. Ambos, sustituidos por Alfonsín y Jordi, se fueron satisfechos por el deber cumplido y con la obligación, no escrita pero obvia, de llevarse a la tumba tantos y tantos secretos. «Lo difícil de la gente que está en Zarzuela —explica una de nuestras fuentes— es que están trabajando en una institución que también es una familia y entran en un terreno un poco complicado».

Las tres partes de la estructura

Antes de continuar analizando a los hombres de confianza de los reyes y las relaciones entre todos ellos, se antoja necesario, para no perderse entre tantos nombres y tantos cargos, explicar cómo está estructurada la Casa del Rey. Tres partes son las fundamentales: la Jefatura, la Secretaría General y el Cuarto Militar. El jefe ejerce la dirección e inspección de sus servicios. El secretario general es el número dos y se dedica a coordinar todos los servicios de la misma, así como la sustitución del jefe de La Zarzuela en caso de ausencia o enfermedad. Y, por último, el jefe del Cuarto Militar dirige el órgano que, dentro de la Casa, constituye la representación de honor de la institución militar, que sigue la máxima del servicio al rey. Como se ha explicado, Felipe VI ascendió a los responsables de cada una de estas tres partes: Jaime Alfonsín, Domingo Martínez Palomo y Juan Ruiz Casas.

La Secretaría General es el verdadero esqueleto de Zarzuela. Con una plantilla de 139 funcionarios a su servicio, se divide en varias unidades: la Secretaría del Rey Juan Carlos, el Gabinete de Planificación y Coordinación, la Secretaría de la Reina, el Servicio de Seguridad, Comunicación, Protocolo y Administración. Así, el secretario general, Domingo Martínez Palomo, es la mano derecha de Alfonsín y el cerebro de palacio. «Es el hombre que se sabe la Casa de arriba abajo desde hace veinte años», asegura un antiguo empleado suyo. «Un tipo extraordinario, que también ha sido mi consuelo, mi paño de lágrimas, mi orientador. Es un tipo de primera».

Este general de división de la Guardia Civil nacido en Cieza (Murcia) en 1954 también se caracteriza por su ciclópea discreción. «Tampoco aparecerá ni hará declaraciones nunca». Licenciado en derecho y, por ello, buen conocedor de las leyes, se ocupa de los asuntos administrativos de Zarzuela, como una suerte de arquitecto en la sombra. Casado y con dos hijos, es el ejemplo de cómo Felipe VI apostó por la cantera de palacio cuando acometió los cambios en la Casa. Antes de llegar a secretario general, Martínez Palomo ya formaba parte de la Secretaría, como jefe del Gabinete de Planificación y Coordinación, puesto al que llegó en 1996. Una fecha que no es baladí, porque, si se mira con detenimiento, casi todos los miembros de este núcleo de Zarzuela llegaron en los noventa, cuando Almansa dirigía la Casa.

Martínez Palomo también representa, de alguna manera, el puente entre el rey emérito y el rey actual, por su trabajo cerca de ambos monarcas. El conocimiento de cada recoveco de Zarzuela es quizás su mejor carta de presentación. Domingo es un hombre eminentemente trabajador que sale a correr a las cinco y media de la mañana cada día, antes de que un coche oficial pase a recogerlo para llevarlo a palacio. Proviene de una de esas familias donde la Guardia Civil es el *leitmotiv* de todos sus miembros. Su padre, Juan Martínez, alias *Guirao*, era agente de la Benemérita. El secretario general de la Casa también tiene dos hermanos en el Instituto Armado: Juan Antonio y Manuel. Este último sirvió en Zarzuela durante bastantes años. El parecido entre Domingo y Manuel es tanto que en una ocasión, durante un viaje oficial, Juan Carlos I confundió a uno con el otro. «¡Cuánto te pareces a tu hermano, Palomo!».[4]

Resulta lógico que el particular universo de La Zarzuela sea endogámico y, por ende, sean habituales las sustituciones de unos veteranos por otros, teniendo en cuenta que en la Casa se lleva el hermetismo y

---

[4] Antonio Gómez, «El cortesano discreto», *La Verdad de Murcia*, 14/VII/2014.

se exige la confianza. Más que confianza es lo que tiene Felipe VI en Emilio Tomé de la Vega, que fue su primer ayudante de campo y con el nuevo reinado pasó a ocuparse, como ya se ha dicho, del Gabinete de Planificación y Coordinación. Siendo rey Juan Carlos I, el último puesto de este general de brigada en la reserva fue la jefatura adjunta de la Secretaría del príncipe de Asturias. De ahí que resulte evidente su sintonía con Felipe, Letizia, Alfonsín y Zuleta.

La relación entre Tomé de la Vega y Felipe VI se remonta a los tiempos del primero como profesor y el segundo como cadete de la Academia Militar de Zaragoza, en los años ochenta. Fruto de su sintonía, en 1994 llegó a la Casa del Rey para ser ayudante de campo y después fue ocupando diversos puestos en el organigrama, siempre cerca de su antiguo alumno. De hecho, más allá del cargo que ocupe, este militar nacido en 1953, casado y padre de cuatro hijos, es el consejero áulico del monarca en los asuntos relacionados con las Fuerzas Armadas. Cuando Felipe, antes como príncipe y luego como rey, necesita un consejo en este campo, llama a Tomé de la Vega. Y este siempre le ha acompañado en las audiencias militares de palacio o en las maniobras a las que han asistido en las diversas bases españolas. No resulta casual que, como se ha dicho, en 2003, una vez conocido el compromiso con Letizia, Felipe reforzase su equipo con Tomé de la Vega y con el citado Zuleta.

Quizás la estructura más desconocida de la Casa del Rey sea el Cuarto Militar, que tiene como misiones principales preparar las actividades militares de los miembros de la familia real y ocuparse de las relaciones con el Ministerio de Defensa. Está formado por un jefe del Cuarto Militar, del que dependen, a todos los efectos, los miembros de la Guardia Real, así como los ayudantes de campo de la Casa, varios asesores y cuatro secciones dedicadas a personal, protocolo, operaciones y logística. En la corte de Felipe VI ocupa este puesto el vicealmirante Juan Ruiz Casas, nacido en Cartagena en 1958, casado y con tres vástagos.

Ruiz Casas también es un viejo conocido de Felipe VI, debido a que fue su ayudante de campo a finales de los noventa. Después ha ocupado diversos destinos en la Armada, con cargos en el Estado

Mayor desde 2007. Posee una excelente hoja de servicios, plagada de todas las condecoraciones posibles. Pero sus medallas no han causado su desembarco en la corte, adonde ha llegado por su buena relación con el rey. «Lo han traído a lazo porque le sirvió muy bien cuando era su ayudante». También en este caso Felipe VI ha apostado por militares a los que conoce a la perfección.

La Guardia Real

Si se le pregunta a cualquier español de a pie qué es la Guardia Real, contestará, en un noventa por ciento de los casos, que es una escolta del rey que va a caballo en los desfiles y viste a la antigua. Y con esa respuesta tendrá toda la razón. No obstante, es nuestra obligación exponer aquí la definición correcta de esta «unidad militar interejércitos que tiene como cometidos esenciales: proporcionar el servicio de guardia militar, rendir honores y dar escoltas solemnes a S. M. el Rey y a los miembros de Su Real Familia que se determinen, así como prestar análogos servicios a los jefes de Estado extranjeros cuando así se ordene».

Esta suerte de pretorianos de la corona son miembros de los diferentes ejércitos que tienen como máxima «guardar siempre un comportamiento ejemplar modelo de las principales virtudes militares». Como explica su coronel jefe, Ramón Álvarez de Toledo, esta unidad viene sirviendo a los diferentes monarcas españoles «desde que en 1504 fuera creada la Guardia de Alabarderos por el rey don Fernando el Católico, lo que la hace ser la guardia real más antigua de Europa». A priori, cualquier ciudadano de entre dieciocho y veintinueve años puede ingresar en este cuerpo militar, siempre tras pasar una serie de exámenes. En realidad, en los puestos relevantes de la Guardia se coloca a dedo a personas de especial confianza para la Casa. En total, son 1.700 guardias reales cuyo mantenimiento cuesta a los españoles unos 45 millones de euros cada año, que sufraga el Ministerio de Defensa.

A pesar de su buena relación con Zuleta, lo cierto es que Letizia no siente especial predilección por los militares que trabajan en Zarzuela.

Considera, al parecer, que no laboran demasiado para ganarse el sueldo. Entre quienes trabajan en el Cuarto Militar se comentan varios episodios un tanto desafortunados de roces entre la reina y algunos miembros de la unidad. En una ocasión, ella afeó su conducta, por vagancia, a uno de ellos, pero este le respondió en un tono nada amistoso.

Mejores, mucho mejores son las relaciones entre la reina y el equipo de Seguridad de Zarzuela. En junio de 2015, Felipe VI elevó a su verdadero hombre de confianza de toda la vida, el coronel de la Guardia Civil José Corona Barriuso, a la posición de jefe de Seguridad de la Casa. Corona sustituía así al también coronel Francisco López Requena, que ocupó el cargo desde 2013. Entró a trabajar en la Casa del Rey en 1982 y acompaña a Felipe de Borbón desde el año 1984, cuando el príncipe tenía solo dieciséis años. Ha sido, por tanto, testigo de todos los momentos clave de su vida, dentro y fuera de España, en los viajes oficiales y privados y, también, en los momentos más íntimos, cuando la relación con la periodista Letizia Ortiz era un secreto de Estado. Estuvo durante su paso por las academias de los tres Ejércitos, periodo que abarcó desde 1985 hasta 1988, y también viajó junto a don Felipe a Estados Unidos cuando este cursó sus estudios de posgrado en la Universidad de Georgetown. Como recompensa a tantos años de servicio a su lado, Felipe VI lo eligió el día de su proclamación para que custodiase el Rolls Royce descubierto en el que los nuevos reyes se desplazaron por las calles de Madrid. Un detalle que denota la complicidad que siempre ha unido a ambos por encima de cualquier otra jerarquía o escalafón.[5]

Dependen también de su mando los tenientes coroneles Francisco Cabello y Miguel Herráiz. Antes del nuevo reinado, Cabello —junto a Corona— ya se ocupaba de la seguridad en los viajes y salidas oficiales de los príncipes de Asturias, mientras que Herráiz estaba más centrado en proteger su vida privada.[6] Este último, que aparece también entre los amigos del rey, ha desarrollado toda su carrera junto a Felipe, cuen-

---

[5] Paloma Esteban, «Felipe VI cambia al jefe de Seguridad de la Casa del Rey por su hombre de total confianza», *El Confidencial*, 30/VI/2015.

[6] Antonio Rodríguez, «Los hombres que rodean al príncipe», *Tiempo*, 26/IV/2013.

ta por ello con su total confianza y, no por casualidad, en los últimos tiempos se ha ocupado personalmente, junto a un equipo a sus órdenes, de vigilar tanto a la reina como a la princesa Leonor y la infanta Sofía.

Completan el *staff* de Zarzuela el jefe de la Secretaría del rey Juan Carlos, Alfonso Sanz Portolés, cuya trayectoria se repasa en otro capítulo; el joven jefe de protocolo, Alfredo Martínez Serrano, un diplomático nacido en Oviedo que fue elegido para este cargo en noviembre de 2014, tras haber trabajado previamente, entre 2007 y 2012, junto a Felipe y Letizia; el responsable de Administración, Infraestructuras y Servicios, Isaías Peral Puebla, con veinticinco años de servicio en la Casa y casi una década en este cargo; y la interventora Beatriz Rodríguez Alcobendas, cuyo nombramiento en sustitución del predecesor, Óscar Moreno Gil, se anunció en febrero de 2015, cuando se destacó que sería la única mujer en el organigrama.

Un pabellón de caza que derivó en complejo

A las órdenes de este núcleo duro trabajan diariamente en Zarzuela unas quinientas personas, como si de un ministerio se tratase, entre los que hay chambelanes, damas de compañía, ayudantes de campo, preceptores, cocineros, limpiadores... Y en ese medio centenar no se tiene en cuenta a los miembros de la Guardia Real, alojados en cuatro cercanos cuarteles de El Pardo. Unos y otros viven la mayor parte de su tiempo en el Palacio de La Zarzuela, un edificio que se construyó en el siglo XVII como pabellón de caza de los Borbones, fue el sitio elegido para alojar a Juan Carlos I en pleno franquismo y ha ido mutando y creciendo durante su reinado hasta convertirse en un complejo casi inextricable, repleto de variados edificios donde se mueven los miembros de la corte de Felipe VI.

Mucho ha cambiado, en efecto, La Zarzuela, cuyo nombre proviene de las zarzas que lo rodean, en los últimos cuarenta años. Este lugar se convirtió en la residencia oficial del jefe del Estado en 1975, a la muerte del dictador, aunque Juan Carlos y Sofía residían tras sus muros desde 1963. El palacio en sí, el edificio central del complejo, consta de tres plantas. En la primera existen una zona de desvanes, un semisótano donde se encuentran los servicios de cocina y un sótano.[7] Lugares por los que apenas pasan los altos cargos de la Casa.

La segunda planta es el centro de mando de la corona propiamente dicho, porque en esa zona se ubican el despacho del rey y de sus ayudantes, además de la biblioteca, la sala de visitas y el comedor. Allí se discuten y se toman las decisiones que atañen al monarca y su familia. En la última planta se encuentran los dormitorios, habitaciones de invitados y varios cuartos de estudio. Asimismo, en una de las dos alas construidas en una ampliación acometida en los años noventa se instalaron las habitaciones privadas de la familia real. Completan el palacio una pequeña ermita, una zona deportiva y un helipuerto adyacentes.

Diversas construcciones se extienden, así, entre los vastos y frondosos jardines por los que pasean los miembros de la familia real, libres de los focos pero realmente encerrados, como si vivieran en una jaula de oro. Entre todos los edificios destaca sobremanera la residencia privada de Felipe VI. Los españoles pagamos con nuestros impuestos los 4.237.135 euros que costó este palacete, cuya construcción se decidió en 1999. Esta vivienda, ya descrita al detalle en estas páginas, tiene 1.771 metros cuadrados útiles, divididos en cuatro plantas: un semisótano dedicado a la zona del servicio, una planta baja que es el único espacio oficial y, por último, el primer piso y la buhardilla son los dos lugares donde Felipe, Letizia, Sofía y Leonor disfrutan de su intimidad.

Por este magno complejo pululan a todas horas el discreto jefe Jaime Alfonsín, el amigo y parapeto Jordi Gutiérrez, el consejero de confianza José Manuel Zuleta, el organizador Domingo Martínez Palomo, el maestro Emilio Tomé de la Vega y el edecán Juan Ruiz Casas, quienes son, en puridad, los cortesanos de Felipe VI. Se trata de un grupo de hombres tan desconocidos para el gran público como importantes para el devenir de la corona. No en vano, de sus consejos, sus virtudes y sus quehaceres, cada uno en su campo de actuación, se

---

[7] César Cervera, «Los secretos del palacio de La Zarzuela», *ABC*, 18/VI/2014.

nutre el rey para intentar ser un ejemplo y no cometer errores, que son las dos únicas exigencias que demandan cada día los españoles a quien representa esta vetusta institución. Para continuar junto al monarca y su consorte, la clave es que, como hasta ahora, no quebranten el sólido pacto de silencio que conlleva ocupar sus cargos.

7

Retrato de una familia de cera

«Me veo fenómeno, pero ahora estoy mejor, más descansado. Estamos tal como éramos hace veinte años».

Después de dos décadas de pinceladas y retoques, de empezarlo y abandonarlo, el cuadro que más expectación ha generado a lo largo de los últimos años está ya listo para ser expuesto al gran público. El manchego Antonio López, hiperrealista y extremadamente minucioso, plasma su firma sobre la tela el 5 de noviembre de 2014, tras haber empleado cuatro lustros en dar el visto bueno a la magna obra. «¿Quién ha pintado una familia real? Es como escribir *Guerra y paz*», razonaba para justificar el amplísimo tiempo empleado.

Por el camino, el cuadro ha experimentado importantes cambios. No contento con el resultado de la primera sesión en Zarzuela, ha hecho repetir las sesiones de fotos ante la cámara de Chema Conesa en diferentes poses y con diversos vestuarios. Ha redibujado hasta tres cabezas distintas de algunos de los personajes y se ha entretenido en captar la luz natural que se filtraba por uno de los ventanales del Palacio Real hasta incidir sobre el lienzo a las 13.48 horas de una mañana de septiembre. Tal era su nivel de detallismo. Mientras tanto, en este camino en busca de la excelencia, el artista ha tardado exactamente la mitad del reinado de Juan Carlos en inmortalizar sobre 10 metros cuadrados a una familia que, en ese mismo tiempo, se ha hecho jirones. Ha ido experimentando su propio deterioro hasta desestructurarse. Como sucede en tantas otras familias que parecen perfectas de cara al exterior mientras se van marchitando de puertas para adentro.

Detengámonos un momento en esta imagen congelada. Las intensísimas miradas de los personajes se clavan directamente en nuestra retina. Cristina, que no estuvo en las sesiones de fotos originales, acudiría después, sola, al taller del artista para retratarse. Aparece ligeramente separada de su hermana Elena —cuya mirada es una de las más penetrantes del conjunto— y del resto de la familia. Lejanía que, con los años, se iría fraguando en un muro de hormigón armado entre ella y su hermano, que ocupa el extremo contrario del cuadro. En algunos bocetos llegó a estar a su lado y era ella la que le flanqueaba y cerraba la composición por la derecha, pero, al igual que en la vida oficial, en algún momento fue desplazada por el artista de Tomelloso. López le daría también muchas vueltas hasta encontrar el punto de equilibrio de Felipe con respecto a la reina Sofía, «entre su independencia como hijo menor de los reyes y joven heredero de la corona, y la sintonía afectiva entre madre e hijo».[1]

Juan Carlos, captado en su momento de mayor esplendor y con el porte regio que tenía en sus años de plenitud, antes de sus sucesivas operaciones y recaídas, descansa su mano derecha sobre Elena, la hija que más se le parece, tanto en aspecto como en carácter, mientras esconde la otra mano tras la espalda de la reina. Entre el matrimonio se advierte ya la distancia de una pareja rota y traicionada en lo más íntimo. «De 1990 en adelante, el rey hace su vida y son los años de las grandes desavenencias con la reina —revela un antiguo colaborador de Sofía—. Juan Carlos ya no se corta un pelo y le monta numeritos delante de cualquiera. En Zarzuela, en un hotel, en un viaje… En fin, en un plan muy de hombre español chapado a la antigua».

Afortunadamente, el cuadro respeta la composición original, el tronco de la corona, sin las entradas y salidas de la familia política que iría completando después el mosaico y sus respectivas trayectorias

---

[1] Análisis del cuadro hecho por José Luis Díez, de Patrimonio Nacional.

vitales. Ni rastro, pues, de Jaime de Marichalar, el primero en caer en desgracia y ser abandonado a su deriva, ni de la princesa Letizia, que nunca terminó de encontrar su sitio entre estas figuras de cera, ni mucho menos de quien parecía el yerno ejemplar —deportista, triunfador, bien parecido y *bon vivant*—, Iñaki Urdangarin, causante de la mancha de barro que ha enlodado el retrato de una familia en apariencia modélica.

Pero esta familia ya es historia. Y como tal cuelga en las galerías de la misma, midiéndose en importancia con el óleo que el genial Francisco de Goya hiciera, dos siglos antes, de la familia de Carlos IV, una de las obras maestras del artista de Fuendetodos y que fue completada, por cierto, en solo un año. Entre julio de 1800 y junio de 1801.

Adentrarse en la corte de Felipe VI demanda comprender los vínculos tejidos a lo largo de los últimos años entre los miembros de esa familia que se va al umbral de los tiempos y el nuevo núcleo de esa otra que llega, con sus nuevas normas y estilos, para simbolizar la apertura de un periodo distinto. «Desde hoy, encarno una monarquía renovada para un tiempo nuevo». Felipe VI lo expresó sin ningún tipo de reservas en su primer mensaje a la nación tras ser proclamado rey. «Afronto mi tarea con energía, con ilusión y con el espíritu abierto y renovado que inspira a los hombres y mujeres de mi generación».

En este nuevo capítulo, en 2015, don Felipe se reafirma como nuevo jefe del Estado en compañía de Letizia y de sus dos hijas, Leonor y Sofía. Ellos cuatro conforman un nuevo eje tan rompedor con el pasado como lo fueron Sofía y Juan Carlos junto a sus tres hijos el día de su proclamación como reyes de España nada más fallecer Franco. Entonces, los próceres del régimen, del Ejército y de la Iglesia representaban la imagen en blanco y negro de la España que desaparecía.

En este escenario del siglo XXI ya no queda ni rastro de la unión en familia pintada con tanto detalle por Antonio López. El cambio empezó a ser tangible en la primera recepción oficial de Felipe y Letizia como reyes en la festividad del 12 de Octubre. La pareja sostenía en solitario el peso de la corona y de la institución mientras se multiplicaba para llenar todos los huecos y todos los corrillos de invitados en los que antes se distribuía una prole de cuñados con rango ducal. Pero la plasmación definitiva de esa transición quedó completamente fraguada en el primer discurso de Navidad y en la simbología de la que se rodeó Felipe VI para entrar por primera vez en la cena de Nochebuena de millones de españoles.

Le acompañaban en el plano principal solo dos retratos. Uno junto a Letizia y sus hijas, en un posado captado a principios del anterior verano, en las escaleras principales del palacete de Marivent, en Mallorca. Y había otra foto, más íntima, de él y la reina solos, en el interior de uno de los Airbus oficiales del gobierno, a la vuelta de un viaje oficial por Ecuador y Panamá. La foto les mostraba en actitud cariñosa, con Letizia reclinando su cabeza sobre el hombro izquierdo del entonces príncipe, como si fuera un mensaje para navegantes que quieran poner en entredicho su complicidad matrimonial. En la pared, completaba el retablo navideño un cuadro de Letizia, pintado por un familiar de la reina cuando ella tenía diez u once años. Son detalles que forman parte del mobiliario y la decoración de su residencia privada y que Felipe se llevó consigo para encuadrar su primera aparición televisiva.

En una esquina, grabada en una pieza del primer piso de Zarzuela en la que los invitados suelen esperar antes de llegar a la sala de audiencias, la única imagen —arrinconada— que se dispuso del rey padre. Un don Juan Carlos retratado en el momento justo en el que se fundía en un abrazo con su hijo tras sancionar su propia abdicación, en el Salón de Columnas del Palacio Real y justo antes de cederle simbólicamente la silla central dispuesta en aquel acto. La composición lo decía todo por sí sola: un rey que se marcha frente a un monarca que llega con su nuevo tiempo.

Y en este éxodo pactado, a Juan Carlos hasta le han trasladado de la que ha sido siempre su casa para reubicarle en el Palacio Real, donde pueda resguardarse —junto al cuadro de López—, al abrigo de la historia y donde no incomode a la función regia que ahora desempeña su hijo. Un nuevo despacho, situado junto al Patio del Príncipe, para que no tenga que subir y bajar ninguna escalera, en lo que antes eran las dependencias del jefe del Cuarto Militar.

Juan Carlos, jubilado y solo

Don Juan Carlos se ha quedado penosamente solo al acercarse al precipicio de su jubilación, en un palacio que, para quien ha vivido siempre a lomos de su real voluntad, se puede convertir ahora en una jaula de oro. ¿A qué se dedica un rey que ya no es rey y que apenas tiene citas oficiales en su agenda? El capítulo dedicado a su extraño papel como «jarrón chino» que nadie sabe muy bien dónde colocar dentro de la corte de Felipe VI ahonda en su nueva vida como jubilado de lujo, a la que ha llegado desgastado por su vida vertiginosa y, sobre todo, en la que la distancia con el resto de los miembros de su clan queda más de manifiesto que nunca. Sin ninguna intención de disimular la distancia estratosférica que le separa de la reina Sofía, con la que solo se ha visto públicamente una contada ocasión al cierre de estas líneas. Fue en el día de la banderita de Cruz Roja, en octubre de 2014, cuando la Casa programó una visita del rey emérito al puesto que su esposa presidía en la popular Puerta del Sol de Madrid y donde ambos protagonizaron un tímido beso en la mejilla con el que seguir guardando las apariencias de un matrimonio inexistente.

«Tiene una jubilación muy jodida. De tener todo el poder a no poder hacer nada», resume Pepe Oneto, que mantiene una buena relación personal con él. «Se ha quedado fuera en una edad en la que no le gusta leer y en la que tampoco puede practicar sus aficiones. Su entorno está formado por personas que han muerto o están ya mayores y tocadas, o llevan una vida de deportes que él ya no puede seguir. Y su círculo de amistades de confianza es cada vez más reducido. Hombre, sigue riéndose mucho con Alberto Alcocer, pero Alcocer ya no puede ir a cazar y también tiene problemas de salud».

La familia más cercana tampoco le frecuenta con tanta asiduidad. Ni siquiera sus nietas, la princesa Leonor y la infanta Sofía, que solo viven a poco más de mil metros de su casa. Pero pesa el «factor Letizia» y unas relaciones entre ambos que, a puerta cerrada, tampoco son especialmente afectuosas. «Con el príncipe tiene una relación no mala, pero más bien fría. El príncipe se relaciona con su padre muy correctamente, pero desde una cierta distancia. Pero viviendo tan cerca, los príncipes de Asturias podrían ser más próximos. Pero no lo son, ve muy poco a sus nietas. También es cierto que el rey nunca ha sido muy cordial con la princesa Letizia. No le gusta».[2]

Con Letizia no se lleva, la tolera. Y Sofía, que durante tantos años miró para otro lado cuando, en sus deslices, el rey abandonaba su lecho persiguiendo otras conquistas, lleva una vida completamente al margen de su marido, a caballo entre Madrid y Londres, donde vive su hermano Constantino. Y si no, en París, cobijada en la casa de su prima Tatiana Radziwill, depositaria de sus alegrías y aflicciones. Son las consecuencias de una vida libérrima que tanto daño ha hecho a su matrimonio y que, a su vez, tan hondo impacto ha dejado en su hijo, desde siempre unido a su madre y a sus desvelos.

«El rey Juan Carlos es un hombre profundamente solitario», describe, en esta misma línea, uno de los hombres que ha trabajado a su lado. «Ha tenido una vida muy dura, desde el punto de vista afectivo, y sin duda su matrimonio ha sido un desastre desde el principio. Le obligaron a casarse con una persona con la que pudo conllevarse de forma natural y bien mientras esperaban el trono y durante los primeros años de reinado, cuando los niños eran pequeños. Después han llegado a una especie de entente por la que, oficialmente, se hablan, pero ni conviven ni conversan. Solo en los aviones, cuando van con más gente. Se pone ella en un sitio y de repente, se asoma y pregunta: "Juanito, ¿cómo se llama esa actriz que se casó en Palma de Mallorca?". "¡Norma Duval! Es que no se entera…". Después, ha sido un hombre sometido a enormes dolores. Todas estas bromas de las operaciones de cambio de cadera, de aquí te pongo esta de plástico y aquí te la rompes por otro lado… para un tipo de setenta y seis años con esa cadera... Muchos de los malos humores que ha tenido durante mi tiempo en Zarzuela —que han sido muchos— eran debidos al dolor. Estaba a base de cortisona. Luego corrige enseguida y te da un gran abrazo para disculparse, pero ha estado sometido a unos dolores horrorosos. Y es un hombre disciplinado que se

[2] Victoria Prego, «Últimos días de un rey», *El Mundo*, 9/VI/2014.

levanta a las seis de la mañana a hacer gimnasia, a nadar, a hacer bicicleta (...). Frente a esa aureola de éxito, mi criterio es que se le aplicaron unas terapias de choque muy fuertes para su edad y para intentar que corriera como un gamo, cuando lo que había que hacer era haberlo preparado para que resistiera de pie, que es una de sus funciones, y anduviera con una cierta solvencia. Y no que, por llevar los pies así, se pegara los golpes que se pegaba. Yo lo he tenido cuatro veces caído a mis pies y llegó un momento en el que me dijo: "No me señaléis las escaleras, ya me caeré solo. Porque si me las señaláis me pongo nervioso y me caigo"».

Pero enamorado como un adolescente

«Polvo serán, más polvo enamorado». Los versos de Quevedo se ajustan a este rey ajado por el tiempo. Su único refugio, en estos años, han sido los peligrosos abrazos de Corinna. El último tren al que se ha subido cual primer amor de adolescencia y contra viento y marea. «A mí me llamó un día y me lo contó todo —prosigue nuestra fuente—. Con el jefe de la Casa ya estaba enfrentado por esto y no le contaba nada. Por eso me dijeron que como el rey me había cogido confianza, que le sacase todo lo que pudiese al respecto», explica tras matizar, eso sí, que a ella nunca la vio dentro de Zarzuela ni interfiriendo en su trabajo.

«Sí he visto, por ejemplo, que tras llegar toda la comitiva de una cena, le veíamos despedirse y se metía para adentro mientras nosotros nos quedábamos charlando a la entrada de Zarzuela antes de ir a buscar el coche. De repente, veías salir su coche de nuevo y se largaba. ¿Lo sabía su mujer? Seguro. Y si no, es que tenía mucho sueño o no se enteraba de nada».

Corinna zu Sayn-Wittgenstein, de soltera Corinna Larsen, es una empresaria alemana de origen danés, que estuvo casada con el aristócrata Casimir zu Sayn-Wittgenstein, de quien heredó su rimbombante apellido y ese título de princesa de cuento. Su relación con el rey se remonta, como mínimo —aunque podrían haber entablado amistad antes—, a 2004, fecha en la que la apuesta rubia se intercambia los primeros correos electrónicos con Iñaki Urdangarin. Para entonces, Corinna ya había hecho llegar el currículum del duque a los responsables de la Fundación Laureus y había mediado para que Iñaki forme parte de la ejecutiva de la organización en España, a razón de 250.000 euros de salario al año. Además, en ese mismo periodo, Corinna se encargó de organizar la luna de miel de los príncipes de Asturias por Jordania, Tailandia, China e India, como responsable de una agencia de viajes a la que recurrían los clientes más VIP.

«Me lo contó con una sinceridad y una emoción que yo me pellizcaba. Me decía a mí mismo: qué hago aquí sentado toda la tarde de un domingo, mano a mano con este hombre solitario que me está contando su vida amorosa. Era como un adolescente. Te lo explicaba así: "Esta mujer me quiere y yo estoy muy a gusto con ella. Yo también tengo derecho a divorciarme". "Vamos a ver, majestad, usted tiene derecho a divorciarse hasta cierto punto. Pero es que usted es el rey de España...". "¿Soy el único en España que no se puede divorciar?". "Razonablemente, no, aunque también le digo que si usted está tan seguro no hay por qué excluir el camino del divorcio. Hemos tenido princesa divorciada, así que podemos tener un rey divorciado. Ahora bien, corre el riesgo, con esto, de emborronar su biografía"».

«Yo creo que, a eso, él ha respondido», zanja este antiguo colaborador del monarca. «Aunque ha hecho locuras, como el viaje de fin de semana a los circuitos de Abu Dahbi, con la pierna mal. Yo creo que Zapatero ni le tomaba en cuenta. El rey le decía: "Oye, que mañana a las siete me voy a ver a Fernando Alonso, que me ha llamado el del Santander y me voy en mi avión". No te pedía permiso, te lo comunicaba. El presidente, que tenía la responsabilidad, tenía que haberle dicho: "No, señor. Y si está Corinna, menos". Pero échale huevos a eso».

Estamos todavía a varios años vista de Botsuana y el rey ya ha empezado a ponerse el mundo por montera. En el pequeño Madrid de los empresarios del Ibex y de los círculos del poder, el nombre de Corinna ya se rumoreaba de boca en boca y, en Zarzuela, temblaban de pavor con solo pensar en el día en que toda esa madeja amorosa se desenredase en los periódicos. Si Zapatero no le frenaba, con Rajoy no se invirtieron las tornas... Hasta que todo se salió de sus raíles en una república sudafricana entre disparos a elefantes.

La corona que don Juan Carlos había echado al aire la noche del 23-F y que había logrado mantener sobre su testa tras sofocar el incendio golpista cayó en picado bajo la luna de Botsuana. Fue como si un tremendo mazazo hubiera hecho saltar por los aires todo el cuadro. Los españoles se desayunaron por primera vez con el nombre de la misteriosa acompañante alemana. La reina Sofía, despechada, demoraría su visita al hospital varios días, para que toda España fuera consciente de su escarmiento al Borbón. Y con las redes sociales, la prensa y la sociedad en su conjunto alarmada por la última insensatez de su rey, el príncipe no se ahorró gruesas palabras para afear a su padre su conducta.

«Esto es lo que has provocado», le dijo mientras le entregaba a su padre un amplio *dossier* de prensa con todas las noticias y reacciones que su aparatosa caída había provocado y que finalmente le obligarían a pedir perdón a su pueblo.[3] Aquel histórico «Lo siento mucho, me he equivocado, no volverá a ocurrir» que quedará grabado, por siempre, en la memoria de muchos españoles.

Unos meses antes, en su primer despacho como presidente con él, Mariano Rajoy ya se había quedado patitieso. Juan Carlos iba en serio con lo de divorciarse. La bomba la soltó, como quien no quiere la cosa y entre líneas, Raúl del Pozo desde su esquinita de *El Mundo*: «Acabo de saber de muy buena fuente que a principios de 2012, en el comienzo de la legislatura, el rey planteó al presidente del Gobierno su intención de divorciarse».[4]

«No sé si es una leyenda urbana, pero me lo creo», admite Pepe Oneto. «Le dice: bueno, presidente, vete viendo la posibilidad de que yo me quiera divorciar. Y conociendo a Mariano, este se cagó. Con un país a punto de pedir el rescate y este loco diciendo que se quiere divorciar. No le llegaba la camisa al cuello. A partir de ahí, esa relación que

---

[3] Fernando Ónega, *Juan Carlos I, el hombre que pudo reinar*, Plaza & Janés, Barcelona, 2015.

[4] Raúl del Pozo, «La cumbre, un foso», *El Mundo*, 11/IV/2013.

era más o menos oculta se hace medio oficial. Fue un auténtico disparate —añade— y creo que él sigue enamorado de ella. Él no puede pensar que Corinna haya estado con él por simple interés y por simple relación comercial. Él, por ejemplo, con el niño de ella ha sido más cariñoso que con su propio hijo y está muy pendiente de él. Le da muchos consejos sobre su educación a Corinna. En uno de los últimos días de Reyes, el niño decía que el tren del tío Juan era mucho mejor que el que le había regalado papá. Yo sé que todas las noches llama a Corinna —me lo han contado— aunque él sabe que eso se ha terminado. Es muy celoso. Hay versiones que dicen que sigue viéndola. Creo que se han visto en Marruecos y, en el verano de 2014, en la casa de Aga Khan. Pero él no está para nada, está para que lo cuiden. Y Corinna no es la mujer que va a cuidar a un señor mayor que no se puede mover, que anda con cachaba y que no se va a recuperar como él quería».

Juan Carlos tardaría varios años en oficializar la relación delante de sus hijos. Se ha contado que lo hizo en una cita a solas con Felipe, Elena y Cristina en el restaurante El Landó, de Madrid, en abril de 2011. Las imágenes de los comensales saliendo del local fueron portada del *¡Hola!*, aunque en su versión más edulcorada: «El rey, el príncipe y las infantas, cena íntima y familiar en un restaurante típico de Madrid», decía la revista. De Corinna, ninguna mención, claro. Hasta entonces, el tema se trataba internamente con bastantes reservas.

—A mí, los príncipes solo me preguntaron sobre el tema mi último día, cuando me despedía —explica otra fuente—. Y les dije esto mismo: tenemos una persona que cree que es su último tren y que está con la mentalidad de la primera novia. Y ella, o es hábil o, en efecto, le da lo que quiere. Le da afecto y le escucha.

—¿El príncipe no se atrevía a preguntárselo directamente a su padre?

—Yo creo que no. La relación entre ellos no es mala mientras sea de naturaleza institucional. Pero no es una relación de padre e hijo tradicional. Solo en alguna ocasión vi algún momento en el que se dirigiera a él llamándole «papá».

Un rey sin Corinna y sin corona. La alemana es una página ya cerrada en la vida de Juan Carlos. Lo corroboran dos fuentes de peso.

Fernando Ónega, que le ha realizado al monarca la única entrevista que ha concedido tras su abdicación, y el empresario Arturo Fernández, que forma parte de la corte de amigotes del rey emérito.

«Corinna ya no es más que un recuerdo, una vieja amistad —revela Ónega en su último libro—. Estoy en condiciones de afirmar que Corinna ya no está en la vida de don Juan Carlos». Idéntico mensaje que nos da el empresario hostelero: «Por las informaciones que tengo, está acabado. Ella está en Londres y se ha llegado a un...». Arturo no completa la frase que deja en esos puntos suspensivos y este remate: «Corinna era amiga suya y supongo que seguirán siendo amigos». En el aire quedan, por el momento, los jugosos negocios que ambos pudieron haber compartido.

Letizia, la «enemiga en palacio»

Don Juan Carlos quería que la brocha de Antonio López les retratase a todos como una familia estándar, y como tal se comportan los integrantes de este linaje real. Con las mismas cuitas y desventuras que suceden en cualquier otra casa, aunque, extramuros, la felicidad sea completa y radiante y las muecas de las sonrisas sean collares de perlas perfectamente alineados para las portadas del *¡Hola!*.

La relación entre padre e hijo está condicionada por varios vectores. Por la alianza afectiva que une a don Felipe con las desdichas de su madre, por un lado, y por otro, por el «factor Letizia», «el mayor enemigo del rey Juan Carlos», como la definió la revista *Vanity Fair* recogiendo el cariñoso apelativo que le puso una «amiga íntima del monarca».

La publicación lo recogía así y lo matizaba, a renglón seguido, con la respuesta de Zarzuela:

> «¿Quién es hoy el mayor enemigo del rey?», le preguntamos a una amiga íntima del monarca. Tras dudar unos segundos, responde: «El mayor enemigo del rey está dentro de palacio... Es Letizia... Ella es quien más ha presionado para que abdique». Sin embargo, desde la Casa del Rey

> nos aseguran que «no les consta» que ella defendiera con más ahínco la abdicación. Sobre la relación entre suegro y nuera también son claros. «La princesa viene en el paquete. El rey no valora tanto el papel de Letizia como el del príncipe».[5]

Ya no se disimulan ni se silencian las desavenencias entre suegro y nuera. El *patrón* nunca terminó de ver con buenos ojos la irrupción de una periodista en el seno de una institución tradicionalmente opaca para el cuarto poder. El antagonismo entre ambos tampoco lo enmascara Fernando Ónega, que a su conocimiento por razones profesionales de la corte puede unir también el hecho de ser el padre de una de las periodistas que forman la guardia pretoriana de la princesa, la informadora de Telecinco Sonsoles Ónega. En su libro, *El rey que pudo reinar*, Ónega sentencia sin sutilezas: «La sintonía suegro-nuera no sobrepasa mucho los límites de la cortesía. Incluso hubo momentos de desafecto, creo que superados. La entonces princesa de Asturias tenía un sentido de la monarquía que tardó mucho en conectar con el sentido institucional de su suegro».

Años ha, Juan Carlos quiso acallar los murmullos y aprovechó para ello una de las citas palaciegas más importantes del año, la Pascua Militar del día 6 de enero, que congrega en torno al Salón del Trono a los altos mandos de los tres ejércitos, al presidente y los ministros de Defensa e Interior y a una pequeña representación de la prensa. La anécdota se produjo en la celebración del 2007. Tras los discursos oficiales, y ya en el apartado de los corrillos, el rey se acercó hasta donde estaba Letizia y en voz alta bromeó con ella: «¡Qué mal nos llevamos! ¿Verdad, Letizia?». Los que lo presenciaron dieron buena cuenta de ello. Pero, según explican, tras la broma, el rey se marchó y ni uno ni otro volvieron a dirigirse la palabra durante el resto de la recepción.

Don Juan Carlos nunca la aceptó de buen grado. «Es lo peor que ha entrado en la Casa en muchos años»,[6] se quejaba amargamente a sus amigos

---

[5] Alberto Pinteño, *Vanity Fair*, n.º 65, enero de 2014.

[6] Eduardo Inda y Esteban Urreiztieta, *La intocable. Cristina, la infanta que llevó la corona al abismo*, La Esfera de los Libros, Madrid, 2014, p. 169.

los Albertos, a quienes no ahorraba descalificaciones de su nuera. El rey creía —y pregonaba—, que lo mejor de lo de arriba se había casado con lo peor de lo de abajo. La ruptura definitiva entre ambos tuvo lugar en una cena oficial en la que se produjo una escena violentísima. Juan Carlos tuvo un gesto de desprecio hacia la reina Sofía y todo el mundo prefirió mirar para otro lado. Letizia fue la única que le sostuvo la mirada en un gesto de indiscutible desaprobación que Juan Carlos nunca ha perdonado.

Varias de las personas consultadas para la elaboración de este libro relatan otra anécdota que ahonda aún más en el desprecio con el que el cabeza de la familia encajó la decisión de su hijo de casarse con la presentadora del *Telediario*. Estas fuentes sostienen que el día en el que se anunció oficialmente el enlace, el 1 de noviembre del año 2003, el rey estaba en Ciudad Real, cazando en una de las fincas de la familia de Juan Abelló, considerado por muchos como una de las mejores escopetas nacionales en el ojeo de perdiz. En mitad de la montería, el rey, como ya se ha comentado, se despide para marcharse apresuradamente a Madrid: «Me voy porque mi hijo se acaba de cargar la monarquía», dice. Un helicóptero lo trasladó de inmediato a Zarzuela. No hacía ni un mes que el príncipe de Asturias se había ausentado deliberadamente de la fiesta del 12 de Octubre y se había marchado a Nueva York con la intención de no volver hasta que su padre tragase con la boda. Un pulso interno en el que acabaría imponiendo su voluntad a la fuerza, tal y como se relata en otro capítulo.

«Todo lo que se ha contado de que el príncipe pidió permiso al rey para casarse es mentira», cuenta la persona que relata la anécdota anterior. «Fue un golpe de Estado de Felipe, que estaba harto de que no le permitiesen estar con quien quisiera». Andrew Morton, el biógrafo de los *royals* británicos, abundaría después en esta retahíla de desprecios con una frase que atribuye directamente al rey Juan Carlos: «No me gustas, pero voy a hacer de ti una buena reina».

Letizia se esforzó en entrar con buen pie en la institución y se esmeró por comprender los vericuetos de la Casa y el trabajo del día a día. Al contrario que su excuñado, Jaime de Marichalar, su llegada a palacio fue muy prudente y se recuerda en positivo por quienes fueron testigos.

«Antes de que se anunciase el enlace, ella no pasaba por la Casa. No es como Marichalar o Urdangarin, a los que ya conocíamos de antes. Sobre todo, a Marichalar, que pululaba por allí e incordiaba mucho», explica un antiguo trabajador. De hecho, a Jaime le tuvieron que dar dos toques de atención por su actitud. «Ejercía de marido antes de serlo y nos molestaba mucho esa actitud. Hay gente que se quejó al general José Cabrera, que era el secretario de la reina, y este tuvo que darle un primer toque a Jaime».

Los empleados, por su parte, se desquitaban a su manera ante el prometido de la infanta. «Cuando ya se hace oficial el enlace, a Marichalar ya no le gustaba que le llamasen Jaime, sino don Jaime. Pero nosotros, que éramos muy puñeteros y que estábamos muy bregados, le seguíamos diciendo Jaime a secas. Hasta el día en que se casó. A partir de entonces, para algunos era el señor duque y, para otros, don Jaime», explican personas versadas en este mundo mitad irreal, mitad anacrónico.

«Letizia, en cambio, siempre que venía lo hacía de forma privada y solo en la zona de la residencia del príncipe. Hasta el mismo día en que se hace oficial su noviazgo no aparece por las oficinas. Entonces estaba muy interesada en todo lo que hacía la gente. No pedía cosas. No era una persona coñazo que estaba continuamente dando la tabarra. Al contrario, estaba muy dispuesta a aprender y era muy amable. La princesa, dentro de la Casa, era una persona muy detallista —añade esta fuente que ya dejó de trabajar en Zarzuela—. Conoce perfectamente el nombre de todas las personas que están a su alrededor. Se preocupa si alguien tiene algún problema familiar. Si un hijo tuyo está enfermo o algo, se interesa... Es una persona que está siempre pendiente de todo el mundo y es muy cercana a la gente».

Los «horribles» veranos en Mallorca

Con estos mimbres, no es de extrañar que la frágil paz interna de esta familia enormemente distanciada en su convivencia se tensionase cada verano, en esos pocos días —cada vez más contados— en los que se veían obligados a soportarse más de la cuenta. Los muros de Marivent se convirtieron en una olla a presión sofocante para Letizia. Un puchero de vanidades y recelos que se intensificaba por el seguimiento al que los *paparazzi* han sometido siempre a los *royals*, especialmente a Letizia, en busca de la codiciada foto de la exprincesa en biquini y mostrando pantorrilla.

En el complejo de Marivent es donde la hoy reina ha tenido algunos de sus más sonoros traspiés, propiciados —qué duda cabe— por esta tensión interna. La primera vez, en 2010, cuando puso en duda, ante un corrillo de periodistas perplejos, que esas estancias en Mallorca, que en el caso de la real familia han corrido siempre a cargo de la gentileza de las instituciones baleares y de los empresarios autóctonos, pudieran asemejarse a unas vacaciones como mandan los cánones. Con una sola frase y los constantes rumores de que podría optar en breve por otro destino vacacional, ha logrado ponerse en contra a una parte de la isla, siempre entregada a sus reyes y siempre necesitada de ellos.

El segundo tropezón ocurriría tres años después, cuando Letizia pegó la espantada y dejó a Felipe compuesto y sin princesa, en una de esas escapadas que levantaron una enorme polvareda de rumores y desmentidos sobre sus desavenencias conyugales y que llegó hasta las primeras páginas del monárquico *ABC*, como se explica con detalle en el capítulo sobre la historia de este matrimonio.

«Los veranos eran horribles», cuenta sin rodeos un colaborador del antiguo rey que recuerda con pavor esas estancias obligadas en la isla y los encontronazos entre la princesa y el jefe de la familia, ambos personas de fuerte carácter. «El verano es malísimo para una familia desestructurada. Cuando convives más tiempo de lo habitual con tu familia, si no te llevas bien es horrible». Y todo redundaba, como en la casa de cualquier otro plebeyo, en mayores tensiones para el matrimonio.

Como con las hermanas de Felipe la relación tampoco era muy condescendiente, se firmó un armisticio de lo más sencillo. Los Borbones se cronometraban con la perfección de un mecanismo suizo para irse dando paso sucesivamente, sin que nunca llegaran a rozarse sus pareos. En cuanto Letizia abandonaba la isla, aterrizaban las infantas con su ralea de pequeños urdangarines y marichalares. «La negociación de los días en los que iban unos y otros siempre era un coñazo. Y luego no lo cumplían, se iban antes y hacían un lío», añade este colaborador.

El cronista mallorquín Matías Vallés sacaba punta a esta estupenda armonía de entradas y salidas en una de sus crónicas estivales. «Un lector despistado concluirá que el desembarco de Elena y Cristina les habrá servido para recomponer lazos con Letizia Ortiz. La noticia es que solo llegaron a Mallorca cuando tuvieron la certeza de que la había abandonado su cuñada, a la que solo se refieren en términos no demasiado apropiados para una sección tan erudita como esta».[7]

La realidad es que Elena y Cristina nunca encajaron que la última en llegar les desplazase en el protocolo, arrumbándolas a ellas a un papel cada vez más secundario. Cuestión de celos. Tampoco ayudaba a mejorar su *feeling* personal que Letizia tuviera que leer en los periódicos los chistes satíricos que Urdangarin se intercambiaba con la infanta Cristina, mofándose de ella, y que salieron a la luz con la publicación de los correos electrónicos del caso Nóos enviados por Diego Torres al juez José Castro.[8]

Las vacaciones como pesada encerrona laboral. La crónica de Vallés corresponde a la hemeroteca de 2010, que es el mismo verano en el que Letizia entonó su particular qué he hecho yo para merecer esto. La princesa cumplió con el protocolo de acercarse a las regatas del Club Náutico mientras su marido competía, a bordo del *CAM*, en la 29.ª edición de la Copa del Rey de Vela. Posó para las cámaras y antes de ir a congeniar con las mujeres de los otros tripulantes, se detuvo un rato a hablar con un grupo de periodistas. La reportera Carmen Duerto le preguntó entonces si pensaba quedarse en Palma todo el mes de agosto. La respuesta de Letizia no fue espontánea:

—Carmen, ¿tú crees que esto son vacaciones privadas? ¿Tienes tú la solución? Pues yo tampoco.

---

[7] Matías Vallés, «Cronología de un desencuentro: en cuanto Letizia abandona Mallorca, llegan las infantas», *El Confidencial*, 12/VIII/2010.

[8] *Véase* capítulo dedicado a Urdangarin y Cristina.

En privado, algunos de sus asesores ya le habían advertido que no se le ocurriera repetir una idea semejante que, por lo que se ve, ya le rondaba la cabeza y no fue fruto de un arranque desafortunado. «A partir de ese momento, ella estuvo muy cuidadosa de no tener nuevos deslices y no quería nunca que sus llegadas y sus salidas de Palma se hicieran públicas».

En otra ocasión, el celo por su intimidad llegó hasta el extremo de no querer dar detalles de cómo había llegado a la isla, para que nadie pudiera censurarla o decir que utilizaba los medios públicos del Estado. Hasta ese punto imponía sus reservas a cualquier filtración a la prensa. «Eso pertenece a mis vacaciones privadas y no tienen por qué saberlo», advertía dentro del palacio. Y todo a pesar de que había llegado a Marivent de la forma más normal y corriente del mundo. Con sus hijas y a bordo del mismo avión oficial que había utilizado el rey. Pero ni por esas estaba dispuesta.... Costó convencerla para que, finalmente, diera su brazo a torcer. En otras circunstancias, paseaba siempre con el mismo vestido para que los *paparazzi* no pudieran forrarse a su costa retratándola con diferentes modelos.

«Es cierto que ella no se llevaba bien con el rey Juan Carlos y los periodistas han tardado años en reconocerlo», explica otra testigo impertinente de los veranos en Mallorca, la veterana periodista Carmen Rigalt, que fue una de las primeras en poner, negro sobre blanco, esas pugnas. «Juan Carlos no la puede ver. La desprecia. Siempre hacía algún comentario hiriente de ella cuando era princesa».

Esta articulista fue la primera que contó las extrañas paradojas de los posados de verano, en los que el rey nunca parecía reparar en ella. «Era como si fuera transparente. El rey se dirigía al príncipe pero no la veía a ella, no había *feeling*. Eso lo puse en titulares y, al día siguiente, hasta mis propios compañeros me decían que qué había dicho. Para mí fue un descubrimiento. Quizás, otros periodistas lo descubrieron más tarde y otros, descubriéndolo, prefirieron mirar para otro lado. Luego ya hemos visto bien claro esto que hacía el rey de mirar a todos y no mirarla a ella. Lo ha hecho muchas veces. Supongo que debe de haber también algún componente clasista en esta actitud».

En este relato de desencuentros, otras fuentes apuntan a un último desplante de su suegro, en noviembre de 2012, en la Cumbre Iberoamericana que se celebraba en Cádiz y en la que, al término, don Juan Carlos anunció que pasaría de nuevo «por el taller» para ser intervenido en su cadera izquierda. Quien cuenta esta anécdota asegura que Letizia, que se hospedaba en la ciudad junto al príncipe, pidió ser recibida por el rey sin éxito alguno. «No es que echara una instancia, se lo debió de decir a él directamente, y no la recibió».

«El rey no quería tener al lado un personaje de esas características, que lo sabe todo, que habla con todo el mundo, que opina», relata otro conocedor de la corte. «Aquí el que sabe es él, el que opina es él y no quiere a nadie dentro de la Casa dando el coñazo. Yo creo que, sobre todo, a él le molesta que ella es muy sabihonda, que tiene que estar a la última de todo. En el atentado del 11-M llegó un momento en el que tuvo que echarla de su despacho, porque, a cada momento, llegaba con una última noticia que había leído en internet. Ella sabía más que el CNI, que el Ministerio del Interior, estaba a lo último que salía y eso al rey le descomponía».

Una familia muy difícil

En las múltiples entrevistas que hemos mantenido con personajes de la corte para retratar a esta familia de la que se conoce apenas la espuma de la ola, sorprende el crudo perfil que algunos delinean de sus actitudes y de sus comportamientos. Incluso la crueldad con la que competían entre ellos para captar más protagonismo cuando les interesaba o, también, las burdas maniobras de distracción —a veces algo infantiles— que desplegaban cuando, por ejemplo, querían arruinar el trabajo de un fotógrafo avezado.

Como el día en que la princesa fue a Faunia con sus hijas pequeñas y se encerró durante dos horas en las oficinas, porque desde el parque habían avisado previamente a unos fotógrafos, para rentabilizar el impacto publicitario de la visita. Como Letizia, que conoce el mundillo, no quería que alguien tuviera la exclusiva y se lucrase a su costa, ordenó a sus escoltas llamar a más fotógrafos y espero hasta que llegasen todos para comenzar el recorrido entre los perros de la pradera, los pingüinos y los demás animalitos del parque temático.

Una institución que es a su vez una familia hace que a veces las cosas más sencillas del mundo se conviertan en historias rocambolescas. El único termómetro de cómo está la temperatura de la calle más allá de la carretera que conduce a La Zarzuela es el reflejo que de ellos devuelven los medios de comunicación y lo que les filtran las personas que giran a su alrededor. Y, en ocasiones, lo que un día era una imagen positiva para uno era considerado como negativa para el otro, porque, queriendo o sin quererlo, había una carrera subyacente por colocarse mejor en el *ranking* de popularidad. Con frecuencia había reproches, acusaciones a uno u otro de haber pactado con alguna revista para marcarse un tanto. El primo de Letizia, David Rocasolano, reveló en su *Adiós, princesa* algunas de estas prácticas. Como que fue la propia Letizia la que filtró a la revista *¡Hola!* las fotos de la cena privada en palacio que siguió a la petición oficial de mano, en noviembre de 2003.[9]

«Todos son competidores entre ellos. Es decir, lo que le va bien al rey no le va bien a la reina y viceversa y lo que le va bien a los reyes va en demérito de los príncipes», explica uno de los consultados, que fue testigo de esta conversación que parece de otra época:

—¿Qué tengo que hacer para que salgan mis fotos en *ABC*? —preguntaba con frecuencia doña Sofía cuando había acudido a algún concierto y sus horas de trabajo pasaban sin pena ni gloria en los papeles.

—Pues no esperarlo, señora.

—¿Tú no puedes poner la foto en *ABC*?

—¿Usted cree que yo pongo las fotos en *ABC*? —respondía, perplejo, el interlocutor.

—Pues ha salido la foto de la princesa y la mía no.

Así de grotescos son a veces los brochazos con los que nos han descrito sus caracteres en la intimidad. «La reina Sofía es simpatiquísima, buenísima y una generosísima persona. La más profesional de todos»,

[9] David Rocasolano, *op. cit.*, p. 115.

añade este confidente de la corte, que sin embargo también le pone un pero. «Es muy pesada. Con ella no hay aprendizaje, cada día estás en la A. Le explicas la A, le explicas parte de la B y al día siguiente te pregunta otra vez por la A, porque no aprende». Un comentario algo malévolo, que alude, valga la explicación, a que no termina de entender cómo funciona el negociado de los medios, que muchas veces no encuentran atractivo alguno a la agenda rutinaria y protocolaria de Sus Majestades.

«Para un personaje como el rey Juan Carlos, ella y él son como el agua y el aceite. No me explico cómo han aguantado los diez primeros años, si es que los aguantaron. Y ella aún confía y hace gestos para mostrarle cariño a su marido, del cual debe seguir enamorada, en la confianza de que el otro va a volver. Y él le hace un desplante tras otro».

Las respuestas son también bastante coincidentes a la hora de representar a una Letizia que atrae como un imán toda la atención sobre su persona, eclipsando, quiera o no, a su marido —sobre todo cuando el príncipe estaba en situación de espera—. Los trazos que se dibujan sobre Felipe se han reducido por ello, muchas veces, a una simplificación del personaje.

«Felipe no se ha casado con veinte años, sino siendo un hombre adulto que venía del Ejército, que imprime carácter», advierte otro miembro de la corte para destacar y poner en valor otros rasgos de su personalidad. «Nos pensamos que es un blando, pero de blando nada. Es un hombre duro, un tipo preparado al que no le va a mangonear ni su mujer ni nadie. Además, ha nacido siendo príncipe y sabiendo que el día de mañana iba a ser rey. ¿No imprime eso carácter?».

Sus arrestos los demostró, entre otras cosas, al casarse con quien le dio su real gana, le pesase a quien le pesase. Aunque la peor parte del acuerdo matrimonial se la ha llevado ella, sometida a un escrutinio diario y a una ferocidad en las críticas que enloquecerían a cualquier hijo de vecino. Tiene el recuerdo de la trágica muerte de su hermana en 2007, siempre en la memoria, al igual que no olvida la traición de su primo David, que aireó a los cuatro vientos algunas de sus intimidades más inconfesables. Esto, como se narra en otro capítulo, le ha costando sangre, sudor y lágrimas.

«La figura del príncipe era una figura muy desairada, que no tomaba decisiones, que estaba a la espera, que tenía que ser buen chico», explica otra fuente. «Ahora que tiene el poder, la que desciende es ella. Antes el foco iba hacia ella porque él era un sinsorgo, pero en cuanto ha pasado a primera línea hemos descubierto que era un tipo muy bueno, lo que sabíamos todos los que estábamos allí. Un tipo muy bueno y con mucha cabeza. Eso sí, no le pidas prisas, porque todo lo tiene que reflexionar. No tomará nunca decisiones precipitadas».

En efecto, una vez alcanzado el trono, la presión que se ejercía sobre ella se ha relajado. La máquina de picar carne ahora engulle a otros personajes. Como reyes, el protagonismo y la centralidad vuelve a caer en Felipe VI —en sus discursos, en sus gestos, en su renovación de las costumbres de la Casa— y ella estrena un nuevo personaje.

En el verano de 2014, el primero como reina, Letizia estaba mucho más sosegada, recuerda Carmen Rigalt. «La gente decía: "Ya lo ha conseguido". A mí eso me suena a estar toda la vida esperando a ser reina y no me entra en la cabeza. Ese "ya lo ha conseguido" lo entendería más en que ya no estará tan supeditada a quedar bien con el jefe, con Juan Carlos. ¿Entiendes? Ya ha avanzado un escalón».

«Yo tengo que decir, de verdad, que le he cogido cariño a pesar de que me las ha hecho pasar muy duras», concluye otro de las personas que ha trabajado con Letizia y al que hemos leído en diferentes momentos de este relato. «Y le he cogido cariño porque también sé el berenjenal en el que se ha metido la persona menos adecuada para ello. Porque el papel de una reina en nuestro país es un papel muy desangelado. Es agresiva en la forma de decir las cosas —añade—. Lista. Y con capacidad de cambio. Aunque algunas cosas no las cambiará nunca, como es la capacidad de lanzar quince afirmaciones contundentes por minuto mientras que él tardará quince minutos en lanzar la primera y no será contundente. Por lo tanto, ella es la que gana siempre todas las discusiones. Es una mujer difícil, él le tiene mucho cariño, pero yo creo que eso también se va a tensar».

Letizia va escribiendo poco a poco este nuevo papel de reina, situada en una escalera en la que, a la vuelta de la esquina, tendrá que descender otro peldaño para dar paso a sus hijas. En unos años serán ellas las figuras de cera a las que persigan los *paparazzi* por las calles de Madrid y por las discotecas, las que marquen tendencia con sus vestidos...Y ella quedará para las grandes ceremonias de palacio.

Todos estos trazos, algunos de brocha gorda y otros pinceladas finas y muy subjetivas, ayudan a aproximarse al retrato de cera de esta familia regia que con tanto detalle trató de plasmar la paleta de Antonio López. Apenas una aproximación a la verdadera faz de todos estos personajes que componen las familias de Juan Carlos I y de Felipe VI. Al fin y al cabo, describir a la familia real, como afirmaba el pintor manchego para justificar el largo tiempo empleado en pintarla, es como escribir *Guerra y paz*. Una misión acaso titánica... pero apasionante.

Muy resistente, Letizia se volvió de hierro para endurecer la piel, como cantaba el Dúo Dinámico. «Ella es la que menos errores ha cometido de los cuatro y a la que más han machacado», explica en su defensa el último responsable de comunicación de la Casa, Javier Ayuso. «Fíjate si Letizia hubiera hecho lo que hizo Felipe el día en el que se le acercó una señora y, después de aguantarla durante unos minutos, le dijo: "Ya has tenido tu momento de gloria". Imagínate lo que habría pasado. Habrían puesto una guillotina en la Plaza Mayor y le habrían cortado el cuello. O qué habría ocurrido si Letizia hubiera metido la pata como hizo la reina Sofía al hablar con Pilar Urbano, que Urbano lo aprovechó para poner en su boca lo que pensaba ella sobre el divorcio y el aborto... La habrían machacado. Letizia es la que menos ha metido la pata sin duda alguna».

A ella, sin embargo, muchas veces le daba y le da por pensar que todo el mundo estaba en su contra. Desde la revista *¡Hola!*, que a su juicio es la que peor se porta con ella, hasta la propia Casa del Rey.

—¿Qué consignas os dan? —le preguntó una vez a un miembro del *staff* de la Casa, queriendo saber si había órdenes concretas en lo que afectaba a los príncipes de Asturias.

—Desde luego, desde el tiempo del comunismo, consignas a mí no me da ni mi madre —le respondió el aludido—. Esté usted tranquila, que haré lo que crea que tengo que hacer, lo que es mi leal y saber entender.

Como el junco que se dobla pero siempre sigue en pie, Letizia —de aspecto físico frágil, pero dura y tenaz por dentro— ha resistido a la picadora de carne de la prensa, a los desplantes de su suegro, a la distancia de sus cuñadas, a las críticas malintencionadas de dentro y fuera de la corte, a los prejuicios sociales de la aristocracia trasnochada y a los escándalos que han puesto en su sitio a los que, desde dentro, arremetían contra ella. Todo ello, eso sí, sacando los dientes y exhibiendo un carácter por momentos demasiado duro, que no la ha beneficiado. Superadas todas esas pruebas, al inicio de su nuevo reinado algunas voces consideran que ella será una de las piezas clave que, contra todo pronóstico, acabará por salvar a la monarquía de sus propios excesos de los últimos años. Aunque los sueños se le rompan en pedazos… ¿Resistirá?

8

Las dos tragedias de la familia Ortiz-Rocasolano

León Tolstói nos enseñó, en el inicio inolvidable de *Ana Karenina*, que todas las familias poseen desdichas propias, que viven a su manera. En el caso de los Ortiz-Rocasolano, familiares de la reina Letizia, se han vivido dos hechos luctuosos que se entrelazan entre sí y condicionan inevitable y terriblemente las vidas de los afectados. Se trata de la inesperada muerte de Érika Ortiz y del consiguiente libro que escribió David Rocasolano como evidente venganza. Una hermana y un primo ya perdidos para esa tenaz y rocosa periodista, que se ha convertido, cosas inesperadas de la existencia, en consorte del rey. Dos tragedias que, de hecho, se entrelazan con la llegada a la corte de Letizia.

El matrimonio entre Letizia Ortiz y el entonces príncipe Felipe, en 2004, cambió el paso de los Ortiz-Rocasolano. Una familia de clase media, eminentemente normal, con sus sombras y luces, como cualquier otra, se ve de pronto compartiendo mesa y mantel con la familia real —nada menos, aunque, como ya hemos contado, no sea la más estructurada ni ejemplar del reino—. Todo cuento de hadas tiene su reverso tenebroso y cuando el amor triunfa entre personajes a priori antagónicos, siempre hay quien sale perdiendo, aunque sea de forma colateral.

Los orígenes humildes de Letizia nunca gustaron a los monárquicos de tomo y lomo, acostumbrados como están a la pompa y el lujo, el éxito y los yates, los palacios y los modales exquisitos. De repente una joven periodista que presentaba el *Telediario*, divorciada e hija de divorciados, con una ideología alejada de la monarquía, con un abuelo taxista y una madre sindicalista, llegó, para quedarse, a las vidas de príncipes, nobles y adinerados. De Letizia pueden glosarse muchos defectos, pero entre ellos no está la debilidad. Ella ha vencido esas resistencias, aunque no sin dificultades. Lamentablemente para ella, con su familia no ha ocurrido lo mismo.

No es esta obra una biografía de la reina, para ello ya habrá tiempo, pero antes de detallar los sucesos mencionados resulta imprescindible recordar algunos datos básicos de su ascendencia y su vida, que explican la forja de su recio y regio talante. Nacida en septiembre de 1972, es la hija mayor del matrimonio que formaron Jesús Ortiz y Paloma Rocasolano, quienes se casaron el 2 de octubre de 1971 en la iglesia del Cristo de las Cadenas de Oviedo. Ambos engendraron también a Telma (1973) y Érika (1975), hermanas de Letizia. Los cinco vivieron primero en la capital asturiana, hasta que en 1987 los progenitores decidieron trasladarse a Madrid en busca de más y mejores oportunidades laborales.

Su nueva vida se desarrolló en la urbanización Montesport de Rivas Vaciamadrid. Con los años, Chus y Paloma decidieron poner fin a su desgastado matrimonio. Fuera por los motivos que fuera, y que solo a ellos atañen, se separaron en 1999 y emprendieron diferentes caminos sentimentales. Se rompía así la entente entre los Ortiz y los Rocasolano, las dos familias de la reina.

Los Ortiz

El padre de la reina nació en Oviedo el 22 de diciembre de 1949. Jesús Ortiz Álvarez es hijo de José Luis Ortiz Velasco (1922), un contable y vendedor de máquinas de escribir, y Menchu Álvarez del Valle (1928), locutora de radio y escritora. Los Ortiz son una familia donde se impone el matriarcado, con varias generaciones de mujeres fuertes, hechas a sí mismas, activas contra el machismo imperante, luchadoras, con una moderna vocación para no ser un mero elemento decorativo que depende de los varones de la tribu.

Menchu Álvarez del Valle es quien mejor ejemplifica ese modo de ver y estar en el mundo. La abuela paterna resulta clave en la vida de Letizia. Fue ella quien inoculó a su nieta el dulce veneno del periodismo. Su abuela es su ídolo, su espejo, su destino. De hecho, cuando la hoy reina cumplió el primer año de sus estudios en la Complutense, en 1991, le entregó una foto con una dedicatoria: «Espero ser tan buena como tú».[1] Menchu, una mujer con larga y conocida trayectoria periodística en Asturias, ha sido un gran apoyo tanto para la reina como para sus hermanas en sus momentos difíciles. El abuelo, José Luis, un hombre muy religioso, buena persona según quienes le conocieron y amante de la pesca en su amada Ribadesella, murió en marzo de 2005 a causa de un cáncer de pulmón.

Además de ser un ejemplo profesional para su nieta, la abuela de la reina consiguió, merced a sus muchas influencias, que su hijo, Jesús Ortiz, pasase de ser casi un mero técnico de radio a convertirse en director de Antena 3 Radio en Asturias en 1983. La experiencia como gestor de Chus no pasará, ni mucho menos, a los anales de la historia. Tanto es así que, como se ha dicho, solo duró cuatro años en el cargo, hasta 1987, cuando decidió llevarse a su familia a la capital de España, siendo sus hijas adolescentes.

Chus llega a Madrid con un puesto de trabajo garantizado. Y es que nuevamente las influencias de su madre, Menchu, se antojan decisivas para colocar a su hijo. En este caso concreto para que el *lobby* asturiano en la capital acogiese con los brazos abiertos al *retoño*. El padre de la reina aterrizó en Estudio de Comunicación, empresa que gestiona un famoso periodista en la Transición que mantiene buenas relaciones con la familia. Se trata de Lalo Azcona, un antiguo presentador del *Telediario* reconvertido en exitoso hombre de negocios junto a su socio, el también asturiano Benito Berceruelo. El padre del triunfante Lalo es Ladislao de Arriba Álvarez, alias *Ladis*, periodista

---

[1] Mariló Suárez, *Los Ortiz*, La Esfera de los Libros, Madrid, 2006, p. 222.

que trabajó en Asturias junto a Menchu, siempre Menchu, y luego hizo carrera en Madrid.

La conexión entre Menchu y los gestores de Estudio de Comunicación es tan evidente como sólida. Y de ella resulta el mentado fichaje de Chus Ortiz. Cuando se escriben estas líneas, el padre de la reina sigue trabajando en su puesto en la prestigiosa compañía de Lalo Azcona. En el terreno estrictamente sentimental, Chus encontró de nuevo el amor tras separarse de Paloma Rocasolano, justo después de la primera boda de Letizia. La madrastra de la reina es la también periodista Ana Togores, quien no ha gozado de las simpatías de Su Majestad. No puede olvidarse cómo Letizia vetó la presencia en su boda de la segunda esposa de su padre. Chus y Ana habían decidido casarse en 2003, poco antes de que se anunciase el compromiso real, para evitar problemas de protocolo y críticas malintencionadas. Pero Letizia no permitió que hubiera hueco para Ana en la gran boda española. Para la historia queda cómo Jesús Ortiz y Paloma Rocasolano, divorciados cinco años antes, aparecieron ante el mundo en la catedral de La Almudena de la mano, como si de una pareja feliz se tratase.

Además de Chus Ortiz, Menchu Álvarez del Valle, tuvo dos hijas: María del Henar y María Cristina, que fue la madrina de Letizia. Siempre hubo complicidad entre la tía y la sobrina. María Cristina era una mujer de carácter alegre y buena formación profesional. Su último trabajo fue como gobernanta del Parador Nacional de Cangas de Onís. Pero no pudo ver a su sobrina del alma entre la realeza porque falleció en 2002 como consecuencia de un cáncer.

La otra hermana del padre de la reina es más conocida por el gran público como la tía Henar. Una mujer que no ha dudado en expresar públicamente sus convicciones republicanas, pese al camino que tomó su sobrina. Madre de una hija, Claudia (dama de honor en la boda de los reyes), la tía de Letizia es la más rebelde del clan Ortiz. Embebida del espíritu *hippie* del mayo del 68, Henar posee un carácter libre y abierto, sin pelos en la lengua ni complejo alguno para, por ejemplo, crearse una cuenta de Twitter o visitar platós de televisión, siempre defendiendo a su sobrina, pero mostrando su fuerte personalidad. En el terreno profesional no ha tenido demasiada suerte. Tras ejercer diversos trabajos, en el año 2000, con el cambio de milenio, dio un giro a su vida abriendo una tienda de decoración. Tuvo que cerrarla en 2004 y abrió otra que igualmente naufragó y acabó en 2008 con un cierre abrupto.

El *lobby* asturiano

Antes de pasar a conocer a la familia materna de la consorte, merece la pena detenerse, aunque sea someramente, en las curiosas relaciones entre el mencionado *lobby* asturiano y la Casa del Rey. Relaciones anteriores al enlace entre Felipe y Letizia, canalizadas a través de la Fundación Príncipe de Asturias y tan llamativas que podrían inducir a pensar —siendo un tanto malpensados— que el encuentro entre quienes hoy reinan en España no fue tan casual como se ha vendido en estos años.

En el libro *Los Ortiz* escrito por la periodista asturiana Mariló Suárez se cuentan numerosos detalles de esos lazos, a priori invisibles, pero reales como la vida misma, entre los asturianos de renombre. El personaje clave en este asunto es Graciano García, alias *Chano*, hombre de simpatías republicanas y con algunos proyectos empresariales frustrados, al que se le ocurrió en 1980 la idea de crear una fundación que estrechase los lazos entre el Principado de Asturias y la corona a través del entonces joven heredero, Felipe de Borbón.

Chano no está solo en su tesis porque cuenta con la ayuda de dos conocidísimos y potentes empresarios astures: Plácido Arango, propietario de Vips, y Pedro Masaveu Peterson. Ambos, de hecho, continúan como patronos de la Fundación en 2015, mientras Graciano es director emérito de la misma. En los años ochenta ellos tres tuvieron un contacto que les ayudó sobremanera a conseguir su propósito: el general asturiano Sabino Fernández Campo, entonces un personaje clave en la Casa del Rey, que además, años después, se casaría con la también periodista asturiana María Teresa Álvarez.

«Además de los impulsores Plácido Arango y la familia Masaveu, figuran personalidades de la importancia del gijonés José Ramón Álvarez Rendueles, exgobernador del Banco de España, vicepresidente mundial del Grupo Arcelor y presidente de Aceralia. Con el paso del tiempo, la lista se hace cada vez más amplia: los hermanos Fernández-Vega, famosos oculistas asentados en Oviedo; Blas Herrero, empresario de comunicación de empresas audiovisuales; Isidoro Álvarez, presidente de El Corte Inglés; Jesús de Polanco, Florentino Pérez, Manuel Menéndez, Alfonso Escámez o Prado y Colón de Carvajal que, entre otros, contribuyen a mantener el prestigio de una Fundación que ha traspasado las fronteras de España».[2]

La corona y la Fundación, mutuas defensoras la una de la otra, estrecharán más sus relaciones, si cabe, con motivo del enlace real. «Hacia finales de 2003, con el anuncio de la boda, se constituye el Club Gastronómico Asturiano en Madrid, donde sus miembros comparten, una vez al mes, mesa y mantel para degustar platos típicos y afines a la cocina asturiana, que ellos mismos escogen y diseñan. En este selecto club participan Alberto Aza, jefe de la Casa Real; José Ramón Álvarez Rendueles, presidente de la Fundación Príncipe de Asturias desde 1996; Ladislao Azcona; los condes de Latores, Sabino Fernández Campo y María Teresa Álvarez; Ramón Sánchez Ocaña; los Masaveu; los Figaredo; Blas Herrero; Rafael Ansón, que figura como socio de honor; Ana María Siñeriz; Manuel Menéndez de Luarca, ligado a varios gobiernos socialistas; y un amplio etcétera de nombres que viven y trabajan entre el Principado y la capital de España. Cada uno de ellos cumple su función en este entramado que protege los intereses de la nieta de una vieja amiga y conocida, Menchu Álvarez del Valle».

No se trata de apuntar una conspiración judeomasónica de esas que siempre sugería el dictador, cuando, por cierto, Menchu, esa figura tan clave en la vida de Letizia, trabajaba en Radio Falange. Pero un dato no puede perderse de vista: fue el propio Graciano García, santo y seña de la Fundación y relacionado con todos estos personajes, quien pre-

---

[2] *Ibid.*, pp. 128-131.

sentó a los hoy reyes durante la celebración de los Premios Príncipe de Asturias de 2001. Allí Felipe, entonces con su corazón ocupado por Eva Sannum, saludó por primera vez a una intrépida periodista a la que había visto en televisión, como la vieron millones de españoles, informando en Nueva York sobre los atentados del 11-S.

¿Acaso quienes conforman ese *lobby* asturiano tan bien relacionado con la corona y las altas esferas maquinaron en la sombra para propiciar el encuentro y/o la unión posterior entre Felipe y Letizia y, por ende, se trataría de una pareja buscada por terceros antes que de un cuento tan bello como se ha vendido? ¿O se trata tan solo de una casualidad y, por ello, el origen asturiano de la reina no ayudó en absoluto a que conociera a su marido y a que posteriormente fuera aceptada en palacio? Difíciles respuestas que será mejor dejar al albur de la conclusión que cada lector quiera extraer de lo expuesto. No obstante, no hay duda de que, como se ha dicho, todos esos hombres de renombre con orígenes o vínculos asturianos fueron, son y serán, tanto en la corte de Juan Carlos I como en la de Felipe VI, los perfectos protectores de los intereses de Letizia.

Los Rocasolano

Una vez retratada, aunque a grandes rasgos, la familia paterna de la reina, toca explicar cómo es su origen materno. Paloma Rocasolano nació en Madrid en 1953, fruto del matrimonio entre Francisco Rocasolano (Madrid, 1917), taxista de profesión, y Enriqueta Rodríguez Figaredo (Oviedo, 1920), ama de casa entregada a su familia. La madre de la reina también tiene un hermano, Francisco Rocasolano, cuyo hijo, David Rocasolano, es el primo carnal de Letizia y que, como veremos, ha tenido un papel oscuro en los aledaños de La Zarzuela.

Paloma es, sin duda, uno de los personajes principales en la vida de la reina y, por ende, de la corte. No solo por el lógico vínculo entre madre e hija, sino porque siempre ha sido un apoyo constante y una confidente para Letizia. Enfermera de profesión, en su etapa en Oviedo trabajó en el ambulatorio La Lila. En 1991, cuatro años después de que la familia se trasladase a Madrid, entró en el Sindicato de Ayudantes Técnicos Sanitarios de España (Satse), donde pasó a ser liberada, con el cometido de inspeccionar centros sanitarios del sur de Madrid.

De carácter fuerte, con bastante inteligencia y especial gusto por el arte, Paloma siempre ha sentido adoración por sus hijas, en especial por Letizia.[3] La reina ha heredado de ella su inquietud, su enorme curiosidad por preguntarlo y saberlo todo. Igualmente su carácter rebelde, independiente, liberal, también mamado por la reina de su abuela paterna, como hemos explicado. Buen ejemplo de ese espíritu autónomo de Paloma es, de hecho, su matrimonio con Jesús Ortiz en 1971, que se celebró contra la opinión de sus padres y al que acudió ataviada con un vestido negro corto, un bolso y una rosa,[4] lejos de todos los cánones de la época. Todas las fuentes consultadas para este libro coinciden en señalar la ciclópea sintonía que mantienen madre e hija, más unidas, si cabe, tras las vicisitudes compartidas.

El personaje más curioso y que más chanzas ha despertado en la familia de la reina es su abuelo materno, rebautizado ladinamente por los medios como *Paco el taxista*, fallecido en el verano de 2015, hijo de un albañil, se trata de un hombre humilde con carácter extrovertido, que combatió en la Guerra Civil a favor del bando republicano. Cuando se conoció que su nieta iba para reina, Paco, ya jubilado del taxi y retirado en Alicante, se hizo famoso por su naturalidad y su simpatía. Características que, sin embargo, no gustaban tanto en los elitistas ambientes monárquicos. En ese universo hay quienes suelen recordar, entre risas perversas y clasistas, cómo Paco bailó con marquesas y princesas en la noche previa a la boda o cómo, durante la misma, se bebía el vino a velocidad de crucero.

Un adiós inesperado

Si Menchu y Jesús Ortiz transmitieron a Letizia el gusto por el periodismo, Paloma Rocasolano trasladó a su hija pequeña, Érika, el

---

[3] *Ibid.*, pp. 21 y 22.

[4] *Ibid.*, p. 181.

fuerte amor por el arte. Ella era, según diversas fuentes, la verdadera artista de la familia, como prueba el hecho de que se licenciase en bellas artes. Otro artista, en este caso aspirante a escultor, Antonio Vigo, era su pareja cuando la familia saltó a la fama como consecuencia del anuncio de compromiso entre Letizia y Felipe. Viviendo con ciertas penurias económicas, Érika y Antonio mantuvieron una relación durante siete años y tuvieron una hija, Carla, alumbrada en el año 2000.

Durante un tiempo, la pareja se vio obligada a vivir con Paloma. Tras anunciarse su boda, Letizia se fue a vivir con el príncipe. Y su vivienda, un piso en el barrio de Valdebernardo (Madrid), era perfecto para Érika. No obstante, la llegada a palacio de Letizia no fue positiva para la hermana pequeña del clan. Para empezar, tenía que dejar de ver tan a menudo a su hermana, a la que estaba muy unida y quería con locura. Además, las dos hermanas de la reina, Érika y Telma, nunca se acostumbraron a la persecución de los fotógrafos y a la publicación de detalles de su vida privada.

La relación con Antonio Vigo empeoró sobremanera cuando él se marchó durante un tiempo a Uruguay por trabajo. Al poco del regreso del escultor, en 2006, la pareja se quebró por completo. Una ruptura que con toda seguridad despertó en la joven los fantasmas del traumático divorcio de sus padres. Sin embargo, aparentemente Érika superó las dificultades económicas y sentimentales. Empezó a trabajar en la prestigiosa productora Globomedia como creativa y volvió a encontrar el amor junto al joven Roberto García, que trabajaba como cámara de televisión. Parecía contenta, pero en su mente habitaban tormentos y demonios que no permitían su felicidad.

Tras las vacaciones navideñas de 2006, Érika estuvo de baja durante más de un mes por depresión, estrés y ansiedad. A los pocos días de reincorporarse a su puesto pidió dos días libres por «asuntos propios». El miércoles 7 de febrero, justo cuando debía volver a su trabajo, los compañeros se extrañaron porque no contestaba al teléfono. Su novio Roberto, alertado por la misma razón, acudió a la vivienda y allí encontró su cuerpo inerte. A sus treinta y un años, Érika Ortiz había decidido quitarse la vida ingiriendo una gran cantidad de pastillas. Una tragedia más que dolorosa para todos los Ortiz-Rocasolano, quienes aparecieron ante las cámaras destrozados por el sufrimiento.

¿Qué pasa por la cabeza de una joven con toda la vida por delante, madre de una niña de seis años, con trabajo y pareja estables, hermana de una futura reina, escultora y fotógrafa, llena de sueños artísticos por cumplir, inteligente y con inquietudes, para tomar una decisión tan drástica y sorprendente? Mucho se ha dicho, escrito y rumoreado al respecto, demasiadas veces con aviesas y camufladas intenciones, desde aquel día de febrero de 2007 fatídico para toda una familia. Acaso su tía Henar, con su habitual desparpajo, sea quien mejor lo ha explicado: «Érika decidió apearse y se apeó. Nadie puede valorar por qué tomó esa decisión. Paradójicamente, aunque el protagonista es quien muere, los que nos quedamos aquí somos los que continuamos la novela».[5]

En efecto, los Ortiz-Rocasolano continuaron la novela familiar, pero ya cambiados para siempre por aquel adiós inesperado que les partió el corazón. Se trata de la principal y más dura tragedia por la que han tenido que pasar tanto la reina como sus más allegados. Solo algunos de ellos conocen el contenido de las cinco cartas que la pequeña y frágil Érika dejó escritas a modo de despedida. El desgarro fue brutal para todos y provocó profundas heridas que agrietaron sus relaciones. Nada más enterarse de la muerte de su hermana, Letizia se desplazó a su antigua casa y allí, frente al cadáver, leyendo la misiva destinada a ella, pasó el peor momento de su existencia.

La venganza en forma de libro explosivo

En los mentideros de la Villa y Corte siempre se ha especulado, en muchas ocasiones confundiendo quizás los deseos perversos con la realidad tozuda, con la posibilidad de que los ex de Letizia, el profesor Alonso Guerrero o el periodista David Tejera, ambos escritores, acabasen por contar en algún libro todos los detalles y miserias de la reina.

---

[5] Entrevista en *Vanity Fair*, 20/III/2013.

Ninguno de ellos se ha decantado, al menos por el momento, por esa opción. Paradójicamente fue su primo, David Rocasolano, también amigo durante años, consejero legal por momentos, quien decidió poner negro sobre blanco los secretos más íntimos de Letizia y su familia. Para algunos, una traición infame. Para otros, un necesario canto a la verdad. Y para todos, sin discusión, una venganza. *Adiós, princesa* es un relato tan descarnado como escandaloso.

También resulta paradójico que todas las fuentes consultadas por los autores insistan en la enorme verosimilitud de todo lo que cuenta David, al tiempo que tachan su obra de «intolerable», «sucia» o «repugnante». Censuran al autor por romper la confidencialidad de la familia y por traicionar a su prima al desvelar intimidades, pero, al mismo tiempo, dan por buena la exactitud de su relato. Así las cosas, quienes esto escriben decidieron acudir a la fuente original, el propio David Rocasolano. Y, tras un intenso intercambio de *emails*, finalmente él declinó conceder una entrevista para explicar su punto de vista.

Pero lo importante del libro no es la polémica que suscitó, ni los motivos, quizás arteros, que movieron a su autor para escribirlo. Lo relevante es su contenido, que supone una feroz negación de la historia oficial entre los reyes, poniendo en entredicho cualquier atisbo de credibilidad de la versión edulcorada sobre la reina. Según cuenta David Rocasolano, su prima Letizia se sometió a una interrupción voluntaria del embarazo en 2002 en la clínica Dator de Madrid.

Después, en septiembre de 2003, cuando faltaban apenas dos meses para que se hiciese público su compromiso con el entonces príncipe de Asturias, ella, en compañía del hoy rey, pidió a su primo un favor muy especial: destruir toda la documentación referente a aquella interrupción voluntaria de su embarazo. Una versión que ha sido ninguneada, criticada, vilipendiada, pero nunca desmentida oficialmente. Además, está apoyada por los documentos que contiene el libro.

El primo de Letizia refiere en su libro, con su peculiar estilo literario, si es que así puede llamarse, cómo contactó con la clínica, cómo se empapó la Ley de Protección de Datos para encontrar la fórmula que le permitiera «exigir que se borraran todas las huellas de la operación» y cómo no paraba de recibir llamadas de la entonces periodista de TVE. «Estaba cada vez más nerviosa. Más crispada. Más autoritaria. Siempre había sido así con sus cosas, pero en esta ocasión empezaba a hacerse insufrible. Yo la soportaba porque la comprendía. Y, por qué no, porque la quería. Letizia estaba profundamente enamorada de aquel señor alto al que todos llamaban príncipe».[6]

Siempre según su propia versión, el primo de la reina recibió una llamada el 22 de octubre de 2003 desde Dator. Al día siguiente, a solo nueve jornadas de que el romance se hiciera público, «me fui de allí con los papeles y con la sensación de que nadie había reparado en la identidad de mi prima. También me aseguraron que habían eliminado todos los archivos informáticos referentes a la operación. Pero yo no estaba tan seguro de que pudiéramos haber borrado todos los rastros».[7]

Tras ser incapaz de resistir la curiosidad y escudriñar la documentación, con la frase de su prima grabada a fuego («quiero que desaparezcan todos los papeles»), David decidió, según cuenta, hacer desaparecer ese *dossier* que podría haber evitado la boda entre los hoy reyes. «Arrugué los papeles en el fregadero y les prendí fuego. Mientras observaba cómo las cenizas se iban por el desagüe, tuve la sensación de que esta historia no se había terminado. Que, quizás, no había hecho más que empezar».[8] A renglón seguido, llamó a Letizia para comunicarle que había conseguido cumplir la misión. Y ella suspiró contenta.

Es dudoso saber cómo hubiera reaccionado la opinión pública en 2003 al conocer la existencia de estos presuntos hechos. Cuestión distinta es qué habrían dicho los reyes hoy eméritos, en especial doña Sofía, una mujer de hondas convicciones religiosas que, por ello, siempre se ha mostrado contraria a las interrupciones de los embarazos. De hecho, en el libro de conversaciones con Pilar Urbano, ella afirma no estar de acuerdo «en absoluto» con este asunto: «Hay que respetar a toda criatura viviente. A toda criatura que ha empezado a vivir. Y estar por la vida

---

[6] David Rocasolano, *op. cit.*, p. 31.

[7] *Ibid.*, p. 35.

[8] *Ibid.*

no es ser retrógrado. Ni es solo cosa de los cristianos. Es seguir la ley natural. Estoy segura de que esto lo firmarían tanto Benedicto XVI, papa católico, como Nelson Mandela, líder comunista».

En *Adiós, princesa* se incluyen las facturas de la clínica Dator a nombre de Letizia Ortiz, con su DNI y los datos de su dirección incluidos, amén del sello de la empresa y la firma de un responsable de la misma. Según estos papeles, la hoy reina se hizo dos reconocimientos los días 13 y 20 de octubre de 2002 y, finalmente, se sometió a la intervención el 27 de octubre de aquel año, por lo que pagó 240 euros. La pregunta obvia es cómo llegaron los documentos otra vez a David Rocasolano para publicarlos, si él mismo asegura haberlos destruido previamente en el fregadero de su casa.

En su libro, el autor explica que en 2008 un misterioso periodista se presentó en su bufete de abogados y le mostró la documentación, así como que un año después, en 2009, recibió la llamada de Ramón Akal, director de la editorial, para mostrarle otra vez esos papeles y ofrecerle escribir el libro. Desde la editorial explican a los autores que, en efecto, recibieron un sobre anónimo con los papeles. ¿No será, en cambio, que el primo de la reina no llegó a destruir la documentación, sino que la guardó y finalmente la utilizó cuando quiso vengarse de Letizia porque esta no le había ayudado en los problemas que le acuciaron?[9]

Llamadas a los medios

Fuera como fuera, los documentos existen y, por ello, la publicación de la obra de David Rocasolano, en abril de 2013, fue un torpedo contra la línea de flotación de la Casa del Rey. Ocurre, sin embargo,

[9] El propio David Rocasolano explica en su libro cómo cayó en desgracia tras publicar *La Gaceta* en octubre de 2009 datos que presuntamente lo vinculaban al caso Ciempozuelos. Aquello fue el detonante de su ruptura con Letizia, con la Casa del Rey y con la mayoría de su familia. «Me habían abandonado como a un perro de caza cuando se cierra la veda», escribe.

que Zarzuela atesora muchas y variopintas defensas contra cargas de profundidad, para evitar cualquier tipo de impacto, por potente que sea el ataque. Tras una rauda y atenta lectura de *Adiós, princesa*, los responsables de comunicación de la corona se movilizaron rápidamente para impedir que el libro alcanzase cotas de popularidad demasiado altas.

A los hombres de confianza de la Casa les preocupaba, sobre todo, una parte concreta del libro. El problema principal para ellos no era si Letizia había abortado o no. Lo más preocupante era la conversación que supuestamente mantuvo el primo con Letizia y Felipe, en la que estos le encargaron destruir pruebas. De ser cierto, extremo que niegan categóricamente en Zarzuela, el actual rey habría conspirado con su futura esposa y con un tercero para garantizar la viabilidad de su matrimonio. En la Casa se barajó la opción de desmentir públicamente esta parte del libro, pero si lo hubieran hecho, razonan fuentes de Zarzuela, podría parecer que se le daba verosimilitud al resto.

Para evitar que se hablase de este asunto, La Zarzuela contactó con los gestores de las televisiones y logró que David Rocasolano no se sentase en un plató de las grandes cadenas. Sus entrevistas en horario de gran audiencia para hablar sobre la reina ante millones de españoles se perdieron como lágrimas en la lluvia.[10] Los principales editores de medios impresos también recibieron llamadas provenientes de la Casa, con la petición expresa de que no dieran pábulo a este libelo que solo buscaba, según Zarzuela, dañar a Letizia y a toda la institución a través de malas artes. En un gran periódico de tirada nacional se vivió un encendido debate sobre si había que publicar o no los papeles que aportaba el primo, pero finalmente vencieron los partidarios de no dar pábulo al relato de semejante personaje.

Asimismo, algunas grandes superficies apartaron u ocultaron los ejemplares de la obra, como evidente favor a la corona por parte de importantes empresarios que, quizás, al mismo tiempo se deleitaron hi-

---

[10] David Rocasolano solo acudió al plató de *El gato al agua*, de Intereconomía, donde abundó en las tesis de su libro y explicó que el manuscrito original tenía 500 folios, pero después retiró todo lo referente a hechos que no pudiera demostrar.

pócritamente leyendo el relato. Pese a este boicot, solo posible en una sociedad no acostumbrada a la transparencia, el libro llegó al menos a unos 30.000 hogares, según la contabilidad de Akal.

No es difícil imaginar a la reina, una mujer siempre pendiente de lo que sobre ella se publica, leyendo con detenimiento, por momentos horrorizada, por momentos indignada, por momentos derrumbada, el libro escrito por su primo. Un libro cuyo contenido es explosivo para cualquier lector y, más aún, para cualquier miembro de la corte de Felipe VI, que puede encontrar en él tanto sus propias vergüenzas como algunas de quienes tiene cerca. Y es que, además del episodio ya contado, David Rocasolano desvela otros muchos detalles nada edificantes en la vida de tres familias: los Ortiz, los Rocasolano y, cómo no, los Borbones.

Quizás actuó por venganza, pero la verdad es la verdad, la diga Agamenón o su porquero. De todos los datos aportados por el único testigo presencial que se ha atrevido a escribir la verdad, su verdad, sobre las familias de los reyes, destacan sobremanera dos asuntos en los que conviene detenerse. Sobre todo, porque ejemplifican que el relato feliz que se ha contado acerca de un cuento de hadas entre Cenicienta y su príncipe no es tan bello como algunos quieren hacernos creer, o al menos no lo es para los personajes colaterales de esta historia de amor entre una periodista y un príncipe.

Los abuelos y el padre casi llegan a las manos

Frente al relato oficial de la espléndida boda entre Felipe y Letizia, en mayo de 2004, el primo refiere un hecho que demuestra cómo las relaciones entre los Ortiz y los Rocasolano no eran las mejores, a pesar de que, como ya se ha dicho, en la ceremonia los padres de la hoy reina aparecieran juntos, como si todo fuera paz y armonía entre ellos. Se trata de una enganchada entre Chus Ortiz y el abuelo materno, Paco Rocasolano, que acaeció solo un par de horas antes de que los reyes contrajesen matrimonio en la catedral de La Almudena.

El primo de la reina describe lo sucedido como «una de las escenas más bochornosas de nuestra decadente historia familiar». Todo estaba preparado y estudiado meticulosamente para el enlace. Por órdenes de la Casa del Rey, el día de la boda las dos familias de Letizia estaban citadas en un hotel a las fueras de la capital, donde desayunaron todos juntos y se vistieron para la ceremonia. No podía haber ni un solo fallo en el comportamiento de los Ortiz y los Rocasolano, nada acostumbrados a este tipo de protocolos.

> Había nervios. El abuelo Paco, quizás todavía algo enfangado por los efluvios del alcohol de la noche pasada, y por tanto baile con princesas y marquesas europeas, se desató. Se acercó a Chus, el hombre que había abandonado a su hija Paloma. El insensible. El mujeriego. Le clavó los ojos y le soltó un rotundo:
>
> —¡Hijo de puta!
>
> Las tres palabras salieron hacia Chus con la fuerza de un huracán que ha tardado demasiados años en desatarse. El abuelo Paco se abalanzó sobre Chus antes de que ninguno pudiéramos darnos cuenta. El modisto Felipe Varela y su cohorte de féminas de todos los sexos empalidecieron y se desmayaron (o casi). El abuelo José Luis, padre de Chus, irrumpió en medio del forcejeo para defender a su hijo. Una batalla desigual. José Luis es un asturiano fornido y Paco, mi abuelo, un madrileño esmirriado. Entre todos, conseguimos separar al exyerno del exsuegro. Los modistos tuvieron que esmerarse y, a toda velocidad, recomponer los maltrechos trajes de los dos abuelos. Las palabras hijo de puta, maricón, ya te encontraré, ven si tienes huevos, siguieron flotando un buen rato en el ambiente.[11]

Queda claro, por tanto, que la ruptura del matrimonio entre Jesús Ortiz y Paloma Rocasolano, tan dura para Letizia, Érika y Telma, provocó una sima insondable entre las dos familias. Como ocurre en tantos hogares, los padres de ella nunca perdonarán a su antiguo yerno, mientras los padres de él, piensen lo que piensen de la actitud de su hijo con

---

[11] David Rocasolano, *op. cit.*, pp. 166-167.

su exmujer, siempre lo defenderán y apoyarán. Un matrimonio fallido, un amor inicial que muta en odio, quizás infidelidades mediante, con unas hijas marcadas a fuego por ello y con todos los personajes afectados para siempre, presos de sus errores, sus recuerdos y sus mentiras. Como la vida misma, en suma, porque esto les pasa igualmente a los personajes de Tolstói y a nuestros vecinos del quinto.

«¡Vosotros tenéis la culpa!»

En el segundo suceso que cuenta el primo de la reina y que es relevante destacar aquí confluyen y se engarzan las dos grandes tragedias de los Ortiz-Rocasolano. Este hecho clave ocurrió tras la primera de ellas y está en el origen de la segunda. Fue el 8 de febrero de 2007, día en que se incineró a la hermana pequeña de los Ortiz, en el tanatorio La Paz de Alcobendas (Madrid).

En una pequeña iglesia del propio tanatorio tuvo lugar un sencillo e íntimo acto religioso de despedida a Érika. Los Ortiz-Rocasolano, ajados por el dolor, y la familia real, que les acompañan en estos momentos tan difíciles, están allí para dar el último adiós a esa joven que se quitó la vida el día anterior. Son momentos de tensión, recuerdos y lágrimas incontenibles. Los asistentes están presentando sus respetos ante el féretro que alberga el cuerpo de la fallecida. Y el ex de Érika y padre de su hija explota.

> Al acercarse al ataúd, Antonio Vigo rompió a llorar ruidosamente. Un llanto desgarrado, un llanto macho que resonaba en las bóvedas de la pequeña iglesia. El silencio en que se quedó el templo acrecentaba aún más la ferocidad de aquellos gemidos, casi gritos. Y, entonces, Antonio Vigo, el tímido, el apocado, el asustadizo, se volvió hacia el rey y gritó:
>
> —¡Vosotros! ¡Vosotros tenéis la culpa! ¡Tú tienes la culpa, hijo de puta! ¡Vosotros la habéis matado!
>
> Las mejillas blandas de Juan Carlos temblaban mientras mantenía la vista al frente para evitar los ojos de Antonio Vigo. Felipe inclinó la cabeza.

> Los ojos de Letizia no le cabían en las órbitas y estaba pálida y desencajada. Antonio, entonces, se abrazó a Roberto García, que aprovechó el gesto para llevárselo discretamente de allí. En aquel momento, me sentí orgulloso de haber sido amigo de Antonio. Había dicho con valentía lo que yo también pensaba. Ellos habían expuesto a Érika a la voracidad mediática, a una vida vacía y sin intimidad, y no habían hecho el mínimo esfuerzo para protegerla.[12]

El prestigioso Andrew Morton también recoge, aunque con menor detalle, este dramático incidente en su libro *Ladies of Spain*. Según explica, citando a una fuente de la familia —¿Será el propio primo?—, Vigo increpó a don Juan Carlos porque «reprochaba a la monarquía, y a la forma en que habían intentado manipular a toda la familia para impedir que vivieran sus vidas, haber contribuido a la muerte de Érika».[13]

Este hecho luctuoso entronca con la venganza de David Rocasolano porque, según él, Letizia no permitió que algunos miembros de su familia materna acudieran al tanatorio. De hecho, este examigo pero siempre familiar de la reina cuenta cómo sintió «asco» cuando, justo después del incidente de la iglesia, su prima, hundida por una mezcla de dolor y vergüenza, se arrodilló ante el rey Juan Carlos como pidiéndole perdón por lo sucedido. Además, del testimonio directo del primo se podría deducir que al menos una parte de los Rocasolano responsabilizan en alguna medida a la reina de los problemas familiares. «Esta es la historia del choque de un gran tren expreso, los Borbones, contra una modesta caravana de gitanos, los Ortiz-Rocasolano. Nos han arrollado y ni siquiera se han preocupado de mirar hacia atrás. Érika está muerta y los demás nos hemos quedado solos y mutilados».[14]

No opinan lo mismo, hasta donde se sabe, los Ortiz. Y si piensan en esa dirección, prefieren guardárselo. Letizia se enamoró de un príncipe con el que después se casó. Por mucho que se empeñe su primo y

---

[12] *Ibid.*, p. 292.

[13] Andrew Morton, *Ladies of Spain*, La Esfera de los Libros, Madrid, 2013, p. 249.

[14] David Rocasolano, *op. cit.*, p. 38.

por más que lo sugieran los críticos con la reina, ella no es la culpable directa de que su hermana decidiera ingerir demasiadas pastillas o de que Antonio Vigo estallase ante el rey. Como tampoco es responsable de que David, enfurecido al considerar que su prima lo traicionó, decidiera escribir el relato citado, poblado de hechos reales, no cabe duda, pero vengativo hasta lo insoportable. Es simple y radicalmente injusto, y conviene remarcarlo, señalar a Letizia como si hubiera provocado las dos tragedias de su familia.

Un escrutinio demasiado duro

Si se exceptúan el fallecimiento de Érika, el libro de David y los dos sucesos anteriormente relatados —lo que quizás sea demasiado exceptuar—, es igualmente obvio que la llegada a palacio de Letizia ha cambiado por completo la vida de todos los Ortiz-Rocasolano, una familia normal y corriente que de la noche a la mañana pasa a ser observada con lupa. Una lupa que ilumina, agranda y distorsiona cualquier detalle o error, por minúsculo que sea. Es metafísicamente imposible que un grupo de personas no acostumbrado a los focos pueda soportar ese escrutinio sobrevenido y demasiado duro para cualquiera.

El ejemplo perfecto de cómo puede afectar o trastornar a alguien dicho escrutinio es la célebre denuncia de Telma Ortiz. A principios de 2008, la hermana de la reina, quizás afectada sobremanera por la muerte de la menor del clan y penosamente aconsejada por quien fuera, decidió, junto a Enrique Martín Llop, su pareja en aquel momento, interponer una demanda en un juzgado de Toledo contra la friolera de cincuenta y siete medios de comunicación.

Acusaron a los informadores de un «acoso insoportable y permanente las veinticuatro horas del día», dijeron sufrir «un peligro físico real» y pidieron, por primera vez en la historia de la democracia, medidas cautelares contra los medios de comunicación. La pareja exigía, en concreto, que se prohibiera «captar, publicar, distribuir, difundir, emitir o reproducir» imágenes suyas. Es decir, se reclamaba al juez que pusiera en marcha los mecanismos necesarios para impedir la hipotética y futura publicación de informaciones. Una versión moderna pero nada sofisticada, sino burda, de la censura previa.

En suma, una demanda contra la prensa que cualquier estudiante de primero de derecho sabía que estaba destinada a morir por su escaso fundamento. De hecho, solo sirvió para erosionar, de forma colateral, la imagen de la Casa del Rey, en general, y de la entonces princesa Letizia, en particular. Como era de esperar, en mayo de ese mismo año el juez sentenció que había que desestimar la demanda por ser «jurídicamente inviable» y porque, por mucho que les pesase, «los demandantes sí son personas con proyección pública». Para colmo, la pareja tuvo que pagar las costas del proceso, en torno a 40.000 euros. La lupa, además de insoportable, les salió cara.

La chuleta en la UNED y un presunto delito

Como ocurre con el ojo de Sauron (*El señor de los anillos*), que todo lo ve en su búsqueda permanente del anillo de poder, a la mencionada lupa mediática no se le escapa nada, ni un detalle queda lejos de su alcance. Hasta el punto de que en muchas ocasiones los personajes se confunden y deforman la realidad. Justo eso es lo que ha pasado en los últimos años con un hecho que llevó a la madre de la reina a todas las portadas de las revistas del corazón y a unas cuantas tertulias televisivas y radiofónicas.

El 13 de febrero de 2004, tres meses y medio después de anunciarse el enlace real y a tres meses de que se celebrase, Paloma Rocasolano vivió un momento bochornoso que no tardó en trascender. Durante un examen de historia de Grecia en el centro que la Universidad Nacional de Educación a Distancia (UNED) posee en el barrio de Lavapiés, una profesora descubrió que la madre de la hoy reina estaba copiando. Cuando la descubrieron, Paloma se resistió a reconocer lo que estaba ocurriendo y la docente acabó expulsándola de la sala.

Existen dos versiones sobre el encontronazo entre Paloma y la profesora. Según la primera, Paloma Rocasolano se giró hacia la profesora y espetó: «Quiero ver ahora mismo a la presidenta del tribunal. ¿Es que no sabe usted con quién está hablando?», a lo que la docente respondió: «Sí, con una mujer que está copiando». La madre de la futura princesa prosiguió el diálogo con tono de indignación: «Yo soy la madre de doña Letizia Ortiz Rocasolano». «Y yo soy la presidenta del tribunal. Salga de la sala». La segunda versión reza que Rocasolano «se limitó a rogarle a la vigilante que no contara lo sucedido, ya que ella era la madre de doña Letizia y no quería que trascendiera».[15] Dijera lo que dijera, tampoco había robado un banco de Wall Street ni había matado a Kennedy. Solo había copiado en un examen, como tantos y tantos ciudadanos respetables han hecho en el país de la picaresca y el engaño. Claro que se trata de que no te pillen, y menos cuando te has convertido, te guste o no, en un personaje público de enorme relevancia.

Sí parece más serio y no tan deformado por la lupa mediática, por el contrario, un caso que ha afectado y dañado a la familia paterna de Letizia. El 26 de septiembre de 2014 saltaba la noticia bomba: abren juicio contra el padre, la tía y la abuela de Letizia Ortiz por insolvencia punible.[16] El Juzgado de Primera Instancia e Instrucción de Cangas de Onís decretaba auto de apertura de juicio oral contra Jesús Ortiz Álvarez, Henar Ortiz Álvarez y María del Carmen Álvarez del Valle, padre, tía y abuela de la reina, por sendos delitos de insolvencia punible. La jueza les requería una fianza solidaria de 41.149 euros, según informaba el Tribunal Superior de Justicia de Asturias (TSJA).

La acusación particular pedía para cada uno de ellos dos años y seis meses de prisión, y multa de 10 euros diarios durante 16 meses. Además, exigía para Henar y Jesús Ortiz la inhabilitación especial para el desempeño del cargo de administrador o apoderado en cualquier persona jurídica, así como para el derecho de sufragio pasivo durante el tiempo de la condena. La Fiscalía, por su parte, no presentó escrito de acusación. El dichoso alzamiento de bienes, pensaría Letizia, cuyos

---

15 Alberto Rojas, «El día que mamá copió», *Crónica*, 29/II/2004.

16 Europa Press, 26 de septiembre de 2014.

ecos ya habían sido noticia un año antes y coleaban desde 2009, volvía a la portada de los diarios y a las tertulias.

Muchos dieron por hecho entonces, y aún lo harán hoy, que el padre, la tía y la abuela de Letizia son unos delincuentes de medio pelo. Quizás no habían leído la letra pequeña del caso. En realidad, este asunto a priori tan escandaloso hace referencia a una deuda de 22.000 euros que en su día contrajo la tía Henar con la denunciante, Sandra María Ruiz Vázquez, una de las proveedoras de sus fallidas tiendas de decoración. La tía de la reina se endeudó a causa del cierre de sus negocios y luego se declaró insolvente para pagar. Pero la denunciante considera que los tres familiares de la reina orquestaron una maniobra para eludir dicho pago.[17]

---

[17] En marzo de 2009, un juzgado de Oviedo condenó a Henar a pagar a Sandra los 22.000 euros y poco después, en abril, se le reclamó judicialmente esa cantidad. Y la denunciada se declaró insolvente para pagar. Ocurre, sin embargo, que en 2005, a la muerte de José Luis Ortiz, padre de la familia y abuelo de Letizia, los citados Henar, Jesús y Menchu habían heredado la casa de Sardeu (Ribadesella). Siempre según la denunciante, en mayo de 2009, después de que el juzgado exigiera el dinero a la condenada, los hermanos adjudicaron a su madre la vivienda sin recibir dinero alguno a cambio, con la clara intención de evitar el pago. En otras palabras, Jesús y Henar habrían traspasado sus partes de la casa a su madre para que no se les pudiera obligar a pagar lo que debían. Por último, Menchu, la abuela de Letizia, contrató una hipoteca inversa con una caja de ahorros para hacer frente al pago de otra deuda con dicho banco. En suma, un presunto delito de alzamiento de bienes.

La versión de Jesús Ortiz quedó expresada en un comunicado de sus abogados en septiembre de 2014. Decía esto:

1. La apertura del juicio oral es un acto procesal que no merma en absoluto la presunción de inocencia del imputado.
2. La Fiscalía no ha apreciado indicios de delito.
3. D. Jesús Ortiz no tiene ni tuvo en el pasado relación alguna con Henarmonía S. C., sociedad deudora de la cantidad que reclama la denunciante Dña. Sandra Ruiz y que ha dado origen al proceso en curso.
4. La confusión que se está generado viene motivada porque D. Jesús Ortiz fue partícipe, con un 10 por ciento del capital, en Henar Ortiz Decoradora, S. L. Es importante por tanto aclarar:

   a. Que Henar Ortiz Decoradora, S. L. no tiene ninguna deuda con Dña. Sandra Ruiz.

La propia Henar explica a los autores y ha afirmado en varias ocasiones que se trata de un asunto exclusivamente personal que ha ensuciado sin motivo a su hermano y su madre. «Este es un tema mío en el que los demás se han visto implicados de forma injusta», remarca. Henar reconoce que, como administradora de la empresa Henarmonía S. C., contrajo una deuda con la denunciante. Y expresa su deseo de lograr el dinero para abonar esa cantidad. «Años atrás, la persona con la que tengo la deuda —añade Henar en tono de queja— no aceptó como acuerdo que le pagase 20.000 de los 22.000 euros y le diera garantías por los 2.000 restantes».

En todo caso, se trata de un asunto menor que, sin embargo, ha sido lógicamente agigantado por los medios, esa lupa insoportable, como consecuencia del parentesco con la reina. Ya sabemos qué dicen los afectados. Veremos qué dice la sentencia. Cuando se escriben estas líneas, el caso está pendiente de un juicio previsto para septiembre de 2015.

Sin apenas hueco en la corte... salvo Paloma

Más allá de todas estas vicisitudes, y por duro que resulte decirlo, para la mayoría de la familia de Letizia no hay hueco en la corte de Felipe VI. Al igual que la reina es la consorte del monarca, su familia

---

b. Que Henar Ortiz Decoradora, S. L. no es ni fue nunca partícipe o parte de la S.C. Henarmonía.

c. Que Henar Ortiz Decoradora, S. L. sí contrajo una deuda con Dña. Sandra Ruiz de 5.200,12 euros, que fue abonada por D. Jesús Ortiz en calidad de socio de esta sociedad, quien se allanó a la demanda en cuanto tuvo conocimiento de ella.

5. Es falso, por tanto, que exista «interés propio en el alzamiento» como se ha recogido en algunos medios, dado que D. Jesús Ortiz no tiene ninguna deuda pendiente con Dña. Sandra Ruiz, ni a título personal ni a través de sociedad alguna.

6. D. Jesús Ortiz no cometió alzamiento de bienes ni contribuyó a que se cometiese, dado que no tenía conocimiento, cuando aceptó la herencia de su padre, de las posibles deudas de Henarmonía, S. L.

ha quedado arrumbada casi como una mera comparsa. Solo su madre, Paloma Rocasolano, es partícipe activa en la vida de los reyes, como cuidadora habitual de sus nietas, la princesa Leonor y la infanta Sofía. Si la agenda era apretada y había poco tiempo para la familia cuando Felipe y Letizia eran príncipes, más complicado se antoja en 2015 que ambos encuentren un hueco para quienes viven lejos de palacio.

La mentada ruptura de los padres de la reina abrió un abismo entre ambos que continúa en 2015. Letizia tomó partido por su progenitora y no siente demasiado cariño por la novia de Chus. «Doña Paloma va con frecuencia a palacio, para cuidar de las infantas. Y don Jesús sigue a sus negocios con Lalo Azcona. No se llevan nada bien, según se dice, porque la madre no traga al padre y menos todavía a su pareja actual. Eso también ha debido de influir mucho a Letizia, claro», explica una periodista que ha seguido de cerca durante años a la familia. Eso sí, Togores estuvo junto a Chus en los actos de proclamación de Felipe VI. Y parece que la aspereza entre la reina y su madrastra se ha limado, aunque sea mínimamente, con el paso del tiempo.

Paloma es una mujer de hábitos sencillos que reside en un piso abuhardillado de apenas 37 metros cuadrados, en la madrileña plaza de Ópera, a pocos metros del Palacio Real, en el que se casó su hija con el rey en 2004.[18] El pequeño apartamento, minúsculo si se compara con los lugares que frecuentan su hija y su yerno, es donde pasa la mayor parte del tiempo. Continúa estudiando en la UNED la carrera de Geografía e Historia. Se mueve en transporte público por la capital y trata de pasar inadvertida en su día a día, hasta que le toca acudir a saraos palaciegos, donde luce sus mejores y mejoradas galas. A veces, por allí pasan los coches oficiales de la Casa del Rey que la trasladan hasta la Casa del Príncipe, en el complejo de La Zarzuela.

Jesús Ortiz continúa con su trabajo en Estudio de Comunicación y suele huir de las cámaras para disfrutar de su intimidad junto a Ana Togores. La tía Henar, con sus opiniones republicanas, su cuenta de

---

[18] Beatriz Miranda y Jesús Manuel Ruiz, «El piso de 37 metros cuadrados de la madre de Letizia y otras estrecheces», *La Otra Crónica*, 17/I/2014.

Twitter, sus problemas económicos y sus entrevistas en televisión, no es una habitual visitadora, ni mucho menos, de La Zarzuela. Lo mismo ocurre con Telma y su marido, Jaime Arturo del Burgo, quienes quedaron ciertamente alejados de los reyes ya antes la llegada al trono de Felipe, por motivos que se explican pormenorizadamente en otro capítulo de este libro. Y los abuelos de la reina disfrutan de sus últimos inviernos en la distancia.

En los círculos monárquicos hay quienes restan dramatismo a cómo ha afectado la corona a la familia de la reina y, en especial, a su madre. Sin ir más lejos, Jaime Peñafiel sostiene que Paloma Rocasolano ha contribuido a enriquecer al modisto Varela, cuyos modelos luce habitualmente. «¿Y eso quién lo paga?», se pregunta, malévolo, el periodista. El cambio de imagen de la mujer que trajo al mundo a Letizia ha sido espectacular, con unos cuantos retoques quirúrgicos que han mejorado notablemente su aspecto. Toda la prensa rosa destacó, sin ambages, la metamorfosis estética que presentó Paloma en los Premios Príncipe de Asturias de 2014, con una sensación de mujer de alta alcurnia, segura de sí misma, desaparecido ya cualquier atisbo de timidez o fobia a los focos.

Visto lo visto, es obvio que los Ortiz-Rocasolano son, en puridad y aunque suene tópico, una familia como otra cualquiera. Una familia normal hasta que Letizia llegó a palacio, que ha vivido después dos tragedias hirientes que moldean su existencia, que no ha sabido asumir el escrutinio mediático y que ahora vive mayoritariamente fuera de la corte de Felipe VI. Todos sus miembros tienen, por supuesto, sus rencillas, sus cargas, sus luces, sus recelos, sus preferencias, sus traiciones, sus amores, sus dramas, sus tiranteces, sus afinidades y sus errores propios. Sus dichas y desdichas, que, como ocurría con los personajes de *Ana Karenina*, cada uno vive a su manera.

9

UN CUÑADO *TORRENTIANO* Y UNA HERMANA ENAMORADA

Cuando Santiago Segura ruede *Torrente* 7, allá por 2020, tal vez Iñaki Urdangarin sea uno de los protagonistas del filme, en línea con otros personajes públicos venidos a menos a los que el director resucitó de entre los cadáveres para esta saga, como José Luis Moreno o Jesulín de Ubrique. Tipos que superan con creces a cualquier humorista profesional, porque ellos apenas necesitan actuar para despertar las carcajadas del espectador. Su mera presencia en la pantalla provoca la risa desbocada de cualquiera que recuerde sus andanzas del pasado. Algo similar le ocurrirá, más temprano que tarde, al duque de Palma, obligatoriamente expulsado de la corte de Felipe VI por las trapacerías que cometió en tiempos pretéritos. La incógnita es saber si en ese peculiar descenso a los infiernos el balonmanista estará acompañado por su fiel y enamorada esposa, la infanta Cristina.

Esta hipótesis sobre lo que se avecina para el matrimonio formado por Iñaki y Cristina no resulta descabellada, aunque pudiera parecerlo, si se tienen en cuenta los turbios motivos de sus problemas judiciales, los surrealistas intentos de escurrir el bulto para demostrar su presunta inocencia, los correos electrónicos que él intercambiaba con otras personas, los burdos ejemplos de su oposición a Letizia y, como consecuencia de todo lo anterior, las penosas relaciones que mantienen con los reyes. El *leitmotiv* de esas cuestiones que afectan a la hermana y el cuñado de

Felipe VI es la chabacanería con la que se han manejado. Con acciones u omisiones cutres y propias del mismísimo José Luis Torrente.

Pero Urdangarin ya había demostrado sus dotes para la picaresca mucho antes de llegar a palacio. A principios de los años noventa, antes de conquistar el corazón de la infanta y cuando era un exitoso jugador de balonmano del F. C. Barcelona, este hombre nacido en Zumárraga (Guipúzcoa) en 1968 se libró del servicio militar obligatorio alegando una «sordera completa» de origen «traumático».[1] Gracias a sus estudios y prácticas deportivas, el balonmanista fue posponiendo su cita con la mili. Pero el Ministerio de Defensa reclamó sus servicios y lo destinó a Ceuta. Tras muchos dimes y diretes burocráticos, incluidos informes médicos de dudosa credibilidad, en 1995 Urdangarin logró ser descartado para el servicio militar por su presunta sordera. Al mismo tiempo, era uno de los principales estandartes en un equipo de ensueño que ganaba copas de Europa y ligas bajo la batuta de Valero Rivera.

No parecía un farsante, ni mucho menos, cuando en 1997 contrajo matrimonio con la infanta Cristina en la catedral de Barcelona. Tampoco en el año 2000, momento de su retirada del balonmano profesional, porque se hacía insostenible jugar en el Barça y atender a tantos compromisos sociales como duque de Palma. De hecho, se despidió del deporte como abanderado del equipo español en la ceremonia de clausura de los Juegos de Sidney. Pese a su origen plebeyo, las crónicas sociales destacaban sus mil y un encantos y virtudes, su atractivo, su sencillez. Era un deportista de élite, era un hombre apuesto y guapo, era un vasco que amaba España. Era, en definitiva, el yerno perfecto para el rey. Su único defecto, y quizás a la postre su condena, era una ambición que muchos no supieron o no quisieron vislumbrar y que otros achacan a su complejo de inferioridad entre los Borbones.

A modo de botón de muestra, una crónica del diario *El País* durante aquellos Juegos de su retirada empezaba así: «Mucho antes de adquirir la responsabilidad inherente a ser miembro de la familia real por su matri-

[1] Mariano Alonso y Luis Fernando Quintero, «Iñaki Urdangarin se libró de la mili en Ceuta por "sordera completa"», *Libertad Digital*, 14/XII/2011.

monio con la infanta Cristina y de saber que todas las miradas se fijaban en él, Iñaki Urdangarin ya era ejemplar dentro y fuera de la cancha de balonmano. Lo dicen quienes han convivido con él desde que era un adolescente». Y continuaba afirmando en tono de loa que «es la antítesis de los pendencieros que entran a todas las provocaciones o del futbolista que incluye entre sus normas la de intentar engañar al árbitro».[2]

Zalamerías aparte, el caso es que ese hombre de bellos ojos azules, cuerpo atlético y simpatía innegable encajó a la perfección en Zarzuela, a pesar de los recelos que sentía Juan Carlos porque el muchacho no disponía de los preceptivos títulos nobiliarios. Pronto se ganó el cariño y el respeto de la reina Sofía, de la infanta Elena y, sobre todo, del entonces príncipe Felipe. No obstante, en sus primeros tres años en la corte de Juan Carlos tampoco fueron demasiadas sus presencias en palacio, porque aún se dedicaba a su deporte. Al dejar el balonmano, entró de lleno en el universo de la corona, pero sintió un vacío existencial, sin nada que hacer, que lo empujó al abismo.

Azuzado por sus complejos en comparación con quienes le rodeaban y corroído por su ambición, el duque de Palma decidió que iba a llegar lejos por su cuenta y se matriculó en la prestigiosa escuela ESADE, donde conoció al profesor Diego Torres, con quien se alió en 2003 para crear el Instituto Nóos. Una entidad sin ánimo de lucro que, con el paso de los años, se ha revelado como adicta al lucro y a la desvergüenza sin ambages.

Urdangarin compra el anillo de Letizia

En paralelo a sus negocios oscuros, que aún tardarían años en descubrirse, el bueno de Iñaki se dedicó a su familia y a estrechar vínculos con su cuñado, el futuro rey. Entre 1999 y 2002, los duques de Palma alumbraron a tres de sus cuatro hijos. Que la relación entre Urdangarin

---

[2] Leontxo García, «Soy un buen chico que cree en lo que hace», *El País*, 1/X/2000.

y Felipe llegó a ser estrecha queda claro si se tiene en cuenta que el primero adquirió en una joyería de Barcelona el anillo de compromiso que el segundo entregó a Letizia. Por motivos obvios, el entonces príncipe de Asturias no podía entrar en una tienda de joyas para adquirir una alianza. Así que se lo pidió a su hermana. Como la infanta Cristina estaba ocupada en su trabajo en La Caixa, pasó el encargo a su marido, que se hizo con el anillo. Junto a él estaba su querido Diego Torres.

Una vez llegada Letizia a La Zarzuela, ambas parejas pasaron muchos y muy buenos momentos juntos, en cenas íntimas hasta altas horas. De hecho, como se narra en otro capítulo de este libro, el duque de Palma fue uno de los invitados a la despedida de soltero de Felipe. Tras la boda entre los hoy reyes, en 2004, había buena sintonía entre los cuatro. O al menos era lo que parecía. Urdangarin y Letizia compartían orígenes plebeyos y norteños que acaso podrían estrechar sus lazos. La familia real aparecía unida ante los españoles. Todo iba viento en popa entre los hijos de Juan Carlos y sus respectivos amoríos.

Además, casualidades de la vida, Felipe y Urdangarin compartían un amigo que ha resultado clave tanto en el impulso como en la congelación de sus relaciones: José Luis *Pepote* Ballester. Nacido en Vinaroz en 1968, este regatista formaba parte del círculo de amistades de Felipe y Cristina en Mallorca. Había navegado con los dos hijos del rey Juan Carlos en numerosas ocasiones. En ese particular y cerrado universo de los adictos a la vela era sabido que Pepote, considerado un tipo simpático y agradable por quienes lo conocen, se movía muy cerca de la familia real.

En los Juegos Olímpicos de Atlanta 96, precisamente cuando surgió el amor entre Cristina y Urdangarin, el bueno de Pepote se colgó la medalla de oro como campeón en la disciplina de Tornado. Un triunfo gracias al que saltó a la fama de forma definitiva tras muchos años compitiendo en este deporte tan elitista como minoritario. Una década antes de esa consagración, Ballester conoció a Urdangarin en la residencia Blume de Barcelona para deportistas de élite. Ahí se forjó una conexión que mutó en amistad profunda cuando ambos volvieron a encontrarse a menudo en Palma y Barcelona por sus relaciones, amorosas las de uno y amistosas las de otro, con miembros de la familia real.

Siempre junto a su socio Diego Torres, el duque se valió de su amistad con Ballester para hacer jugosos negocios con el gobierno de Baleares, dado que Pepote fue director general de Deportes del ejecutivo que dirigía Jaume Matas entre 2003 y 2007. Gracias a su sintonía fuera y dentro de los despachos, llegaron los primeros pelotazos de Nóos, esa entidad que se definía como sin ánimo de lucro. Es evidente que Urdangarin se beneficiaba de su condición de miembro de la familia real para abrir muchas puertas y lograr determinados contratos. ¿Quién iba a decirle que no a ese yerno del rey tan atractivo y tan modélico? ¿Cómo no se iba a colaborar con una ONG en la que era directiva la propia infanta Cristina? Además, junto a los duques de Palma aparecía como miembro destacado de Nóos un tal Carlos García Revenga, presentado en sociedad y en determinados despachos como asesor de la Casa del Rey.

Eran años de prosperidad para los duques y para muchos españoles. En 2004 el matrimonio adquirió su famoso palacete de Pedralbes, en el barrio más caro de Barcelona, por la friolera de 6 millones de euros. Una operación que a nadie sorprendió en aquellos días de la burbuja inmobiliaria. Tampoco eran los tiempos de mayor transparencia de las instituciones públicas, de forma que si había quienes se sorprendían por la compra de semejante vivienda, enseguida razonaban que era imposible que alguien de la corona sufriera problemas económicos. Simplemente, eran intocables por la ley. En unas cuantas ocasiones, los hoy reyes compartieron mesa y mantel con sus cuñados en tan magna vivienda, como buenos amigos.

El rey frena el caso Nóos... pero no lo sepulta

En los inicios de 2006 saltaron las primeras alarmas en el Palacio de La Zarzuela, cuando *El Mundo* y *El Siglo* publicaron informaciones que denunciaban irregularidades en un foro celebrado en Baleares, con participación de la entidad de Urdangarin. Juan Carlos movió ficha al encargar a su íntimo amigo y abogado José Manuel Romero, conde de Fontao y marqués de San Saturnino, la misión de escrutar en qué estaba metido exactamente su yerno. La solución para frenar el golpe consistió en que Urdangarin, la infanta y García Revenga abandonasen la directiva de ese Instituto Nóos que tantas pesadillas provocaría después en Zarzuela. El duque desembarcó en un puesto casi creado ad hoc en Telefónica, sin duda gracias a las relaciones de su suegro con los mandamases de la empresa. Se había puesto un parche, pero no se había sepultado, ni mucho menos, el caso de corrupción más dañino para la monarquía.

Aparentemente, la vida era plácida para los duques de Palma. Entre bambalinas, la hija del rey y su marido empezaban a tener problemas para pagar una hipoteca digna de un multimillonario. Los delirios de grandeza de la pareja se volvían en su contra. Prueba de ello es que en enero de 2008 una sorpresa agradable se convirtió en agria discusión. Ocurrió precisamente en el palacete de Pedralbes, donde decenas de amigos comunes, incluidos Felipe y Letizia, prepararon un cumpleaños sorpresa a Urdangarin. Casi al final de la fiesta, el cumpleañero comentó al futuro rey que andaba muy mal de dinero. No era una súplica, pero sí una sugerencia de ayuda, a la que Felipe respondió con un no rotundo. Para colmo, ese mismo año el duque rompió abruptamente sus relaciones con su socio, Diego Torres. Las cosas se estaban torciendo, pero todavía no había llegado el desastre que se avecinaba.

Hasta que pasó lo que tenía que pasar, porque, como escribió el poeta, «largos no son los días de vino y rosas, de un nebuloso sueño surge nuestro sendero y se pierde en otro sueño». En agosto de 2009 la Policía Nacional detuvo a Pepote Ballester, el compañero de regatas de Felipe y amigo de Urdangarin, en el curso de las investigaciones del caso Palma Arena.[3] La caída en desgracia de este mítico regatista se debió a que intentó pagar obras en su vivienda con dinero del erario público. Una factura de 24.000 euros y un funcionario honrado que la detectó y frenó acabaron con él. Tras pasar por el calabozo y ser acusado de varios

---

[3] Palma Arena es el nombre un velódromo construido en Mallorca. Las obras, con un presupuesto inicial de 45 millones de euros, acabaron costando 110 millones. Es el caso central de la corrupción en Baleares. De hecho, el caso Nóos es una pieza separada del Palma Arena.

delitos, pidió auxilio a la familia real. Pero solo obtuvo una negativa como respuesta. Arrinconado, solo y muy enfermo, se convirtió en testigo de la Fiscalía y tiró de la manta. Sus revelaciones en sede judicial están en la base de las actuaciones posteriores contra Urdangarin.

Alguien que conoce a todos los personajes de esta trama, tanto a los corruptos como a los que no lo son, afirma que «Pepote es muy amigo de Cristina porque ella fue olímpica en Seúl 88; es más, la última regata que hizo él en la categoría de Tornado la hizo con Cristina para que ella pudiera ser olímpica». Este testigo señala, además, que Ballester se dejó engañar por Urdangarin. «Fue medio socio de Urdangarin y de algún deportista más, porque ellos pusieron en Palma una especie de café deportivo: grande y con camisetas de todos los deportistas. Pero no funcionó. Luego Pepote se hizo director de Deportes de Baleares y ahí Urdangarin le metió en un lío de cojones al pobre. Es que Pepote no ha hecho nada. Sigue viviendo en la misma casa, sigue teniendo el mismo coche y sigue llevando las niñas al mismo colegio. Y él dice que no se ha llevado nada y que lo único que hacía era firmar».

Casualidad o no, cuando Pepote aparecía ante los españoles como un ídolo caído, engrilletado a las puertas del juzgado, el matrimonio puso rumbo a Washington. Llegaron a la capital de Estados Unidos a finales de agosto de aquel año. Los grandes empresarios amigos de Juan Carlos I hicieron fácil el traslado. La multinacional de telefonía presidida por César Alierta creó un puesto para colocar a Urdangarin como responsable del negocio en Estados Unidos. El duque, cuyos conocimientos en materia de telecomunicaciones están aún por conocerse, percibiría 1,5 millones de euros como salario, amén de 1,2 millones para gastos adicionales.[4] La Caixa de Isidro Fainé no tuvo reparos en guardar el asiento a Cristina mientras ella vivía en la ciudad estadounidense. Ambos y sus vástagos se instalaron en una lujosa vivienda ubicada en el exclusivo barrio de Chevy Chase. Para ellos, aún había vino y rosas.

---

[4] Eduardo Inda y Esteban Urreiztieta, *Urdangarin. Un conseguidor en la corte del rey Juan Carlos*, La Esfera de los Libros, Madrid, 2013, p. 322.

En la lejanía, el duque de Palma sabía que estaba en el punto de mira. La caída a los abismos de Pepote Ballester, tan amigo suyo como de su esposa, podía derivar a los investigadores hacia el Instituto Nóos. Pero no podía imaginar todo lo que estaba por venir, porque creía que la coraza de la corona y la popularidad de sus miembros iban a ser bazas suficientemente fuertes para contener cualquier ataque.

El 25 de septiembre del 2011 estalló el escándalo que cambiaría la vida de todos los miembros de la familia real. El suplemento *Crónica* de *El Mundo* detallaba la «Anatomía de un pelotazo». Básicamente, en aquella primera información ya se apuntaba hacia el núcleo de la corruptela: Urdangarin y Diego Torres montaron una fundación, Nóos, presuntamente destinada a fines benéficos, pero, en realidad, dedicada a conseguir dinero público y a evadirlo a paraísos fiscales mediante una trama de empresas falseadas.

Como si siguieran el manual del buen corrupto, al principio Urdangarin y su esposa se dedicaron a negarlo todo. Eran intoxicaciones contra la Casa del Rey, eran mentiras para dañar a la monarquía, eran infundios para erosionar a Juan Carlos. Contaban, además, con la complicidad de determinados periodistas cortesanos, que negaban la mayor y veían los fantasmas de la conspiración, acaso cegados por su amor inquebrantable a los Borbones. El caso Nóos aún estaba en su fase embrionaria y los duques de Palma asistieron al desfile militar y posterior recepción en el Palacio Real el 12 de Octubre, día de la Hispanidad. La imagen de Urdangarin y Cristina junto a los reyes, los príncipes y la infanta Elena presidiendo aquella parada militar sería, quizás, uno de sus últimos momentos pacíficos juntos, aunque en lo más hondo de su ánimo ya se detestasen.

Las relaciones con Felipe se resquebrajan

Las informaciones del diario dirigido por Pedro J. Ramírez continuaron apareciendo y sentaban en la Casa del Rey como el goteo de una tortura china. Cada vez había más indicios claros de que había habido corrupción en la fundación sin ánimo de lucro. Además, la infanta

Cristina figuraba en la directiva de Nóos y era dueña al 50 por ciento de la sociedad Aizoon, a la que se enviaban los fondos opacos. Poco después de la fiesta nacional, los duques fueron apartados de la agenda oficial de la Casa, para enorme disgusto de Cristina e Iñaki. Ya en noviembre, mes y medio después de la primera revelación periodística, Urdangarin se reunió con Juan Carlos y Felipe en Zarzuela. Los dos reyes, uno presente y otro futuro, reclamaron al duque que hiciera una declaración en la que desvinculase por completo a la infanta de cualquier relación en las irregularidades que se estaban destapando. La testarudez de Iñaki irritó a ambos. Ahí las relaciones entre los duques y Felipe se resquebrajaron para siempre.

La forma de afrontar el escándalo enfrentó a Urdangarin y Zarzuela porque él abogaba por seguir defendiendo su inocencia contra viento y marea, mientras que en la Casa, donde ya tenían información sobre lo feo que era el asunto, exigían una desvinculación completa porque no querían que el caso salpicase a toda la familia real. Tras esa primera reunión, el duque habló por primera vez sobre el caso el 11 de noviembre. «Cuando conozca los pormenores de las diligencias previas del Juzgado de Instrucción número 3 de Palma de Mallorca, que en este momento son formalmente secretas, podré pronunciarme sobre su contenido», dijo Urdangarin en una nota enviada desde Washington. Y agregó que defendería su «honorabilidad e inocencia en este asunto desde la convicción de que mi actuación profesional ha sido siempre correcta». Ni rastro de desvinculación.

Durante esos días complicados, Juan Carlos y Felipe andaban enfadadísimos con la actitud de su yerno y cuñado. Llegaron a proponer a Cristina que se divorciase de este personaje que les había salido rana y amenazaba el porvenir de la institución. Pero sus propuestas chocaban irremisiblemente contra el muro del amor que ella sentía por su marido. Los trabajadores de Zarzuela, encabezados por el nuevo jefe, Rafael Spottorno, y por el responsable de comunicación, Ramón Iribarren, trataban de negociar con Urdangarin la estrategia a seguir para salvar los muebles en la medida de lo posible.

No había forma de convencer al otrora tierno *Txiki*, ahora convertido en un duro hueso de roer, como explica uno de los conocedores de aquella negociación. «Él quería hacer una declaración y nosotros le impusimos cinco condiciones: pedir perdón; poner su palacete en manos de un notario para que lo pignorase y que ese dinero lo depositase en un lugar público para hacer frente a las responsabilidades que, en su caso, pudiera tener; declarar su inocencia, que iba a defender; desvincular a su mujer del tema, y sacar a la Casa Real de cualquier relación con el caso». Según los altos cargos, que por supuesto seguían órdenes de Juan Carlos, esa propuesta era la única que podía servir para darle la vuelta a la situación y presentarse ante los españoles como alguien honesto que se ve envuelto en problemas.

«Mira, o sacas este comunicado ya o cuento todo»

El jefe de la Casa supuró sangre, lágrimas y sudor por los poros para hacer entrar en razón al duque, enrocado en sus posiciones. «Estuvo varios días poniendo y quitando párrafos, hasta que Spottorno le dijo: "Mira, o sacas este comunicado ya o yo cuento todo". Pero él le dio dos vueltas al texto y lo sacó a medias. Le quitó lo de alejar a la Casa Real y a su familia. Ponía eso de las responsabilidades que a solo a él concernían. Lo de poner el dinero, ni lo hizo...». El duque estaba en Madrid negociando los pormenores del mensaje antes de volver a Estados Unidos, pero esperó a llegar a Washington para llamar a la Agencia Efe y filtrar desde allí su respuesta.

Era 11 de diciembre, justo un mes después de sus primeras palabras.

> Ante la acumulación de informaciones y comentarios aparecidos en los medios de comunicación relativos a mis actuaciones profesionales, deseo puntualizar que lamento profundamente que los mismos estén causando un grave perjuicio a la imagen de mi familia y de la Casa de su Majestad el Rey, que nada tienen que ver con mis actividades privadas. Informo asimismo que he designado asesor jurídico y portavoz a Don Mario Pascual Vives, letrado del Colegio de Abogados de Barcelona, que será la persona autorizada a hablar en mi nombre.

El duque no solo incumplió las condiciones que le imponía Zarzuela, sino que además nombró como letrado a un conocido suyo sin experiencia alguna ni conocimientos demostrados en este tipo de asuntos. Casi como cuando José Luis Torrente cuenta para sus misiones con tipos como *Cañita Brava* o *Paquirrín*. La venganza de Zarzuela llegó solo unas horas después, mediante un desayuno informativo de Spottorno con periodistas. El jefe de la Casa aseguró oficialmente que las actividades empresariales de Urdangarin «no son ejemplares». Es decir, como él no se desvinculó de la Casa, la Casa se desvinculaba de él. Algo que satisfizo a Felipe y Letizia, pero enfureció a Iñaki y Cristina, dos matrimonios enfrentados ya sin remisión.

Entretanto, continuaban apareciendo informaciones comprometedoras para el matrimonio. La más dolorosa, sin duda, se publicó también en esas fechas. Presuntamente el duque y su socio habrían utilizado la Fundación Deporte, Cultura e Integración Social (FDCIS), destinada a la ayuda de niños marginados, discapacitados y enfermos de cáncer, para evadir dinero al paraíso fiscal de Belice. Cualquier experto en asuntos turbios como la evasión fiscal sabe que el tinglado que presuntamente montaron Urdangarin y Torres para forrarse carecía de sofisticación. Era un entramado burdo, simple, creado con la certeza de que siempre serás impune y propio de los malvados absurdos que aparecen en las películas satíricas.

Las Navidades de 2011 no fueron las mejores para la familia real. En España la situación se hacía insostenible y ya era evidente que tanto Juan Carlos como Felipe y Letizia habían concluido que Urdangarin no era de fiar y debía ser expulsado de palacio. Y en esas difíciles circunstancias se produjo un movimiento inesperado de la reina Sofía, que se olvidó de los asuntos institucionales y dio prioridad a su condición de madre y abuela. Sin que nadie lo esperase, viajó a Washington para visitar durante cinco días a los duques de Palma y sus cuatro hijos. Publicadas el mismo día que se conoció la burda utilización de una ONG de niños, las fotografías de todos ellos en la portada de *¡Hola!* pretendían demostrar ternura, pero evidenciaban la profunda división que se había producido en Zarzuela.

«La justicia es igual para todos»

Y así, entre fuertes turbulencias y malestares legales y familiares, llegó la Nochebuena de ese convulso 2011 para la Casa del Rey. Estaba cantado que el juez Castro imputaría al duque de Palma tarde o temprano. Casi al mismo tiempo que el tradicional mensaje de don Juan Carlos. El entonces jefe de la Casa, Rafael Spottorno, el secretario, Alfonso Sanz Portolés, el jefe de Comunicación, Ramón Iribarren, así como los altos cargos Domingo Martínez Palomo y Ricardo Díez Hochleitner prepararon minuciosamente los detalles de la alocución del monarca. «Los discursos siempre eran cosa de Ricardo —comenta uno de los implicados—. Este, sin embargo, se hizo muy colectivamente y se nos repartió antes. Todos participamos preparándolo. No se podía dejar ninguna duda».

Efectivamente, no hubo dudas y el rey pronunció una frase para la historia: «La Justicia es igual para todos». Frase que vino precedida de otras tres que merece la pena recordar: «Todos, sobre todo las personas con responsabilidades públicas, tenemos el deber de observar un comportamiento adecuado, un comportamiento ejemplar. Cuando se producen conductas irregulares es natural que la sociedad reaccione. Afortunadamente vivimos en un Estado de Derecho y cualquier actuación censurable deberá ser juzgada y sancionada de acuerdo a la ley».

Juan Carlos enviaba un mensaje a los ciudadanos, sí, pero ante todo bombardeaba a su yerno y, por ende, a su hija. Las caras de derrota y resignación que debieron lucir Iñaki y Cristina al escuchar al *patrón* serían la imagen perfecta de su ruptura casi definitiva con la institución. Quizás los duques de Palma, que entonces no habían sido ninguneados hasta la saciedad, se sintieron traicionados, ajados, desprovistos de toda protección. A la intemperie. Enfrente, no es difícil imaginar la satisfacción de Felipe y Letizia, que en buena medida se jugaban su futuro en este envite no generado por ellos.

Sin duda Txiki, ese hombre que parecía un yerno perfecto, pensó y repensó, encolerizado, que él solo había hecho aquello que había visto como normal en Zarzuela. Y, retumbando en su cabeza esa frase sobre la Justicia, reparó en que había fracasado con estrépito en su intento de llegar a lo más alto por la vía rápida y por sus propios medios. ¿Concluiría también, como tantos y tantos españoles sentenciaron, que resultaba un tanto hipócrita por parte de Juan Carlos censurar estos comportamientos cuando entre sus amigos y beneficiarios de sus ayudas había habido personajes como los Albertos, Mario Conde o Manolo Prado?

En aquellos mismos días tuvo lugar un episodio que parece increíble. Según desvelaron los periodistas Eduardo Inda y Esteban Urreiztieta en sus libros, Urdangarin llegó a grabar un mensaje a la nación y a enviarlo a la Casa del Rey con la intención de que se hiciera público. Delirante. Pero todavía más llamativo, por no decir violento, fue otro suceso directamente relacionado con lo antedicho.

Juan Carlos I encomendó a Fernando Almansa, antiguo jefe de la Casa, comunicar a Urdangarin que debía renunciar a su condición de miembro de la familia real. Almansa y Ramiro Sánchez de Lerín, alto cargo de Telefónica al que el presidente de la multinacional encargó que ayudase en el asunto, viajaron hasta Denver, en Colorado, para dar las citadas instrucciones. Tanto Iñaki como Cristina reaccionaron airadamente y se negaron a asumir lo que Zarzuela les pedía. Fue un momento harto desagradable, con el duque enfurecido ante un impasible Almansa que le recordaba una y otra vez sus obligaciones y le transmitía los deseos del rey.

Uno de los presentes en semejante trance confirma a los autores que la discusión fue poco edificante. Ni a él ni a ella se les pasaba por la cabeza asumir sus responsabilidades y renunciar a los derechos dinásticos. A cambio, el duque, enfadado por ver a su suegro atacarle en televisión, reaccionó a lo grande, sin reparos ni complejos, dispuesto a todo, ignorando sus propias posibilidades y su verdadera realidad: grabó la citada alocución, como si fuera el propio rey, y la remitió a la Casa. Por supuesto, este discurso nunca vio la luz.

Solo cinco días después del mensaje navideño del rey, el juez José Castro imputó a Urdangarin por varios delitos y lo citó a declarar el siguiente febrero. Era la primera imputación en la historia de la familia real. El último intento de salvarse de esta quema judicial consistió en pedir el traslado del caso desde Palma a la Audiencia Nacional, en la que quizás sería más fácil lograr el archivo de la causa. Pero fue solo un intento en vano, como tantas otras maniobras urdidas en las sombras para frenar la investigación. No había escapatoria y se iniciaba un largo y tortuoso proceso judicial que acaso termine en 2016…

Letizia y ellos no se soportan

Después de la frase de Juan Carlos, la grabación de su mensaje *torrentiano* y su inevitable imputación, muchas y muy diversas fueron las informaciones sobre los enjuagues, a cual más cutre, de Urdangarin. No obstante, los vericuetos del caso Nóos son tantos y tan diferentes que es mejor arrumbarlos y esperar a que se resuelvan en los juzgados. Las corruptelas de *Urdanga*, sean cuantas sean, han servido para deteriorar todavía más, quizás para herir de muerte, una relación que ya habían dejado de carburar antes de que aparecieran tantas revelaciones jugosas en la prensa. La verdad, sin paños calientes, es que Letizia y el matrimonio imputado no se soportan. Eso sí, Felipe VI sigue siendo el hermano de Cristina y, por ello, aunque deteste a su marido mantiene su relación con ella, lejos de los focos.

Por mucho que piense en el bien de la institución, para el rey no es fácil olvidarse de una hermana con la que ha vivido la infancia, que dormía en palacio a cinco metros de su habitación, alguien con quien ha compartido tantas alegrías y frustraciones. Un buen amigo de Felipe y Cristina que, como tantas fuentes de este libro, reclama el anonimato, explica que «procuran mantener las formas porque la cosa es muy grave, pero son hermanos. Lo que sí es seguro es que ni Felipe ni Letizia pueden ver ya a Urdangarin. Eso está completamente roto, pero Cristina no deja de ser su hermana», insiste. Ahora bien, la poca sintonía entre Letizia y Cristina no solo proviene de todos los detalles relacionados con el caso Urdangarin.

En la corte de Juan Carlos I era un secreto a voces que Letizia no tenía las mejores relaciones posibles con sus cuñadas. Si a su pasado plebeyo y, por ende, su dificultad para acostumbrarse a los usos de palacio, se suman su fuerte carácter y su espíritu libre, el resultado es una forma de ver el mundo que choca frontalmente con el modo de pensar y vivir de las infantas. Solo hay que echar un vistazo a las imágenes en que ella y sus cuñadas comparten plano para descubrir una clara falta de sintonía en sus miradas, en sus rictus o en sus sonrisas forzadas.

Un extrabajador de la Casa abunda en la misma tesis sobre la ruptura total entre los reyes y Urdangarin, pero parcial entre Felipe y Cristina. «Con Urdangarin todos los miembros de la familia, con la excepción de Sofía, se sienten muy traicionados y muy dolidos porque este señor ha estado a punto de cargarse la monarquía». Se trata, en suma, de difíciles relaciones cuya verdadera naturaleza no está a la vista de todos. «Públicamente nos hemos cuidado muchísimo de que no haya ni una foto de ellos juntos. Solo hubo una que se nos escapó, la de Grecia, en el cincuenta aniversario de la muerte del rey Pablo. Y aun así, se pusieron cada uno en un extremo. Pero ahí no podíamos hacer nada, porque era un tema particular y no podíamos intervenir».

En efecto, en el Palacio de La Zarzuela se ha trabajado con esmero, tanto en el final del reinado de Juan Carlos como en el inicio del de Felipe, para evitar que Urdangarin y Cristina apareciesen en cualquier imagen junto a los reyes actuales. El duque está directamente proscrito y casi no queda recuerdo ni constancia de la última vez que se le ha visto en público con ellos. En el caso de Cristina, en dos años solo ha aparecido junto a Felipe y Letizia en dos ocasiones. Y se trata, en ambos casos, de actos en recuerdo de ilustres familiares fallecidos.

Vetados en las fotos

El 20 de junio de 2013 se celebró un acto solemne por el centenario del nacimiento de don Juan de Borbón. Y sus nietos, Felipe, Elena y Cristina, aparecieron juntos para homenajear la memoria del abuelo, el conde de Barcelona. Era el primer acto oficial de la infanta y duquesa de Palma desde el 12 de octubre de 2011, en la Fiesta Nacional, poco tiempo antes de la imputación de su marido por el caso Nóos. Este evento que volvía a reunir a los hermanos ante las cámaras consistió en una misa en la capilla del Palacio Real de Madrid, oficiada por el arzobispo castrense, Juan del Río. Estuvieron presentes multitud de autoridades del Estado, que pudieron presenciar, en primera persona, la evidente enemistad entre Cristina y Letizia, cada una a lo suyo, sin apenas cruzar sus miradas y siempre lejos la una de la otra.

Nueve meses pasaron hasta que los fotógrafos pudieron retratar juntos otra vez a Felipe, Letizia y Cristina. Fue en Atenas, en marzo de 2014, con motivo de un acto celebrado en el cementerio de Tatoi por el cincuenta aniversario de la muerte de su abuelo, el rey Pablo VI, progenitor de la reina Sofía. Ella fue quien propició este encuentro, porque deseaba tener a todos sus hijos cerca en un día de emociones y recuerdos entreverados. Como atestiguan las imágenes de aquel momento, Felipe y Cristina conversaron solo unos segundos, mientras Letizia evidenció el alejamiento de su cuñada al evitarla aproximándose a otras personas cada vez que ella se acercaba. Un fiel reflejo de una relación totalmente rota, a pesar de los esfuerzos vanos de Sofía por mantener la unidad.

Después de la ceremonia ortodoxa, se produjo el inevitable posado familiar en que, como recordaba nuestra fuente, quedó al descubierto la distancia entre unos y otros. En el extremo derecho se situaron la reina, los entonces príncipes y la infanta Elena. Y en el izquierdo, separada por primos, tíos y el resto de la familia griega, en segunda fila, se colocó Cristina. Tampoco estaba en la foto el marido de su prima Alexia, Carlos Morales, imputado, como el suyo, en un caso de corrupción.[5] Luego todos se marcharon juntos a almorzar en privado, donde los hermanos sí coincidieron, pero ya sin testigos.

Otro ejemplo que se recordará sobre el ninguneo en público a Urdangarin acaeció en noviembre de 2012, justo un año después de que el Instituto Nóos se convirtiera en una fundación conocida por todos los españoles. El rey Juan Carlos se había sometido a una compleja operación de cadera en el hospital Quirón San José de Madrid. Como es

---

[5] Natalia Junquera, «Los príncipes y la infanta Cristina coinciden por deseo de la reina», *El País*, 6/III/2014.

lógico, todos sus descendientes querían ir a visitarle en un momento tan difícil. Cuando Cristina telefoneó a su padre para anunciar que acudiría, los asesores de Juan Carlos I intentaron persuadirle de que lo impidiera, pero se impuso el cariño a su hija y no supo decirle que no asistiera.

Todos acudieron, finalmente, pero Felipe y Letizia impusieron como condición que no coincidirían a la entrada y salida del centro médico con los duques de Palma. Cristina e Iñaki llegaron al hospital a las 15.15 horas y quince minutos después aparecieron los príncipes de Asturias. Por separado, sonrieron amablemente ante las cámaras, mientras disimulaban su malestar por coincidir los unos con los otros. A la salida, se repitió la misma escena. Para los hoy reyes, era vital evitar retratarse junto al apestado Urdangarin.

El «duque empalmado» y otros correos zafios

Uno de los hallazgos gloriosos que ha dejado para el recuerdo el caso Urdangarin o caso Nóos, llámenlo como prefieran, es aquel *email* que el antiguo jugador de balonmano envió a Carlos García Revenga, secretario de las infantas y directivo de la fundación. En enero de 2013 el diario *El Mundo* publicó un mensaje que el yerno de Juan Carlos I firmaba con una broma que no constará en las antologías de los mejores chistes: «Agur. El duque em... Palma... do».[6] Aunque esta curiosa rúbrica apareciese en un correo que había enviado en octubre de 2003, cayó en palacio como un golpe más que debilitó la figura del afectado y azuzó su distanciamiento con quienes en su día lo acogieron y quisieron como a uno más de la familia.

Si bien es cierto que casi nadie aguantaría la publicación de sus correos personales, enviados en la más estricta intimidad y con la certeza de que siempre serán privados, tampoco puede negarse que el contenido de algunos de estos *emails*, así como su posterior publicación, sirven

---

[6] Germán González, «Urdangarin dirigía Nóos de acuerdo con el secretario de las infantas», 24/I/2013.

para explicar las maltrechas relaciones del duque con otros miembros de la familia real. Por ejemplo, el 5 de noviembre de 2003, solo cuatro días después de que se anunciase el enlace entre Felipe y Letizia, Urdangarin recibió un *email* de su buen amigo Joaquín Boixareu y se lo reenvió a su esposa, la infanta Cristina. Hasta ahí normal. Pero resulta que en el correo aparecía este chiste: «¿En qué se parece el príncipe Felipe y el Real Madrid? En que los dos se follan ALALETI».[7] Es sencillo imaginar qué rictus se le quedó a Letizia en enero de 2014, cuando se conoció la existencia de este mensaje que, justo es decirlo, nunca sería obra de José Luis Torrente, dado que este personaje de ficción es seguidor del Atleti.

Otro de los correos más clarificadores está fechado el 11 de noviembre de 2003, solo diez días después del compromiso entre los reyes. En este caso se trata de un mensaje que el médico Josep Antonio Gutiérrez, ex del F. C. Barcelona y de la selección de balonmano, envió desde su cuenta de la Generalitat, donde trabajaba entonces, a Urdangarin. Y este se lo reenvió a su esposa, la infanta que, al menos según la versión oficial, había asumido de buen grado la llegada a Zarzuela de su cuñada. El mensaje tenía adjunto un archivo de PowerPoint titulado «Orgasmos». Al abrirlo, aparecían diversas presentadoras de noticiarios con el rótulo «orgasmo fingido» hasta que, en último lugar, aparece Letizia con la leyenda «orgasmo real». También en este caso es de suponer que las carcajadas que compartieron los duques en 2003, aquellos maravillosos años, contrastan sobremanera con la reacción que tuvo Letizia más de una década después, al conocer la existencia de tan soeces mensajes. Entre otras cosas, se sentiría traicionada por un matrimonio que, como se ha contado en estas páginas, había intimado con ella cuando aterrizó en palacio. ¿Acaso la reina descubrió, paradójicamente gracias al caso Nóos, que la buena relación con los duques al llegar a Zarzuela era en realidad una enorme mentira? ¿Resultaba que Cristina e Iñaki, que tanto parecían quererla en aquel entonces, no la soportaban y se mofaban de ella a sus espaldas?

---

[7] Germán González, «Urdangarin se mofaba en correos a la infanta de la familia real», *El Mundo*, 15/I/2014.

Pese a todo, los chistes sobre su condición de duque y acerca de Letizia Ortiz no son los más comprometedores para *Urdanga*. En el curso de las investigaciones sobre los posibles delitos del Instituto Nóos se entremezclaron mensajes electrónicos de contenido personal que apuntaban a graves problemas en el matrimonio de los duques de Palma.

Dos veces en la misma piedra

No es baladí recordar, llegados a este punto, que cuando se anunció el compromiso entre los tortolitos, el 30 de abril de 1997, el balonmanista mantenía una relación sentimental con otra mujer. De hecho, ella se enteró por el *Telediario* de que su novio, o el que creía que era su novio, se iba a casar en poco tiempo con una infanta de España. Atónita, como ustedes ahora mismo, se quedó Carmen Camí en el gimnasio Metropolitan de Barcelona cuando la avisaron de que viera y escuchara la noticia que escupía la pantalla. La infanta Cristina, hija menor de Juan Carlos y Sofía, contraería matrimonio unos meses después, el 4 de octubre de aquel año, en la catedral de la Ciudad Condal.

Los cinco años de relación entre Carmen e Iñaki se acabaron de la forma más abrupta que quepa imaginarse. Así que no es de extrañar que ella pasase por un verdadero trauma como consecuencia de ese giro inesperado en su vida. Eso sí, según detallan Inda y Urreiztieta, Camí conocía que Urdangarin había hecho una jugada similar tiempo atrás, en 1992, cuando inició su relación con ella sin haber dejado a Susana López, su anterior novia. Estamos, por tanto, ante un firme defensor de la teoría amorosa de Tarzán: no soltar una liana hasta que estés agarrado a otra, porque el proceso de quedarse sin agarradera, caer al vacío y chocar contra la soledad no es un plato de buen gusto.

Se conoce que este Tarzán vitoriano descubre el amor cuando se celebran Juegos Olímpicos. Porque si con Camí inició la relación en 1992, fecha de los Juegos de Barcelona, con la infanta la chispa se encendió en los de Atlanta, en 1996. Las crónicas rosa siempre han contado que el flechazo se produjo cuando Cristina, Felipe y la reina Sofía visitaron al equipo de balonmano que entrenaba Juan de Dios Román. Un equipo que después, como si la visita de la familia real hubiera servido como amuleto, acabó consiguiendo la medalla de bronce en aquella competición.

Como ya se habían echado el ojo, Urdangarin y Cristina empezaron a frecuentarse en Barcelona. La pasión y el *feeling* de ambos hicieron el resto. Otro bello cuento de hadas en la casa de los Borbones que no gustó, según se dice, a Juan Carlos I, empecinado como estaba en que sus hijas, como antes hicieron sus propias hermanas, las infantas Pilar y Margarita, eligiesen como pareja a alguien de la aristocracia. El caso es que si el rey se opuso, su hija hizo caso omiso y se dejó llevar por sus sentimientos. Curiosamente, el balonmanista, obligado a llevar con absoluta discreción su romance con la infanta, solo confió el secreto a un compañero de deporte. Justo el mismo compañero cuya esposa intercambió años después los famosos correos subidos de tono con el duque. Las trampas de ese traidor que es el destino, ya saben.

A pesar de esos correos tan picantes enviados en 2003 a la esposa de un amigo y a pesar de sus antecedentes que apuntan a una irresistible afición por los *dobletes* sentimentales, Urdangarin no ha perdido el amor de Cristina. Ella, una infanta que, en la mejor tradición borbónica, transita por senderos sentimentales difíciles de explicar, ha superado toda dificultad para continuar perdidamente enamorada de su Txiki. Ni los consejos de su familia, ni las exigencias de la institución, ni los pormenores e imputaciones del caso Nóos, ni esos mensajes con otras féminas han dinamitado su pasión por ese balonmanista con el que ha tenido cuatro hijos.

Sin alianza por el «caso Nóos forramos»

Hecha ya esta elipsis sobre los romances secretos de Txiki, es hora de retomar el hilo de los pasos del matrimonio, golpeado por una feroz investigación pero unido hasta el final, y de su consiguiente ruptura de relaciones con los reyes Felipe y Letizia. Un ejemplo que simboliza cómo la relación se fue deteriorando más allá de lo soportable es que la hoy reina dejó de lucir su anillo de compromiso, el mismo que había comprado su cuñado en una joyería de la Ciudad Condal, esa alianza tan especial para cualquiera y que ella utilizó durante casi una década, al enterarse por la prensa de que Urdangarin y Torres habían adquirido la joya con dinero de Nóos.

Tal es el nivel de distanciamiento entre los reyes y los duques de Palma que ni siquiera los unos tienen contacto habitual con los hijos de los otros. Puede decirse que, gracias a su firme decisión de apartar y ningunear a los acusados de tantas corruptelas irresponsables, Felipe y Letizia no solo han perdido a unos cuñados, sino que también han perdido a sus sobrinos. Así, los hijos de Cristina e Iñaki, que son Juan, Pablo, Miguel e Irene, apenas pasan por palacio para ver a sus primas, la princesa Leonor y la infanta Sofía. O, en otras palabras, el caso Nóos ha provocado que la familia real se haya desestructurado aún más.

Desde que se conocieron los primeros indicios de las corruptelas de *Urdanga*, en el otoño de 2011, Felipe y Letizia no solo sintieron vergüenza ajena por las noticias publicadas, sino que también vivieron el oprobio de saber que todos aquellos que estaban con ellos deseaban hablar del asunto. Como cuando alguien sabe que quienes le rodean están mirándole y cuchicheando sobre él, pero sin decírselo a la cara. En una ocasión, alguien un poco más valiente de lo habitual decidió romper el silencio y preguntó directamente al entonces príncipe de Asturias su opinión acerca de lo que estaba pasando. «Como dice Letizia, lo de Urdangarin no es el Instituto Nóos, lo de Urdangarin es "Nóos forramos"».[8]

En los tres años y tres meses que distan entre el estallido del caso *Nóos forramos* y los primeros días de 2015, conforme avanzaban las pesquisas, se fueron sucediendo mil y una revelaciones periodísticas sobre los tejemanejes de Urdangarin y Cristina. Manejos cutres para defraudar a Hacienda, cuentas escondidas en Luxemburgo, multitud de testigos con versiones contrapuestas, informes demoledores de la Agencia Tributaria, irregularidades varias, como autoalquilarse el palacete de Pedralbes para conseguir

[8] Eduardo Inda y Esteban Urreiztieta, *La intocable*, *op. cit.*, p. 167.

ventajas fiscales, o, en el ejemplo máximo de la chabacanería, falsear como gastos de empresa lo que en realidad eran gastos personales, tales como chocolate en un aeropuerto, un safari, ramos de flores... Demasiado para Felipe y Letizia, entre abochornados y sorprendidos.

Paseíllos en los juzgados

Si bochornoso fue el inicio del caso, peor, mucho peor fue todo lo que vino después. Hasta en dos ocasiones, en febrero de 2012 y el mismo mes de 2013, *Urdanga* tuvo que hacer el paseíllo que lleva a los juzgados de Palma para prestar declaración por sus trapicheos. Después de tiras y aflojas en los tribunales, incluidas presiones que nunca verán la luz, en febrero de 2014 la propia infanta Cristina hizo el mismo recorrido para contestar a las preguntas del juez Castro y el fiscal del caso. Por si ello fuera poco, hubo quien grabó en vídeo tal declaración y la colgó en internet, de forma que el mundo entero pudo ver y escuchar a la hija del rey en el banquillo. Un auténtico escarnio para la corona, cuya imagen cayó en picado.

Verdadero estupor, más que bochorno, debieron de sentir en Zarzuela cuando se publicaron los correos electrónicos antes mentados. Para colmo, la presunta implicación de la Casa del Rey en los oscuros negocios de los duques quedó al descubierto cuando se conoció la del citado García Revenga, secretario personal de las infantas, cuyos manejos junto a *Urdanga* asombraron sobremanera al resto de empleados de palacio. Este hombre un tanto gris, que había trabajado durante varias décadas en la Casa y que se había ocupado personalmente de la educación de las infantas Elena y Cristina, también fue imputado por el juez y posteriormente desimputado. Sin embargo, a finales de 2014 se vio obligado a dejar palacio por la puerta de atrás, sin luz ni taquígrafos, como un villano apaleado. Poco después, trascendió que el susodicho, seguramente disgustado por cómo se prescindió de sus servicios y preso del rencor, había presentado una reclamación laboral a la Casa porque no se había calculado bien su indemnización. O sea, quería más dinero.

De hecho, García Revenga amenaza con convertirse en un gran problema para el reinado de Felipe VI. El articulista Raúl del Pozo, siempre al tanto de los secretos de palacio, narró en una de sus columnas un encuentro con el exempleado de La Zarzuela. Decía, textualmente, que el susodicho estaba «hasta la punta de la polla de que lo hayan tirado como a una colilla» y no conseguía encontrar trabajo.[9] También revelaba que el rey Juan Carlos había prometido ayudar a colocarlo en alguna parte, pero en ese momento seguía sin cumplir dicha promesa. Y sugería que el que fuera secretario de las infantas podría tirar de la manta si las cosas seguían por esos penosos derroteros. ¿Era un chantaje para que le ayudasen? El tiempo lo dirá. Al enfado del antiguo secretario de la infanta hay que añadir como otro peligro acechante, también procedente del caso Nóos, los movimientos de Diego Torres, antiguo socio de Urdangarin. Su estrategia de defensa en los tribunales consiste, entre otras cosas, en salpicar a la corona. Y por ello insiste, quizás con razón o quizás no, en que la Casa del Rey lo sabía todo y hasta participó en la génesis de la fundación Nóos.

En paralelo a la instrucción del caso y a la consiguiente ruptura con la institución, Iñaki y Cristina, unidos frente a la adversidad y convencidos de su supuesta inocencia, fueron tomando decisiones para variar el rumbo de su existencia común. Primero decidieron dejar su casa de Washington para volver a España, donde el duque se podría defender de tanta acusación. Así, en el verano de 2012, tras tres años en la capital de Estados Unidos, Urdangarin y Cristina regresaron a Barcelona. Ella se reincorporó a su trabajo en La Caixa y él, que se había visto obligado a dejar su puesto en Telefónica durante la investigación, siguió sin trabajo, centrado en preparar su defensa.

Antes de aterrizar en la Ciudad Condal, el duque de Palma volvió por sus fueros con una forma de proceder que podríamos tildar de esperpéntica. Resulta que Urdangarin deseaba quedarse con los muebles de su lujosa vivienda de Washington. Primero pidió a Telefónica, que sufragaba los gastos de la casa, quedarse con el mobiliario. Como la

---

[9] Raúl del Pozo, «Revenga: hostal del grillo», *El Mundo*, 16/III/2015.

respuesta fue que, en buena lógica, tendría que pagar los muebles si quería quedárselos, Txiki urdió una estratagema que define su carácter. Convenció a la empresa multinacional de que era más conveniente donar el material a una organización de beneficencia (*charity*). La operadora de telefonía se ocupó del traslado de los bultos a la sede de la entidad caritativa. Al día siguiente allí se presentó Iñaki, ni corto ni perezoso, ofreciendo 20.000 dólares para comprar los muebles, que valían mucho más. El problema fue que ya se habían vendido a otro comprador. Su gozo quedó, por así decirlo, en el pozo de su ambición.

Tampoco dice mucho a favor de Urdangarin el plan que trazó un tiempo después, a principios de 2013, para volver a marcharse de España, harto de la persecución de la prensa y ninguneado desde La Zarzuela. El duque llegó a pedir permiso al juez que instruía su causa para irse a Qatar, dado que allí se iba su buen amigo Valero Rivera, célebre entrenador de balonmano, para dirigir a la selección nacional de aquel país de cara al Mundial de 2015. La idea de Txiki era acompañar al técnico en la aventura como segundo entrenador. Cuando se daba por hecho que Urdangarin volvería a tener trabajo, surgió un obstáculo tan imprevisible como difícil de soslayar: él no tenía carnet de entrenador y, por tanto, la federación qatarí desestimó su fichaje.

Al final, otra vez Cristina tuvo que pedir ayuda a papá para tomar otro sendero en busca de su felicidad perdida. Después del intento fallido para irse a Qatar, los duques, que a pesar de todo no han perdido muchos de sus privilegios, se marcharon con sus cuatro hijos a Ginebra. La Caixa de Fainé facilitó el traspaso de Cristina a sus oficinas de esta bella ciudad suiza. Además, el príncipe y magnate Karim Aga Khan, gran amigo de don Juan Carlos, colocó en su fundación a la infanta, con un suculento salario que, según se ha publicado, sobrepasa su retribución en la entidad financiera. En total, podría ganar entre ambos trabajos unos 500.000 euros al año, con los que el matrimonio tiene que costear su dúplex del centro de la ciudad y la carísima matrícula de sus cuatro hijos en la Ecole Internationale de Ginebra, uno de los veinte mejores colegios del mundo. Desde su traslado, la madre trabaja a destajo, los vástagos estudian y el padre se dedica a hacer deporte.

Pese al alejamiento tanto físico como sentimental de la familia real, Urdangarin y Cristina tampoco se han quedado solos. Primero en Barcelona y luego en Ginebra han contado con el apoyo de amigos y familiares incondicionales. Son, entre otros, la navegante y armadora Marta Mas; la hermana mayor de Urdangarin, Ana; el regatista Roberto Molina y su esposa, Cristina Fernández; la doctora Vicky Fumadó; el balonmanista David Barrufet; la empresaria Cristina Castañer; y, sobre todo, el citado Mario Pascual Vives, gran amigo amén de abogado del duque. En estos años de dolor ellos han mostrado su total respaldo, su amistad inquebrantable y su comprensión permanente. En las Navidades, Cristina e Iñaki viajan a Vitoria, junto a la familia de él, para hallar similares sentimientos de afecto y solidaridad. Justo las sensaciones que los duques no han encontrado en Zarzuela, donde Felipe y Letizia, uno con dolor y la otra quizás con satisfacción, han cerrado la puerta y han dado varias vueltas a la cerradura para impedir su entrada.

Una infanta al banquillo y el mensaje del nuevo rey

Teniendo en cuenta cómo han discurrido las relaciones entre los reyes actuales y los duques de Palma, desde aquellos primeros días de intimidad y amigos compartidos hasta la desconexión posterior, es obvio que en la corte de Felipe VI no hay lugar alguno para Urdangarin, y quizás tampoco haya hueco para Cristina si finalmente es condenada por haber cometido delitos fiscales junto a su amado esposo. Aunque ellos siempre han defendido su total inocencia y se han esforzado por llegar a creer que todo el mundo está en su contra, la verdad es que son simplemente esclavos de sus propios errores.

Fruto de sus equivocaciones, algunas tan burdas y surrealistas como las que aparecen en las películas de Santiago Segura, la infanta Cristina y su marido Iñaki se sentarán en el banquillo de los acusados para responder de sus presuntas corruptelas. El ya archiconocido juez Castro decidió el 22 de diciembre de 2014, fecha imborrable para siempre en la historia de los despropósitos monárquicos, llevar a juicio a la infanta como «cooperadora necesaria» en varios delitos fiscales hipotéticamente perpetrados por su marido. Una imputación que se hizo pública justo el mismo día en que Felipe VI grababa su alocución navideña.

Lo ocurrido con su hermana ensombrecía y condicionaba el esperado estreno del monarca en su primer discurso televisado de Navidad a los españoles. Un mensaje, el segundo en importancia tras el de la proclamación del 19 de junio anterior, al que la Casa Real llegaba sin que Cristina renunciase a sus derechos dinásticos y justo cuando eran cada vez más las voces que, desde el arco parlamentario, reclamaban con mayor insistencia un gesto de estas características. En las horas previas, Felipe VI ultimó con el jefe de su Casa, su leal secretario por más de veinte años, Jaime Alfonsín, y su equipo de comunicación, Jordi Gutiérrez y Javier Arenas, los detalles de este mensaje que remitía, por simbolismo e importancia, al que tres años antes, al inicio de este caso, había pronunciado don Juan Carlos, antes de la imputación del duque de Palma.[10] ¿Qué diría al respecto el nuevo monarca? ¿Mencionaría directamente a su propia hermana?

Felipe VI llamó a regenerar «nuestra vida colectiva», tarea para la que «luchar contra la corrupción es un objetivo irrenunciable». Defendió la Justicia porque «es cierto que los responsables de esas conductas irregulares están respondiendo de ellas; eso es una prueba del funcionamiento de nuestro Estado de Derecho». A su juicio, era necesario «evitar que esas conductas echen raíces en nuestra sociedad y se puedan reproducir en el futuro» porque «los ciudadanos necesitan estar seguros de que el dinero público se administra para los fines legalmente previstos; que no existen tratos de favor por ocupar una responsabilidad pública; que desempeñar un cargo público no sea un medio para aprovecharse o enriquecerse». En suma, no mencionó a los duques, pero apuntó a sus presuntas actuaciones como comportamientos que deben ser desterrados.

El rey tendrá complicado romper su vínculo sentimental con una hermana que se ha criado junto a él y ha sido su confidente durante

---

[10] Daniel Forcada, «El rey ultima detalles de su primer discurso de Navidad bajo la sombra de su hermana», *El Confidencial*, 23/XII/2014.

años. Prueba de ello es que cuando Cristina declaró ante el juez en Palma, en abril de 2014, se desplazó después a Madrid para encontrarse, en secreto, con el entonces príncipe de Asturias, antes de viajar de nuevo junto a su amado marido. Sin embargo, en los fastos de la proclamación de Felipe VI, narrados al detalle en otro capítulo, Cristina solo estuvo en el Palacio de La Zarzuela junto a su padre, en un discreto plano, alejada de los focos.

Quizás esa posición, escondida entre bastidores y ninguneada en público, sea el precio que tenga que pagar por su amor a este Txiki cuyos negocios tanto han dañado a la corona. El 12 de junio de 2015, cuando había pasado el primer año de su reinado, Felipe VI sorprendió a los españoles al revocar el uso del título nobiliario del Ducado de Palma a su hermana. Un golpe de efecto que resultó especialmente asombroso porque se produjo solo unos días después de que Cristina abandonase de repente el ostracismo y reapareciera en público para asistir a dos eventos: la celebración privada de la comunión de la princesa Leonor y el funeral por Kardam de Bulgaria. Horas después del golpe recibido, la hermana del rey aseguró, por boca de su abogado, Miquel Roca, que fue ella quien solicitó al monarca días antes, el 1 de junio, que le retirase el título. Extremo que la propia Casa del Rey negó después. Una confusión que evidencia el nivel de profundo deterioro al que han llegado las relaciones entre los dos hermanos.

Cuando estas líneas se escriben, es una incógnita el futuro judicial de este matrimonio entre un hombre eminentemente *torrentiano* y una hija y hermana de reyes enamorada ciegamente, hasta el punto de parecer —incluso ser— cómplice en varios delitos dinerarios. En cambio, es una realidad incuestionable que el bueno de Txiki, aquel hombre apuesto y deslumbrante que llegó a Zarzuela casi dos décadas atrás, tendrá harto complicado, por no decir imposible, volver a palacio. A diferencia de lo que ocurría en la corte de Juan Carlos I, en la que durante demasiado tiempo anidaron personajes turbios con absoluta impunidad o, peor, con la complicidad de la corona, en la nueva monarquía de Felipe VI no habrá lugar para los corruptos. Ese es el compromiso del rey. Con la perspectiva que otorgan los años, veremos si cumple su promesa.

10

López Madrid: los escándalos golpean al amigo del rey

«La sociedad necesita referencias morales a las que admirar y respetar; principios éticos que reconocer y observar; valores cívicos que preservar y fomentar».

Con voz firme, con una dicción mejorada tras la entrada de Letizia en su vida y con soltura y naturalidad, Felipe se dirige por primera vez como rey de España al abarrotado auditorio del Teatro Campoamor de Oviedo, en uno de sus discursos más personales del comienzo de su reinado. Solo comparable en trascendencia, y en este orden, al de su proclamación y a su primer mensaje de Navidad. Un silencio que impresiona y sobrecoge otorga mayor gravedad a las palabras de Felipe VI, que lee su discurso directamente de las pantallas invisibles del *teleprompter.* Una puesta en escena más propia de *El ala oeste de la Casa Blanca* y de la política norteamericana que le permite, a su vez, mirar cara a cara a su audiencia mientras avanza en su mensaje.

«Es con ese necesario impulso moral colectivo con el que se puede y se debe hacer de España una nación ilusionada, llena de vida y de pensamiento; llena de ideas que merezcan la confianza de los ciudadanos».

Se trata de un acto especialmente emotivo y simbólico. La última entrega de premios antes de que la fundación cambie su nombre por el de Princesa de Asturias y de que su hija Leonor vaya asumiendo más protagonismo. El rey habla de principios éticos, de valores, de conductas ejemplares y, en definitiva, de regeneración, en un momento en el que esas grandes palabras, con mayúsculas, se han visto empañadas por un sinfín de casos poco decorosos que han afectado a todos los estamentos de la sociedad y también a su propia familia. «Todos, ciudadanos e instituciones, estamos sometidos, por igual, al mandato de la ley», asegura en medio de otro aplauso atronador del público.

Entre las butacas se congrega el público habitual de esa cita, que incluye a empresarios, políticos, miembros de la sociedad civil, antiguos premiados, miembros del jurado y, también, en un plano más discreto, a amigos de Felipe y Letizia a los que la Casa suele invitar para este acto tan señalado en la agenda anual de la pareja. Pero hay una ausencia destacada. Por primera vez en mucho tiempo, uno de sus allegados más próximos, el empresario Javier López Madrid, se tiene que conformar con seguir el discurso por la señal de televisión. En su casa de Puerta de Hierro o en su gran despacho de la planta 56 de Torre Espacio, desde la que otea todo el *skyline* de Madrid. Este año, Javier no ha recibido el tarjetón que le hubiera permitido, como ha hecho siempre, pisar la alfombra azul que engalana el teatro de Oviedo.

Para una personalidad de fuertes impulsos como la suya, un manojo de nervios andante que raya en lo histriónico, ese pequeño gesto es otro golpe inesperado en su ego de gran empresario acostumbrado a que el viento sople siempre a favor. Lo soporta a regañadientes. Como encaja igualmente mal que su suegro, Juan Miguel Villar Mir, y su yerno, con quien compite de cara a la futura sucesión del gigante OHL, sí que estén en el Teatro Campoamor con todos los honores y todas las bendiciones de la Casa del Rey. Se imponen tiempos de alejamiento prudente entre él y Felipe VI. Si no en todos los órdenes —pues en su entorno más cercano siguen sosteniendo que son íntimos—, al menos en la esfera pública, en lo que transluce de cara a la galería. Quien se precia de tener más horas de intimidad con el monarca tiene que marcar distancias en estos primeros meses de reinado en el que la corona debe volver a consolidarse en un escenario pacífico y alejado de cualquier turbulencia.

A principios de ese mismo mes de octubre, la diosa Justicia, afectada por una insoportable resaca durante los últimos años de crisis repletos de escándalos, ha vomitado sobre la Audiencia Nacional un extenso listado con los nombres y gastos de ochenta y seis exconsejeros de Caja Madrid y Bankia que fueron agraciados con las famosas tarjetas *black*, opacas al fisco y en las que hombres en su mayoría multimillonarios cargaron todo tipo de gastos personales. Una información tan detallada sobre sus hábitos y sus dispendios que permite radiografiar, con la exactitud del bisturí de un cirujano, todos los movimientos —algunos muy inconfesables— que durante los últimos años llevaron a cabo todos ellos.

Los gastos se cargaban en la cuenta de quebrantos de Caja Madrid, pensada para cubrir los costes asociados a errores informáticos, indemnizaciones a clientes o robos, y por tanto la opacidad de cara a las auditorías parecía asegurada de por vida. Hasta que el hastío de la crisis, las reivindicaciones de los preferentistas y la judicialización del saqueo de las cajas hicieron que el chiringuito se viniera abajo de la forma más incontrolada. Sin matices de ningún tipo. En un vendaval que ha arrastrado a cuantos aceptaron esa remuneración en especie. Desde sindicalistas históricos hasta exministros expulsados de sus respectivos partidos, pasando por algunos nombres más desconocidos, como este amigo inseparable de Felipe VI u otros cuyo comportamiento se había considerado ejemplar hasta la fecha. Como el último jefe de la Casa del Rey Juan Carlos, Rafael Spottorno, a quien todo esto ha malbaratado lo que parecía una jubilación dorada y tranquila tras su gestión impecable de la abdicación del rey emérito.

Spottorno tuvo que renunciar a ser consejero privado de Felipe VI —un cargo meramente simbólico sin oficio ni beneficio— y Javier López Madrid, desligarse públicamente de los reyes hasta que el temporal amainase. Aunque en su caso, los hados se han torcido posteriormente todavía más, hasta hacer peligrar de forma definitiva su pervivencia en el entorno más íntimo de Felipe VI.

El amigo metido en mil charcos

Javier López Madrid es un hombre enjuto, de aspecto fibroso, ojos saltones y puntiagudos y media melenita que le aporta un aire más juvenil a sus cincuenta y tantos. Experto en finanzas, está casado con Silvia Villar Mir, la única hija del presidente de OHL, Juan Miguel Villar Mir, convertido en marqués por designio personal del rey Juan Carlos en recompensa a su «destacada y dilatada trayectoria al servicio de España y la corona». O sea, otro de esos amos del dinero a los que tanto mimó el rey emérito, y viceversa.

Con cargos directivos de relevancia en las empresas de su suegro, López Madrid no fue compañero de pupitre de Felipe en Los Rosales, por más que este dato se repita de forma machacona en todas las semblanzas que se han escrito y hecho sobre él. Primero, porque es varios años mayor que el rey. Y segundo, porque se educó en otra célebre incubadora de poderosos, el colegio de El Pilar, por donde han desfilado varias generaciones de empresarios, políticos y periodistas. Desde Alfredo Pérez Rubalcaba a José María Aznar, desde Luis María Anson hasta Juan Luis Cebrián, entre otros tantos. Después estudió en un buen colegio de Suiza, donde se codeó con una saga de hijos de grandes fortunas de todo el mundo.

López Madrid entró en la órbita del entonces heredero a raíz de su unión a una familia tan íntimamente ligada a la Casa del Rey por muy diferentes lazos. Su mujer ha sido siempre una de las mejores amigas de la infanta Cristina. La periodista Carmen Duerto revela que López Madrid y Felipe hicieron buenas migas dos décadas atrás, durante un safari por Kenia en el que él iba con su mujer.[1] Y hasta hoy. Hasta convertirse en uno de los grandes apoyos de Felipe VI en sus avatares personales desde ese momento.

Como hemos visto a lo largo de estas páginas, él era el hombre que, por ejemplo, escondía en su casa de la calle Peguerinos a Gigi Howard cuando la relación era clandestina —abril de 1996— y que prestó pa-

---

[1] «Él pagó el viaje del príncipe», *El Mundo*, 18/IV/2004.

recidos favores al príncipe con Eva Sannum o, anteriormente, con Isabel Sartorius, que frecuentó su finca de Peñaranda de Bracamonte (Salamanca).

Javier y Silvia fueron también los que acompañaron a Felipe y Letizia en aquel viaje preboda a Las Bahamas que saltó a la palestra tras un desafortunado incidente en el aeropuerto de Miami. Y son la misma pareja que se retrató junto a Felipe, Eva Sannum y otros amigos en aquel viaje a India y Nepal de 1999, que se publicó en las páginas del *¡Hola!* como evidencia del sólido noviazgo que entonces unía al príncipe con la noruega. Es también el hombre de negocios que, gracias a su extensa agenda de contactos, le presentó al venezolano Lorenzo Mendoza, dueño de las empresas Polar y del avión privado en el que más de una vez Felipe se ha escapado a lugares recónditos.

Y es que, junto a Álvaro Fuster y Pedro López Quesada, este empresario, que ha pisado demasiados charcos, es o era el otro gran confidente y escudero del círculo de los amigos de elevada posición que rodean a Felipe VI, y de los pocos que mantiene también una excelente relación con Letizia Ortiz, quien ha hecho buenas migas a su vez con Silvia Villar Mir. La reina suele desplazarse hasta su casa de Puerta de Hierro para practicar yoga en sesiones privadas y ocultas a cualquier mirada indiscreta, con una prestigiosa monitora de esta disciplina. A las mismas, se suele unir también la esposa de Ricky Fuster, la mexicana Mónica Navarro. Estas sesiones de yoga también se desarrollan en otras ocasiones dentro de su residencia en palacio y a ellas se unen otras amigas del círculo más privado de la reina.

Conexiones con los *royals* que los periódicos destacan en grandes titulares cada vez que el nombre de López Madrid aparece envuelto en algún caso turbio. Y cada vez son más y más complejos los asuntos sobre los que chapotea... Sea el de las tarjetas *black*, en donde devolvió ipso facto el dinero y pagó a Hacienda lo que debía —antes incluso de que se entregasen los Premios Príncipe de Asturias 2014—, o en otros más inextricables, como el caso en el que se ha visto envuelto acusado de acoso por la dermatóloga Elisa Pinto Romero, médico de la clínica Quirón San Camilo de Madrid. Unas graves acusaciones que le han hecho vivir al borde de la paranoia y que le han llevado a echarse en brazos de su socio Lalo Azcona (Estudio de Comunicación) para tratar de explicarse y cambiar el sentido de la historia.

A todo esto se unen, por si fuera poco, sus peligrosas relaciones empresariales con el cabecilla de la trama Púnica, el exsecretario general del PP de Madrid y consejero de la Comunidad de Madrid, Francisco Granados, encarcelado en la prisión de Estremera y gran amigo suyo.[2] Amén de otras ligazones extrañas que tampoco ayudan especialmente a López Madrid, como el hecho de que Iván Yáñez, presunto testaferro de Luis Bárcenas, fuera socio suyo en una empresa de gestión de fondos de inversión llamada Valorica Capital e Inversiones.[3] En definitiva, demasiados fregados para un hombre tan vinculado al rey y tan íntimamente conocedor de los secretos de la corte, por más que él se afane en visitar de urgencia las redacciones que informan sobre sus casos, recordando sus cercanos vínculos con Felipe VI.

Javier se casó con Silvia en septiembre de 1990, en una ceremonia religiosa que se celebró en el cortijo de Paniagua de Sotogrande, en Cádiz. Aquello fue, como no podía ser de otra manera, un magno evento social

---

[2] López Madrid ejerció de intermediario para que Alejandro de Pedro Llorca, detenido en la operación Púnica y considerado uno de los colaboradores más estrechos de Francisco Granados, pudiera establecer contactos con Indra, compañía especializada en defensa y tecnología. Según publicó *El Confidencial*, estas conversaciones con Indra estuvieron bendecidas por el expresidente de la empresa, Javier Monzón, que atendió la petición de que se le abrieran las puertas que le había formulado su amigo Javier López Madrid. Fruto de esa gestión, Pedro Llorca mantuvo relaciones comerciales con Jesús Gil, director de desarrollo de negocio y responsable del área de procesos electorales de Indra.

[3] La sociedad Valorica era una *hedge fund* de la que el supuesto testaferro de Bárcenas, Iván Yáñez, era consejero fundador junto al abogado Cristóbal Thomas de Carranza y Méndez de Vigo. Valorica entró en crisis y, tras la salida de sus socios fundadores, fue adquirida por Tressis Sociedad de Valores, que presidía Javier López Madrid. El empresario pasó a presidir entonces Valorica y Yáñez continuó como consejero de la firma. Hay que recordar, igualmente, que el suegro de López Madrid, Juan Miguel Villar Mir, figura como uno de los supuestos donantes de los llamados «papeles de Bárcenas», con aportaciones en 2004, 2006 y 2008 que sumaron un total de 530.000 euros a las arcas del Partido Popular.

que congregó a lo más granado de la banca, de la empresa y de la alta sociedad. Por parte de la novia, firmaron como testigos, entre otros, el presidente del Banco Santander, Emilio Botín Sanz de Sautola, y Victoria Carvajal Hoyos, la que fuera primera novia del príncipe en los tiernos tiempos del colegio de Los Rosales. Y por parte del novio, hicieron lo propio otros tantos nombres ilustres de la *jet* que forman parte también de la esfera de Felipe. Entre otros, Bruno Entrecanales Domecq, Pelayo Primo de Rivera, Jaime Carvajal Hoyos y el príncipe Alfonso de Hohenlohe.

Su padre, Germán López y Pérez de Castrillón, fue un gallego de origen humilde que trajo Volvo a España con la ayuda del entonces príncipe de España, don Juan Carlos. En 1962 —junto a otros cuatro socios— creó Volvo Concesionarios, una compañía dedicada a la importación, distribución y venta de automóviles, camiones, autobuses, motores marinos e industriales y maquinaria de obra pública de la marca sueca. Arrancó con cuatro establecimientos (en Madrid, Barcelona, Mallorca y Marbella) y tras crear la red de concesionarios en toda España, vendió la compañía a los suecos y se hizo millonario. Al frente de la firma continúa su hijo mayor, Germán López Madrid, amigo de la infanta Elena por su común afición ecuestre. Tras el paso de dos ejecutivos suecos por la Volvo, Germán ocupa desde 1997 el antiguo despacho de su progenitor, que permanece intacto.

Este otro López Madrid, por cierto, figura como director de la Asociación para la Promoción del Deporte Ecuestre (ADPE), vinculada en su día a la infanta Elena y en cuyo organigrama estaba, como número dos, el exsecretario de las infantas Carlos García Revenga. Otro hombre que, como ya se ha contado, tras la proclamación de Felipe VI también empezó a hacer las maletas para salir de Zarzuela por la puerta de atrás después de veintidós años como funcionario eventual de la Casa. El exsecretario de las infantas podría haberse ido sin hacer ruido, pero Revenga salió «rana» y presentó la mentada denuncia laboral para recurrir su despido y pedir una indemnización.

En 2001, Javier fundó, junto al periodista Lalo Azcona, la gestora de valores Tressis, que administraba los dineros de una parte importante de la alta sociedad madrileña, como la familia Mesonero Romanos.

También era accionista el presidente de Endesa, Borja Prado, hijo de Manuel Prado y Colón de Carvajal, el jefe de las finanzas del rey Juan Carlos que tuvo que abandonar la corte por sus escándalos. En uno de los mayores pelotazos del sector, el yerno de Villar Mir intentaba cerrar en los primeros meses de 2015 la venta de Tressis a la andorrana Banca Mora por 50 millones de euros. Pero finalmente esa operación quedó en agua de borrajas como consecuencia del escándalo del Banco de Madrid.

La vinculación entre López Madrid y Lalo Azcona no deja de ser curiosa, toda vez que este conocido presentador de los telediarios en la época de la Transición es el dueño de la empresa para la que trabaja Chus Ortiz, el padre de la reina, y está igualmente vinculado a la abuela de doña Letizia, Menchu Álvarez del Valle, que trabajó con su padre, Ladislao de Arriba Álvarez, en la radio asturiana. El mundo, nunca mejor dicho, es un diminuto pañuelo de conexiones de ida y vuelta.

Los líos de Caja Madrid

El sino de López Madrid y Rafael Spottorno se une, al igual que los edificios inclinados de las Torres KIO, en las plantas nobles de Caja Madrid y Bankia. El primero como exconsejero de la entidad doblemente imputado por el juez Fernando Andreu por la quiebra de la entidad financiera y por el uso de las tarjetas *black*, y el segundo como presidente de la Fundación Caja Madrid en la era de Miguel Blesa e igualmente entrampado en el caramelo envenenado de las visas VIP. Gastos que parecen ahora peccata minuta en comparación con el otro escándalo que ha revuelto a la *jet* madrileña y que ha maltrecho la imagen de exitoso hombre de finanzas que se había labrado el yerno de Villar Mir.

López Madrid fue nombrado consejero de Caja Madrid en abril de 2008, a propuesta de la patronal madrileña CEIM —la misma que presidía el inefable Arturo Fernández y de la que después sería director de comunicación Jordi Gutiérrez, a la sazón, actual portavoz de la Casa del Rey—. Antes, ya había tenido un hueco en el órgano de gobierno de Corporación Financiera Caja Madrid. Con la llegada de Rodrigo Rato, en 2010, se le reservó otro asiento en el consejo de administración del recién constituido Banco Financiero y de Ahorros (BFA), la matriz de Bankia, que engloba a otras seis cajas (Bancaja, Caja Insular de Canarias, Caixa Laietana, Caja Rioja, Caja Ávila y Caja Segovia).

El 16 de junio de 2011, solo trece días antes de que el banco enviase a la CNMV el documento oficial de la Oferta Pública de Suscripción (OPS) de su salida a bolsa, López Madrid aceptó cambiar ese puesto por otro en el consejo de Bankia. Y de ahí su imputación en la Audiencia Nacional junto a otros treinta y dos consejeros por presuntos delitos de administración desleal, alteración de los precios, falsedad en las cuentas y apropiación indebida. El yerno de Villar Mir siempre se ha quejado públicamente de lo injusto de ese encausamiento y de los quebraderos de cabeza que esa operación le ha ocasionado. Incluso de que él mismo y los Villar Mir perdieron un buen mordisco de su fortuna personal en la quiebra de Bankia. Según su versión, destinaron algo más de 20 millones de euros a la adquisición de acciones la entidad requeridos por la llamada institucional y patriótica de prestar «un servicio al país» para salvar a la entidad, madre de buena parte de los dolores posteriores del sistema financiero español.

El caso sigue sub iúdice. Pero la investigación iniciada por Fernando Andreu también ha permitido conocer otras curiosidades que le afectan a él directamente. El juez empezó a indagar en posibles operaciones irregulares de los treinta y tres imputados en beneficio propio, de sus empresas o de sus familiares entre 2008 y 2011. Y así se pudo saber que, en plena crisis, los miembros del consejo de administración de Caja Madrid, de su comisión de control y de su comité de dirección se autoconcedieron millones de euros en créditos personales o para sus empresas. Por ejemplo, Gerardo Díaz Ferrán, entonces presidente de la patronal CEOE y hoy entre rejas, recibió en 2008 un crédito de empresa de 24 millones de euros a pagar en doce meses y garantía hipotecaria, y al año siguiente, un crédito personal de 432.000 euros a pagar en ciento ochenta meses y garantía también hipotecaria.

La entidad concedió en 2010 un crédito para OHL de un millón y medio de euros, cuando López Madrid era consejero de la Caja. Y en 2011, otros seis créditos más (cesión, empresa y comercio exterior) por un importe total de 483 millones de euros. Cuatro de ellos eran cuentas de crédito para OHL —él ocupa el cargo de consejero delegado del grupo— y dos más eran avales. Todos estos datos se extraen de un informe remitido a la Audiencia en agosto de 2012 por la auditora de cuentas, María Eva Cereceda.[4]

De las múltiples derivadas del caso Caja Madrid se descuelga la que ha tenido, a la postre, más relevancia: la de las tarjetas opacas. Tiene más trascendencia porque demuestra, en román paladino, cómo se las gastaban algunos de los artífices de esta crisis financiera y económica. Las venalidades y las vergüenzas de los prohombres de los negocios de este país que, con sus acaudaladas cuentas, no tenían necesidad alguna de dejarse llevar por el pecado de la avaricia y de los cantos de sirena de unas tarjetas que parecían destinadas a ser totalmente secretas.

Para ser justos, hay que reconocer que el yerno de Villar Mir no fue uno de los que más dispendios cargó a su tarjeta *black*. Gastó, en total, 34.807 euros en tres ejercicios: 8.500 euros en 2010, 23.600 en 2011 y 2.700 euros en 2012. Dinero que ya reintegró a los pocos días de estallar el caso, al tiempo que realizaba una declaración de la renta complementaria para ponerse al día con la Agencia Tributaria, con casi otros 15.000 euros en tributos. Calderilla para un hombre de su estatus. Pero devolver la pasta no le excusa de la penitencia ni de haber sido nuevamente imputado en esta derivada junto a otros setenta y siete ex altos cargos de Caja Madrid y Bankia.

«Mi grupo empresarial y yo personalmente somos los inversores que más dinero hemos perdido en Bankia. Los que más —explicó al juez y a los fiscales cuando acudió a declarar a la Audiencia Nacional por este caso—. No hay ningún grupo empresarial o familiar que haya perdido más dinero en la salida a bolsa de Bankia (...). Habiendo invertido y perdido una cantidad tan importante de dinero, desde luego no estaba en mi intención y en mi ánimo participar en un esquema de beneficiarme de unas tarjetas que, en comparación con el importe que habíamos

[4] Carlos Fonseca, «El juez revisa con lupa los créditos concedidos al consejo de Caja Madrid en plena crisis», *El Confidencial*, 18/XI/2012.

perdido, era un importe ínfimo. ¿Que fui excesivamente confiado? Pues a lo mejor».

En aquella declaración, López Madrid explicó que al llegar al consejo, el secretario del mismo, Jesús Rodrigo, le dijo que esa tarjeta era parte de su remuneración con un límite máximo de 24.000 euros anuales. «Mi secretaria mandaba regularmente los gastos que se producían y le dijeron que no tenía que hacerlo porque la dirección financiera ya lo comprobaba», añadió. «Pero creo, de hecho, que los siguió mandando porque yo, cada vez que hacía un gasto, lo enviaba. Porque me parecía que si tenía que gastar 24.000 euros tenía que tener un cierto control».

Entre las curiosidades que arrojan sus gastos destacan dos comidas en el restaurante Flanigan de Mallorca el domingo 20 y el sábado 26 de junio de 2010. La primera por 364,30 euros y la segunda por un importe de 231,80 euros. Este restaurante cercano al Palacio de Marivent ha sido lugar de reunión habitual del rey Juan Carlos y su familia durante sus estancias en la isla. Y como se explica en otro capítulo, siempre se ha situado al rey emérito como uno de los socios ocultos del empresario Miguel Arias en este establecimiento.

Buena parte de sus cargos a la tarjeta se podrían entender como gastos de representación, al tratarse, en su mayoría, de comidas en selectos restaurantes de cuatro y cinco tenedores. Pero también abonó gastos de carácter personal difícilmente justificables. Como una compra en el Hipercor por valor de 661 euros el 15 de agosto de 2011, y lo que parecen ser los regalos de Navidad de ese año. Un artículo de Loewe-Louis Vuitton que costó 1.400 euros y una prenda de Prada de 1.000 euros que fueron comprados en días sucesivos, el 21 y 22 de diciembre de 2011, y probablemente en Mallorca. Porque ese mismo día 21 hizo también otro cargo en el restaurante Portixol de la isla.

Los masajes filipinos pagados por Spottorno

Uno puede dedicar toda una vida a labrarse afanosamente una trayectoria profesional irreprochable y, de la noche a la mañana, ver arruinado su crédito personal por un detalle que queda de por vida asociado a uno mismo. Una fatalidad que, en buena medida, le ha pasado por encima al diplomático Spottorno, cuya imagen en el ideario colectivo quedará unida, durante mucho tiempo y en los anales de Google, a los «masajes filipinos» que pagó con su tarjeta opaca por importe de hasta 1.500 euros y que, según algunas informaciones, no serían para él sino para su hija. Sea como fuere, estos masajes se hicieron tan célebres como la lencería de Woman Secret que otro exconsejero de Caja Madrid, Juan Iranzo, cargó a la suya, según publicaron varios periódicos.

Como expresidente de la Fundación Caja Madrid entre 2003 y 2010, el último hombre de la era Juan Carlos sufragó con su tarjeta abonos por un importe total de 223.864 euros. Lo que cuesta comprarse un piso en muchas capitales de provincia de este país con hipotecas que esclavizan durante décadas.

Si el caso de López Madrid puede afectar al nuevo monarca en una esfera un tanto intangible como la de los aprecios, las influencias y los entornos más o menos inadecuados, lo cierto es que el caso Spottorno sí que suponía una de las primeras pruebas de fuego de los compromisos de Felipe con su afán regenerador. Aunque todo sea dicho, el cordón umbilical que unía a la corona con su antiguo jefe de la Casa ya estaba prácticamente cortocircuitado mucho antes de que se divulgasen todos estos detalles sobre sus gastos en *black*.

La relación del nuevo monarca con Spottorno siempre ha sido tirando a fría y distante. Tras ser relevado por Jaime Alfonsín en su puesto, Spottorno pretendía seguir vinculado a Zarzuela en algún puesto orgánico de apoyo al rey emérito, en el cargo que actualmente ocupa Alfonso Sanz Portolés. Pero desde un primer momento, Felipe VI se opuso a sus deseos y solo aceptó reconocerle como consejero privado.[5] Que es tanto como no decir nada. Porque como se ha dicho, es un desempeño meramente simbólico —sin remuneración ni funciones— que puede ejercer cualquier persona a la que el monarca telefonee o cite en

---

[5] «Spottorno no aguanta la presión y renuncia como consejero del Rey por las "tarjetas VIP"», *El Confidencial*, 8/X/2014.

audiencia para escrutar y sondear diferentes opiniones. ¿O es que acaso una renuncia como la oficializada por Spottorno impide que Zarzuela pueda requerir su punto de vista en cualquier momento como voz de la experiencia que conoce los engranajes de la Casa?

La distancia entre Felipe y Spottorno se explica por su muy diferente forma de entender cómo debe ser y actuar la institución. Las diferencias de opinión generacionales que se vislumbran entre un hombre como el monarca, en sus cuarenta y tantos, y un diplomático como Spottorno, que ha entrado ya en los setenta. La misma ruptura generacional y de conceptos que se aprecia entre padre e hijo al frente de la corona.

En este debate y en esta toma de posiciones, Felipe VI siempre fue partidario de que la institución actuase con mayor rapidez y contundencia contra Iñaki Urdangarin, para minimizar los daños causados a la institución por el caso Nóos. En una Casa que no admite bicefalias y que es piramidal en la toma de decisiones, el príncipe y Letizia nunca compartieron los tiempos marcados por Spottorno.

Aunque también es cierto que Spottorno y Felipe tuvieron que aliarse en otras tantas ocasiones para convencer al rey emérito de muchas de las decisiones a las que era reacio. «Los dos últimos años fueron de crisis permanente y en ese tiempo hubo que convencer al rey de muchas cosas», explica un alto cargo de la época. «Y para que Rafael convenciera al rey necesitó la ayuda de su hijo en numerosas ocasiones. Hubo un trabajo extraordinario entre Jaime Alfonsín, Rafael Spottorno y el príncipe».

El 7 de octubre de 2014, tras el bombazo de las tarjetas, Spottorno se echó a un lado para «evitar cualquier intento de comprometer en este asunto a la figura de Su Majestad el rey», tal y como él mismo explicó en un comunicado.[6] En la nota remitida a Efe argüía también que «en ningún momento» había hecho un uso «indebido» de la visa. «La empleé

[6] El caso de las «tarjetas *black*» sigue sub iúdice al momento de escribir estas páginas en manos de la Audiencia Nacional. En el proceso, Spottorno ha sido imputado y reimputado en varias ocasiones.

para lo que, al entregármela, se me dijo que podía emplearla y en los términos y con los límites que se me fijaron».

Pero recurrió a ella para todo lo imaginable. Y aquellas palabras que en su día pronunció él mismo como duro reproche a Urdangarin por su «conducta no ejemplar» se volvieron contra él como un bumerán del destino.

Una de las primeras compras con las que Rafael estrenó su tarjeta fue en la tienda de porcelana de su exmujer, Pía Rubio, especializada en vajillas, listas de boda y regalos de empresa. El 19 de febrero y el 23 de mayo de 2003, Spottorno hizo sendas compras en el establecimiento del selecto barrio de Salamanca por un importe de 463 euros.

El extracto de sus movimientos reflejaba que cargó hasta 19.500 euros en la compra de billetes de avión o que durante años se dedicó a sacar de los cajeros, retiradas semanales de entre 500 y 600 euros. Así hasta sumar 52.300 euros. Otros 23.617 euros se fueron en la agencia de viajes de El Corte Inglés y en otros productos de esta gran superficie. Casi 10.000 en hoteles de lujo de cuatro o cinco estrellas, y en diferentes importes, su hoja de gastos recogía comidas en restaurantes de alto postín, compras de libros, flores, ropa o muebles de Ikea...

«Tengo a los servicios de la Casa Real. Te estamos siguiendo»

En la sede de OHL en Torre Espacio, construida sobre la antigua Ciudad Deportiva del Real Madrid, el marqués de Villar Mir —de fuertes convicciones católicas— instaló una capilla que se puede considerar la más elevada de la ciudad. Encima, en otra planta, dispuso una pista de pádel donde entrena habitualmente su hija Silvia, que aglutina un montón de títulos y campeonatos en esta disciplina deportiva. La amiga de Letizia y de la infanta Cristina, licenciada en económicas en Londres y asesora de su padre en la compra de obras de arte, es una de las grandes víctimas colaterales del escándalo que conmocionó a la *jet* madrileña por las acusaciones cruzadas entre Javier López Madrid y la doctora Elisa Pinto, ambos con sólidas relaciones en el mundo de la alta sociedad.[7]

Este caso contiene detalles que retrotraen a algunos de esos perturbadores *thrillers* pasionales que se pusieron de moda en Hollywood a finales de los ochenta e inicios de los noventa, tales como *Atracción fatal*, *Acosada*, *Acoso* o incluso *Instinto básico*. Se trata de películas en las que iconos del cine norteamericano protagonizan historias truculentas cuyo *leitmotiv* es una disputa entre dos versiones antagónicas sobre unos mismos hechos que terminan con un desenlace habitualmente sorprendente. En este caso los protagonistas no son Michael Douglas o Sharon Stone, sino dos personajes de la alta sociedad madrileña que habían gozado de un plácido anonimato hasta verse enrolados en esta versión cañí de *Cincuenta sombras de Grey*, precisamente cuando se estrenaba en los cines la cinta sobre esa popular novela erótica.

Cuando estalló el escándalo, el gran público conoció a Elisa Pinto. Casada con el cirujano Carlos Sánchez-Cabezudo, trabaja como dermatóloga en el hospital Quirón San Camilo. Posee un gran prestigio profesional y entre sus clientes habituales hay banqueros, empresarios y periodistas de renombre. Su marido respalda su versión y es, de hecho, quien primero recomendó a Elisa que acudiera a los tribunales. En 2014 la doctora presentó una demanda por acoso contra el amigo íntimo de Felipe VI ante el Juzgado de Instrucción número 39 de Plaza de Castilla. En su relato de los hechos se incluyen mensajes y llamadas amenazantes, notas de voz de WhatsApp de contenido sexual, varios episodios tremebundos que achaca al acusado y, como sangriento colofón, dos apuñalamientos que padeció en enero y abril de 2014, respectivamente, a manos de matones desconocidos. En paralelo, López Madrid denunció ante el juzgado número 26 que él y sus allegados estaban siendo acosados por ella.

López Madrid y Silvia Villar Mir conocieron a la dermatóloga Elisa Pinto cuando acudieron a ella como pacientes, en la primavera de 2012.

[7] El 27 de febrero de 2015 el periodista Eduardo Inda reveló en su blog los principales datos de este turbio asunto.

Al principio se llevaban bien, según ambas partes. Pero algo, solo ellos saben qué y solo a ellos atañe, se quebró en esa relación. Ya se ha dicho que la una y el otro interpusieron sendas demandas en los juzgados que señalan como responsables al uno y la otra, respectivamente. La batalla judicial se alargó durante meses y meses y, cuando este libro llega a su fin, es una enorme incógnita saber quién de los dos vencerá. Además, digan lo que digan los jueces, siempre planeará sobre el caso una sombra de duda, como esa que asalta al espectador cuando ve uno de los *thrillers* antes mentados.

Elisa Pinto sostiene que fue acosada durante meses, con amenazas para ella y toda su familia. En sus diversas declaraciones en el juzgado acusó a López Madrid de fechorías de muy diversa índole, pero todas ellas destinadas a acosarla. Según ella, él se presentó en su clínica en una ocasión junto a un individuo no identificado, que después fue el autor de uno de los apuñalamientos. Asimismo, la doctora revela que el empresario le regaló un anillo de Cartier de 4.700 euros, que ella misma había encargado previamente. Relata también que el íntimo del rey viajó a París y se presentó en el hotel en que estaba hospedada con la intención de pasar la noche con ella. Y en sus denuncias y entrevistas asegura, entre otras muchas cosas, que López Madrid hacía gala, al parecer, de su amistad con Felipe VI para amedrentarla, porque afirmaba que «tengo a los servicios de la Casa Real y te estamos siguiendo».

Una historia truculenta, en todo caso, que el propio López Madrid relata en sentido proporcionalmente inverso a la versión de la dermatóloga. Durante la única entrevista concedida nada más estallar el caso, López Madrid —con su nerviosa gesticulación y sus maneras atropelladas— se presentó como víctima de una trampa urdida por una mujer a la que calificaba de «extremadamente lista», «muy brillante» e «inteligentísima».[8] El consejero delegado del Grupo Villar Mir afirmaba que «nunca jamás» hubo una relación con ella y, a renglón seguido, aña-

[8] Alberto Lardiés, «López Madrid: "Aquí hay tres posibilidades: yo estoy loco, ella está loca o hay una mano negra"», *Vozpópuli*, 4/III/2015.

día que la doctora, ofuscada al no conseguir lo que pretendía, «intentó después romper mi matrimonio» y más tarde «montó este tinglado».

Otro amigo salpicado

Para disgusto de Felipe VI, otro de sus grandes amigos aparece salpicado, aunque sea de forma colateral, en este caso con tintes cinematográficos. En el sumario que se instruye en el juzgado aparece el matrimonio que forman Ricky Fuster y Mónica Sánchez Navarro. La propia Elisa Pinto declaró en una entrevista que el 18 de septiembre de 2013 recibió una llamada desagradable. Una voz de mujer le dijo: «Puta, aléjate de López Madrid, me vale madre [expresión mexicana que significa "no me importa", "me importa un carajo"] llevarte por delante». Después, durante las pesquisas policiales efectuadas durante la instrucción, se averiguó que dicha llamada provenía de un teléfono a nombre de Ricky Fuster y cuya usuaria sería su esposa.

A no ser que haya otra explicación peregrina, como que la identificación del teléfono fuera errónea o como que un tercero manipulase pruebas, podría parecer que el matrimonio amigo de López Madrid y Felipe VI decidió tomar cartas en el asunto. Uno de los autores telefoneó en varias ocasiones al domicilio del matrimonio para conocer su versión al respecto. No hubo éxito. Una empleada de servicio aseguró que «el señor no está en la casa; está de viaje, porque está trabajando fuera del país» y dijo también que «la señora tampoco se encuentra aquí, también está en el extranjero».[9] En definitiva, esto es lo que les faltaba al monarca y su esposa: la posibilidad de que su círculo de amistades más próximas se hubiera dejado arrastrar en este tremendo culebrón del que uno solo puede salir de una manera: trasquilado.

¿Quién es la víctima y quién el villano? ¿Cómo ha afectado este asunto a la proximidad de López Madrid con el rey de España? ¿Puede

---

[9] Alberto Lardiés, «El caso López Madrid salpica a Ricardo Fuster, otro íntimo de Felipe VI», *Vozpópuli*, 11/III/2015.

permitir la corona que se ponga en duda su honorabilidad y que se acuse de utilizar a sus servicios de seguridad para acosar o amedrentar a una ciudadana cualquiera? Las acusaciones requieren, como mínimo, un desmarque completo de la Casa, por doloroso que pueda ser para el propio Felipe de Borbón.

11

Operación secreta para cambiar de corte

En el majestuoso Salón del Trono del Palacio Real, escenario de tantos actos trascendentales en la historia de España, la flor y nata de las Fuerzas Armadas aguarda la entrada del rey. Es 6 de enero de 2014 y se celebra la Pascua Militar. Solo unos días antes el monarca ha pronunciado su tradicional discurso de Nochebuena y existe en el ambiente mucha expectación por verle en su primer acto público tras su última operación de cadera. Juan Carlos I entra en la sala con paso titubeante, apoyado en las muletas, con gesto más serio de lo habitual. Se adivinan algunos regueros de sudor en su rostro. Todo él está un tanto hinchado, como si se hubiera excedido demasiado con la comida en las fiestas navideñas. En su cara, para sorpresa de quienes le conocen, se atisba una suerte de miedo escénico.

Con torpeza y sin resuello, llega hasta su asiento. Algunos murmullos delatan la mezcla de asombro y nerviosismo que se extiende entre los asistentes. Todavía no ha llegado lo peor. El rey se levanta, se coloca en el atril e inicia su discurso. Los primeros tres minutos son bastante normales, aunque llama la atención que lee demasiado, apenas levanta la vista de los papeles y la cadencia de sus palabras no es tan buena como siempre. A mitad de la alocución el monarca se traba en varias ocasiones y hasta cambia algunas palabras por otras. Empieza el desastre. Balbuceos, errores y atropellos se suceden. Los periodistas presentes en la sala comentan que parece que no va a poder terminar su intervención. A duras penas, Juan Carlos I termina el discurso más agobiante en sus años de reinado.

Los generales presentes, entre ellos algunos amigos y compañeros de promoción de Su Majestad, no dan crédito a lo que está sucediendo. El presidente del Gobierno, Mariano Rajoy, y los ministros de Defensa e Interior, Pedro Morenés y Jorge Fernández Díaz, no saben dónde meterse. La preocupación es evidente en los gestos de la reina Sofía y los príncipes de Asturias, que, como mandan los cánones del protocolo, flanquean al monarca durante su discurso. Para él mismo, hombre de fuerte carácter, lo sucedido es una obvia decepción.

Nunca antes en treinta y nueve años de reinado se había visto de esa guisa al monarca. Los medios de comunicación no tardan en dar cuenta de una de las peores imágenes que se recuerdan de Juan Carlos. Eso sí, la maquinaria propagandística de la corte se pone rápidamente en marcha para contar o sugerir que ha habido un problema con la medicación ingerida, que ha sido una iluminación deficiente sobre los folios, que ha llegado demasiado cansado al atril como consecuencia del paseo o, incluso, que se acostó demasiado tarde la noche anterior, en la celebración de su cumpleaños. Excusas de malos perdedores. El rey está fatigado, más torpe que de costumbre, inmerso en su ocaso irremediable.

A unas condiciones de salud que quizás no son las idóneas para seguir en la Jefatura del Estado, con repetidas operaciones en pocos años, hay que sumar, por supuesto, los problemas que en los últimos tiempos han sacudido y debilitado la otrora impecable credibilidad de la corona. Tras los problemas entre los duques de Lugo, el caso Urdangarin, que afecta de lleno a la infanta Cristina, las repetidas peleas con los medios de comunicación críticos, el accidente de la cacería en Botsuana, coincidiendo, para más inri, con el aniversario de la República y la posterior petición de perdón a los españoles, cada vez quedan menos juancarlistas. De hecho, una encuesta publicada en la víspera de esa Pascua Militar concluía que menos del 50 por ciento de los españoles apoyaba la monarquía como forma del Estado, un 56 por ciento desaprobaba el reinado de Juan Carlos, un 90 por ciento creía que la infanta recibía un trato de favor de la Justicia y un 66 por ciento tenía una buena opinión de Felipe. Datos demoledores, para reflexionar.

Solo un par de días después de este incidente que volvió a desatar los rumores sobre su precario estado para continuar en el trono, el rey llama a su despacho al jefe de su Casa, Rafael Spottorno.

—Quiero abdicar en mi hijo.

—¿Cómo dice? ¿Está segura Vuestra Majestad?

—Sí, estoy pensando muy seriamente en ello y quiero que pienses cómo debería hacerse.

Es evidente que la corte de Felipe VI no se entendería sin conocer a fondo ese final de la corte de Juan Carlos I. Resulta imprescindible, por ello, explicar aquí cómo una reducidísima célula de hombres de La Zarzuela y de Moncloa diseñó la hoja de ruta de la abdicación en la más absoluta confidencialidad; cómo ninguno de los ministros del gobierno de Mariano Rajoy fue consciente de lo que se estaba cociendo en sus mismísimas narices, mientras acompañaban al rey en su última gira como monarca por los países del Golfo Pérsico. El relato, por ejemplo, de cómo una reunión al máximo nivel, con Mariano Rajoy, Alfredo Pérez Rubalcaba, el propio don Juan Carlos y el príncipe de Asturias, no fue detectada ni por los más estrechos colaboradores de unos y de otros ni por toda esa legión de hombres y mujeres de confianza que habitualmente les acompaña.

Pasado el tiempo, el presidente del Congreso de los Diputados, Jesús Posada, lo comentaría con su habitual sarcasmo castellano a los convidados a una boda en la que él compartía mesa con el expresidente José María Aznar y en la que más de uno quería presumir de haber estado al corriente de las intrigas palaciegas. «Tuve que llamar al portero mayor del Congreso —ironizaba— para preguntarle: "Oiga, ¿usted cuando se enteró de la abdicación del rey?". "Pues yo, el mismo lunes a las diez de la mañana". "Pues me da usted una alegría porque ya somos dos los que nos hemos enterado el mismo día"».

El hombre que ocupaba el sillón de la tercera autoridad del Estado fue avisado por el rey solo unos minutos antes de que Mariano Rajoy compareciese desde La Moncloa para anunciar la abdicación y cuando muchos otros pensaban que lo que estaba por venir era una crisis de gobierno o algo peor.

«No tenía ni idea y no se me había ni ocurrido», explica el presidente de las Cortes desde su despacho del Congreso, presidido por un retrato de Isabel II —todavía joven y todavía enjuta—, otra reina que tuvo que abdicar, en 1870 y desde París, en unas circunstancias muy distintas. «Para mí fue un descanso enorme cuando estuvo claro que era la abdicación, porque me temía cualquier cosa de tipo político: que nos intervenían, que nos pegaban un zarpazo o que fuera una crisis que nos afectaba mucho más. Que fuera la abdicación me tranquilizó mucho, pero yo me enteré esa misma mañana». Su sinceridad le honra. No son pocos los que alardean de que lo sabían, imbuidos de ese síndrome tan español de querer estar en la pomada. Otra de las personas a la que Juan Carlos telefoneó aquella mañana fue Pedro J. Ramírez, que en aquel momento ya estaba fuera de la dirección de *El Mundo*. «Te he llamado porque creo que tú debías saberlo», le confiesa el monarca.

Posada asistía a primera hora de ese lunes, en los pomposos salones del Ritz, a un desayuno informativo protagonizado por el entonces presidente madrileño, Ignacio González, y en el que ejercía como introductora la vicepresidenta del Gobierno, Soraya Sáenz de Santamaría. La mujer con más poder del gabinete de Rajoy, a quien el presidente comisiona los asuntos más importantes, solo le hizo un pequeño guiño de que algo sustancial estaba en camino. «Me preguntó si iba a estar esa mañana en el Congreso, que me llamaría más tarde. Pero ya ni me llamó después ni me dijo nada más en ese momento».

Soraya fue la directora de orquesta bajo cuya batuta se coordinó y preparó el escenario sorpresa que, junto a un reducido núcleo de personas, había dibujado meticulosamente para ese 2 de junio de 2014. Ni fueron las elecciones europeas y la irrupción de Podemos y el profesor Pablo Iglesias en el tablero político, ni fue el adiós apresurado del líder de la oposición, Alfredo Pérez Rubalcaba, lo que provocó un corrimiento de tierras bajo el Palacio de La Zarzuela, como algunos analistas han querido ver. No fue tampoco una decisión improvisada al albur de los acontecimientos para blindar a la monarquía por otros cuarenta años de estabilidad, ni se presionó al rey para abdicar en su hijo en una conjura a la que se habrían prestado todos los expresidentes del Gobierno, como también se ha especulado. Se hizo en la fecha que estaba prevista, entre las tres posibles que se habían barajado.

Funeral de Suárez y despacho con Rajoy

El rey toma concienzudamente la decisión de poner fin a su reinado en enero, recién cumplidos los setenta y seis años y tras un largo periodo de maduración y cavilaciones. Se lo comunica al jefe de su Casa, Rafael Spottorno, quien —como se ha contado— mantiene con él tres reuniones sucesivas en tres días distintos, hasta que se convence de que la voluntad del monarca es completamente firme y no tiene vuelta atrás. Don Juan Carlos ha decidido no seguir el consejo que el conde de Barcelona, don Juan de Borbón, le dio en Estoril, cuando era un niño, antes de partir rumbo a España a bordo del *Lusitania Express*: «¿Sabes, Juanito?, un rey no debe abdicar jamás. No tiene derecho».[1] Amarga lección del destierro. En este caso, sin embargo, el recambio apremia para regenerar una institución que ha entrado en barrena en el ocaso de su reinado, tras algunos hitos funestos como el accidente de Botsuana, los rumores sobre su relación con la vistosa Corinna Larsen, pero, sobre todo, tras las conductas irregulares y poco ejemplares de los duques de Palma, Iñaki y Cristina, en una sociedad cada vez más aburrida y hastiada de la corrupción y que reclama cambios drásticos en la vida pública. Y más, si cabe, en la más alta magistratura del Estado.

Don Juan Carlos despacha semanalmente con el presidente del Gobierno durante casi dos meses, sin hacerle ni una sola insinuación

[1] José Luis de Villalonga, *El Rey, conversaciones con D. Juan Carlos I de España*, Plaza & Janés, Barcelona, 1993, p. 41.

acerca de sus intenciones. No, al menos, de forma directa. No piensa abrir la veda ni dar ningún paso regio hasta que su hombre de confianza, Spottorno, dibuje el camino de la transición. Algo que no era fácil. Como ocurriera al inicio de su reinado, todo estaba por construir sobre un asunto, el de la corona, sobre el que nunca se había regulado más allá de los límites —muy genéricos— que marca la Constitución. Se iba a tener que hacer sin más ayuda que la propia intuición y la bibliografía, más o menos extensa, que se hubiera elaborado sobre la materia por los maestros del derecho.

Uno podría pensar en la cara de sorpresa que se le debió de dibujar a Mariano Rajoy la noche del 31 de marzo, sentado frente al rey en su despacho, cuando don Juan Carlos le testimonió sus intenciones. Pero lo cierto es que ni una decisión de ese calibre se toma de un día para otro ni al presidente del Gobierno el anuncio le sobrecoge. Son ya muchas las conversaciones en las que, hablando del futuro de España y de la crisis por la que atraviesan las instituciones, se puede colegir y leer entre líneas —siempre de forma muy etérea— que la decisión se está rumiando pausadamente en la cabeza del jefe del Estado. Prueba de ello es que cuando se lo dijo, Rajoy solo entró a pormenorizar los detalles del calendario a seguir. Al igual que haría Alfredo Pérez Rubalcaba algunos días después.

«No era la primera vez que hablaba con él de esto, así que tampoco me tenía que dar muchas razones», explica, en este sentido, uno de nuestros confidentes, alto cargo político de uno de los dos grandes partidos nacionales, pero que desgrana las claves de cómo fueron estas actuaciones y conversaciones previas. «Con el rey nunca se habla directamente de estas cosas. Hablas en general de los cambios, de la vida... La conversación es más sofisticada. Dices cosas en primera persona para que él entienda... Es todo mucho más sutil, pero había un sobreentendido. Yo ya sabía que él estaba dándole vueltas y como él sabía que yo lo sabía, entró de cara a contármelo».

El rey y Rajoy habían programado el despacho semanal para la última hora de la tarde de ese 31 de marzo, al término del funeral de Estado celebrado ese mismo día en la catedral de La Almudena de Madrid en memoria del expresidente Adolfo Suárez[2] y oficiado por el cardenal de Madrid, Antonio María Rouco Varela. Un hombre que —en su afán por obtener siempre su medio minuto de notoriedad—, logró eclipsar la incómoda presencia del único jefe de Estado extranjero presente en La Almudena, el dictador guineano Teodoro Obiang, apelando ante Rajoy y ante el presidente de la Generalitat, Artur Mas, a superar las actitudes que causaron y —añadió— «pueden causar» otra guerra civil.

Era el último cañonazo político de un prelado que acababa de dejar la presidencia de la Conferencia Episcopal y que no terminaba de adaptarse a ese retiro apresurado que la primavera del papa Francisco había forzado al frente de la Iglesia Católica en España. Dos meses después, en la proclamación de Felipe VI, no fue ni siquiera invitado a la tribuna de autoridades del Congreso de los Diputados, en una decisión que el cardenal no encajó nada bien. Sí estuvo, mezclado entre otras dos mil personas, en el largo besamanos posterior que se llevó a cabo en el Palacio de Oriente. Pero sus relaciones con la Casa Real siempre fueron tensas, alejadas de lo cordial. Sobre todo, porque el rey no le perdonaba que hubiese apadrinado durante años a Federico Jiménez Losantos en el altavoz de *La mañana de la COPE*, uno de los programas que más abiertamente arremetía, y con más frecuencia, contra su persona, como él mismo se lo tuvo que decir —hasta sus borbónicas narices— al papa Benedicto XVI nada más tomar tierra en Barajas en una de sus visitas a España. «Hay un locutor de la COPE que me insulta gravemente todos los días del año»... Y Ratzinger —cuentan— se echaba las manos a la cabeza...

El rey y Rajoy, vestidos ese día de riguroso luto —don Juan Carlos con la insignia de Gran Maestre del Toisón de Oro sobre su pechera—, puede que comentasen en privado las desafortunadas declaraciones de Rouco, a quien Rajoy tampoco tragaba por idénticas razones. Pero, dejando a un lado lo más anecdótico, lo cierto es que esa noche en La Zarzuela, tras dar el último adiós simbólico a Adolfo Suárez y a toda

---

[2] El primer presidente de la democracia falleció el domingo 23 de marzo de 2014.

una era, don Juan Carlos le anunció al presidente su deseo de abdicar la corona e iniciar, con ello, una nueva Transición que solo podía ser impulsada —como luego diría en su mensaje a los españoles— por la generación de su hijo. «Una generación más joven, con nuevas energías, decidida a emprender con determinación las transformaciones y reformas que la coyuntura actual está demandando».[3] «Es su decisión, la respeto y cuente con todo mi apoyo y el del gobierno», contestó el presidente.

Juan Carlos I argumentó dando sus razones políticas, sus deseos para el futuro reinado que se abría para su hijo, y también habló del horizonte temporal en el que se podía hacer pública la decisión. Después de las elecciones europeas de mayo y antes del verano. En torno a finales de mayo o la primera semana de junio, antes de que concluyese el periodo ordinario de sesiones de las Cortes. El presidente del Gobierno no puso ninguna pega, como no podía poner a un acto tan personalísimo del rey como ese, y solo le pidió que le explicase por qué quería hacerlo en junio.

Primera carta de navegación

Desde finales de enero, Spottorno «había puesto a funcionar la rueda», como él mismo reconoce, para que cuando llegase el momento de hacerlo oficial al presidente del Gobierno, el planteamiento no fuera una idea vaga y genérica, sino una propuesta concreta, meditada, con los plazos posibles y con la forma y la metodología a llevar a cabo. Spottorno lo había estudiado y recogido en varios papeles de trabajo titulados «Consideraciones jurídicas, políticas y prácticas de la abdicación». Una carta de navegación cuya primera versión ya estaba lista a finales de enero. Rapidez que delata, una vez más, que la Casa ya tenía estudiados —al menos desde 2010, cuando el rey es operado en Barcelona de un nódulo en el pulmón— diferentes borradores sobre

[3] Discurso de abdicación, 2/VI/2014.

cómo ejecutar el relevo en la Jefatura del Estado. Tiempo atrás el propio Spottorno había reconocido a los periodistas del Grupo Crónica que tenían perfectamente previsto cómo podría ser la hoja de ruta de una futura abdicación. En la primavera de 2013, sin embargo, es cuando el rey le encomienda de forma directa que empiece a estudiar el tema sin prisas pero sin pausas. «Vete estudiando cómo se podría instrumentar una posible abdicación. Sin prisas, solo se trata de tener estudiado el tema en sus aspectos jurídico y constitucional», le ordena.[4]

No será la versión definitiva. El rey recupera para esa hora determinante a sus anteriores hombres de confianza, los jefes de la Casa que todavía siguen vivos y que son consejeros personales del monarca para asuntos puntuales: Alberto Aza, el inmediatamente anterior a Rafael Spottorno, y felizmente retirado en el Consejo de Estado, y Fernando Almansa, el hombre que sustituyó a Sabino Fernández Campo, reorganizó la Casa dando entrada a los diplomáticos como Aza, y que, tras mediar para poner fin al noviazgo del heredero con la noruega Eva Sannum, tiene, a su vez, otro dorado retiro en el Consejo de Telefónica.

Entre medias, el rey ha puesto ya al corriente, ese mismo mes de enero, a su hijo. «Hay un cambio importantísimo en la actitud de Letizia en ese momento», aseguran fuentes de la Casa que reconocen los altibajos previos en la relación matrimonial de los herederos. «Ella ya sabe que va a ser reina, tiene que defender a su marido, que va a ser el rey, y asegurarse de que su hija va a reinar también». Don Felipe responde a su *patrón* con un «a la orden».

Pocos días antes de ese 31 de marzo se enteran los cuatro o cinco hombres que asisten a diario en Zarzuela a Juan Carlos. El secretario general de la Casa y número dos en el organigrama, Alfonso Sanz Portolés, que continúa aún hoy como secretario particular del rey emérito; Domingo Martínez Palomo, jefe de Gabinete de don Juan Carlos; Jaime Alfonsín, leal secretario del príncipe de Asturias durante dieci-

[4] El diálogo lo recoge el periodista Fernando Ónega, el único que ha entrevistado al rey tras su abdicación, en su libro *El hombre que pudo reinar*.

nueve años y la discreción hecha hombre; y el jefe de prensa de la Casa, Javier Ayuso.

Los círculos concéntricos se van ampliando celosamente, pero siempre con la reserva de que todo debe permanecer bajo el más estricto secreto, para jugar con el factor sorpresa. «Si se hubiera filtrado, habríamos tenido un problema. Lo importante era que se hiciera rápido y que no hubiera interferencias». De hecho, hasta se siguen protocolos muy concretos, como no utilizar el correo electrónico, por ejemplo, para evitar cualquier fuga.

El *pendrive* de Ayuso y la trituradora de Spottorno

Rajoy solo designa a una persona de todo su gabinete para tratar este asunto: su vicepresidenta Soraya Sáenz de Santamaría, quien, a su vez, solo llama a colaborar con ella codo con codo al subsecretario de la Presidencia, Jaime Pérez Renovales, abogado del Estado como ella y como Jaime Alfonsín. El ministro de Justicia, Alberto Ruiz-Gallardón, notario mayor del Reino, queda inexplicablemente al margen. Como lo están también el resto de los ministros. El rey, por su parte, ha confiado su marcha al director del Centro Nacional de Inteligencia (CNI), el general Félix Sanz Roldán, «hombre de la total confianza» de Juan Carlos y, a la postre, a las órdenes de Vicepresidencia, que asumió también el control de la casa de los espías al principio del mandato de Rajoy.

En este escenario, Spottorno se encarga de la coordinación política, mano a mano con Sáenz de Santamaría. Jaime Alfonsín y Pérez Renovales se centran en los aspectos legales. El cuarteto se sumerge a fondo en la operación a principios de mayo. Mantendrían tres o cuatro reuniones más, casi siempre en Moncloa y, alguna, en La Zarzuela, muchas conversaciones cruzadas y, sobre todo, un fluido intercambio de papeles, entregados siempre en mano y en sobre cerrado, para asegurar la confidencialidad.

«Como te puedes imaginar, me acordaré toda la vida —relata Renovales al recordar aquellas sesiones—. Me habían convocado la semana anterior a una reunión en el despacho de la vicepresidenta para el día 5 de mayo. Recuerdo que iba andando para allí y, como no me habían dicho para qué era, iba recapitulando los temas que teníamos pendientes por despachar la vicepresidenta y yo. En la sala de espera estaban el jefe de la Casa de entonces y el actual, Spottorno y Alfonsín, lo cual ya me sorprendió. Empezó la reunión y me lo contaron».

Desde un primer momento, analizan con meticulosidad todos los aspectos a tener en cuenta y todo lo que la abdicación implica. Con una premisa clara: se haría mediante una ley orgánica escuetísima, para reducir al mínimo el debate sobre la forma de Estado en el Parlamento. «Había ya una idea general de que tenía que ser una ley orgánica específica. Por suerte, la vicepresidenta sabe bastante de derecho y la Casa Real ya lo había estudiado, aunque lo querían contrastar y analizar con nosotros», asegura Renovales.

«Empezamos a analizar todo lo que había que hacer y cuánto tiempo requería cada trámite. La elaboración de un proyecto de ley requiere unos trámites internos, como, por ejemplo, que la ley tiene que incluir una memoria de impacto normativo, con sus efectos tanto económicos como políticos, o que tiene que pasar por la Comisión de Secretarios y Subsecretarios. Teníamos que ver si hacía falta algún dictamen de algún órgano jurídico. Tenía que pasar por el Consejo de Ministros, ir a las Cortes y aprobarse en un trámite que podía ser más o menos rápido, en función de si había más o menos enmiendas. Y también empezamos a analizar las circunstancias colaterales: cómo iban a quedar los reyes después de la abdicación, el tratamiento, las preferencias. Había que crear un decreto posterior para el escudo y las armas del nuevo rey... Hubo cosas que surgieron más adelante, pero, desde la primera reunión, todos los temas mollares se tenían en mente y se empezaron a organizar».

En Zarzuela, por su parte, las reuniones se suceden también cada dos o tres días, a puerta cerrada, en el despacho de Spottorno. El responsable de prensa, Javier Ayuso, se encarga de elaborar un plan de comunicación y un plan de actuación. Sanz Portolés se ocupa de organizar la agenda y los actos que se van a suceder antes y después del anuncio de la abdicación. Cada uno cumple con su rol sin que nadie más en el *staff* de palacio intervenga.

«Trabajábamos sin que nadie de nuestros equipos lo supiera y sin que nadie más en Zarzuela estuviera al corriente, aparte de los reyes y los príncipes». Como norma, no se guarda ningún documento en ningún disco duro de los ordenadores de La Zarzuela. Para evitar filtraciones indeseadas de información, todo se almacena en un *pendrive* de Javier Ayuso, quien, al inicio de cada reunión, se encarga de imprimir varias copias de cada documento y de repartirlas a cada uno de los presentes. Se analizan, se estudian, se hacen correcciones y, finalizada la cita de trabajo, se destruyen todas las copias menos una —la que se quedaba Ayuso para pasar a limpio— en la trituradora de papel que tenía Spottorno en su despacho.

Citas con Felipe González en El Penitencial

Pero antes de que la vicepresidenta entre en escena, el rey ya ha cumplido con el protocolo de informar al líder del PSOE, Pérez Rubalcaba, en los primeros días de abril. Y en las siguientes semanas, seguirá también con el guión de notificárselo a los expresidentes del Gobierno. Felipe González, como amigo personal del monarca, sería uno de los primeros en saberlo, antes incluso que Rubalcaba. Por orden de mandato, el rey se lo explicaría después a José María Aznar y a José Luis Rodríguez Zapatero. A este último, lo cita en Zarzuela el día de San Isidro, el 15 de mayo.

«La verdad es que me lo dijo con una serenidad, tranquilidad y convencimiento pleno y absoluto. Eso es lo primero que percibí»,[5] explica Zapatero. «La conversación arrancó casi con esa decisión. Por lo tanto, ya era una decisión. No me llamó para contrastar opiniones. El argumento principal era que no quería ver al príncipe Felipe durante más tiempo en esa situación de espera. Que ya había llegado el momento y que tenía una edad más que sobrada para ejercer la Jefatura del Estado. Que lo debía hacer, fundamentalmente, por él, por su hijo. Además,

---

[5] Entrevista con uno de los autores publicada en *El Confidencial*, 15/VI/2014.

le vi muy satisfecho con la decisión —añade—. Al principio podía haber tenido mis dudas, pero viéndole tan convencido me convenció plenamente».

Con Felipe, el presidente con el que el rey ha desarrollado más complicidades y vínculos de todo tipo, la relación es mucho más afectuosa y, por eso, don Juan Carlos se lo cuenta en la finca que el expresidente tiene en Guadalupe, 120 hectáreas que llevan por nombre El Penitencial, en la provincia de Cáceres. Escondite y refugio del rey y de Felipe que está situado en un pequeño espacio de otra finca mayor, El Común, de más de 2.000 hectáreas y propiedad del constructor Javier Vázquez, amigo del rey, emparentado con la familia Franco a través de una de sus hijas y exsocio de Mario Conde. El rey y González se citan allí a menudo, hasta el punto de levantar las primeras sospechas de que algo de calado se traen entre manos.

«Durante los meses previos a la abdicación, este constructor me cuenta que el rey lleva yendo varias semanas a casa de Felipe y que él ha estado en alguna comida con ellos y que, cuando ha terminado el almuerzo, ellos se han quedado hablando hasta prácticamente las nueve o las diez de la noche», relata el periodista Pepe Oneto. «Han tenido cuatro o cinco encuentros. Y esa es la primera información que yo tengo poco antes de las elecciones europeas de mayo. Después, esas reuniones se intensifican».

Con el tiempo, estos encuentros clandestinos serían una de las bazas que hicieron pensar a algunos que fueron los expresidentes, especialmente Felipe, los que indujeron al rey a echarse a un lado por el bien de España y de la institución. Pero Zapatero lo niega categóricamente («desde luego, no en mi caso»), y el calendario de hechos no lleva a pensar eso. Otra cosa es que en las largas conversaciones mantenidas durante meses por el rey con interlocutores de su generación, estos ayudasen a ratificar una decisión que el propio don Juan Carlos ya había dejado madurar como fruta lista para la recolección.

«Estas cosas se meditan mucho», añade otra fuente política de toda solvencia. «Ten en cuenta que es la última decisión y esta es la que más se medita. Cuando yo hablaba con él, hablaba de mí. De cómo veía yo las cosas. Él sabía muy bien lo que yo tenía en la cabeza, pero no se puede hablar directamente de la abdicación del rey. Yo soy muy respetuoso con él y hay cosas que no puedes hablar directamente con la gente. Por ejemplo, no le puedes preguntar al presidente del Gobierno cuándo va a convocar elecciones. No procede, porque es una indiscreción. Él sabía lo que yo pensaba de la política española, de las tensiones que había, de las dificultades para hacer frente a la crisis, del deterioro institucional... Y él no es tonto».

Sea como fuere, fue contárselo a Aznar y Zapatero, más o menos por las mismas fechas, y la liebre echó a correr. Los primeros rumores empezaron a tomar cuerpo en el pequeño Madrid del poder. En la Casa piensan que ambos se lo contaron a sus personas de confianza. A Javier Zarzalejos, el primero, y a María Teresa Fernández de la Vega, el segundo. Y surgió el runrún en algunas redacciones no mucho después. Al menos, en el relato de hechos, Zarzuela constata que las primeras grietas surgieron en ese momento. «¿Quiere decir que son unos bocazas? Eso lo podéis decir vosotros», aseguran categóricos.

Gira de despedida por el Golfo

El príncipe no permanece al margen. Y al menos una vez por semana acude a los cónclaves del despacho de Spottorno o del rey en La Zarzuela, convocados siempre sobre las siete de la tarde, cuando la mayor parte del personal de palacio ya está de salida y no se levantan grandes sospechas. Los ciervos y jabalíes que, según todas las descripciones oficiales, campan a sus anchas por los prados del monte de El Pardo, son los únicos testigos. Letizia también se deja ver de vez en cuando y opina, sobre todo, en aspectos que ella domina mejor, como son los relativos al plan de comunicación, que los príncipes leyeron de arriba abajo antes de devolverlo con sus propias propuestas de cambios. «Han estado muy activos, participaban mucho», explican nuestras fuentes. Las reuniones, de varias horas, se disolvían no antes de las diez de la noche.

Se sabe también, porque así lo han contado los protagonistas, que Rajoy y Rubalcaba pudieron poner algunas pegas al calendario, a las fechas propuestas para dar el golpe de efecto. La clave era encontrar el momento más adecuado entre el día 26 de mayo, en plena resaca de los resultados de las elecciones europeas, y el final del periodo ordinario de sesiones de las Cámaras y el inicio del verano. No había mucho más margen, porque a la vuelta de vacaciones, la actualidad informativa ya venía marcada por otro hito en la agenda, la pretensión de sacar adelante una consulta independentista por parte del presidente de la Generalitat, Artur Mas, para el 9 de noviembre. Y no se podía hacer mucho antes de las europeas, porque la actividad del monarca tampoco ofrecía muchos respiros en la recta final de su reinado. Don Juan Carlos se embarcó en un último carrusel de actos oficiales con los que parecía empeñado en demostrar, contra viento y marea, que ya había recobrado su fortaleza, que estaba en plena forma y que su nueva cadera estaba hecha a prueba de bombas... y bombazos informativos. Se quiere marchar alardeando de su borbónica potencia.

El 11 y 12 de abril, clausura el noveno encuentro Cotec Europa, en Lisboa. De ahí, empalma con un viaje oficial a los Emiratos Árabes Unidos, del 13 al 15. La gira —«la ruta del dátil», como la llamaban— se prolonga, el 15 y el 16, por Kuwait, para tener a continuación un breve paréntesis sin actividad oficial en Madrid. Unos días después, comienza otro viaje a Roma y a la Ciudad del Vaticano, del 26 al 28, en compañía, esta vez sí, de la reina Sofía, para asistir a la canonización de Juan XXIII y Juan Pablo II.

Ambos comparten una audiencia inusitadamente larga, de 53 minutos, con el papa Francisco, en la que quizá —solo ellos lo saben— el rey aprovechó para despedirse haciendo uso del secreto de confesión. El español y el argentino tienen tiempo también para recordar cómo había cambiado el protocolo vaticano desde la primera visita que hizo junto a su esposa, recién casados y sin nada que les asegurase el trono, a Juan XXIII.

—Los salones y salones andando que había que recorrer. Decías, ¿pero esto no se acaba nunca? Y era la antigua costumbre, claro...

Cuantos más salones, más impresionado se quedaba uno —explicaba Juan Carlos a un Francisco que asentía con la cabeza mientras escuchaba atentamente.

—Bueno, acá es más sencillo —respondía.

—Sí, mucho más —intervino doña Sofía, gesticulando ostensiblemente con su correcto español con acento prusiano.

El rey y Francisco protagonizarían después una divertida anécdota, cuando ambos insisten en cederse mutuamente el paso por una estrecha puerta ante la atenta mirada de todas las cámaras y de sus séquitos: «El monaguillo primero», bromea Francisco, despertando una sonora carcajada del Borbón.

El *tour* por el Golfo aún depara, sin embargo, visitas oficiales a Omán, del 29 de abril al 1 de mayo, Bahréin, el 1 y 2 de mayo —esta vez no para ir a la Fórmula 1 acompañado de la tentación alemana llamada Corinna— y Arabia Saudí, del 17 al 19. Y por medio, como se ha visto, el monarca va encajando sus audiencias privadas con los expresidentes del Gobierno.

Así que el calendario no se podía estirar más y, además, servía de excusa perfecta y como cortina de humo inmejorable para despejar cualquier rumor. Su amigo el empresario Arturo Fernández fue uno de los testigos de esa última gira del dátil. Pero a pesar de su proximidad al monarca, el expresidente de los empresarios madrileños no tenía ni idea de que aquello era un viaje de despedida. «Yo no sabía nada. Nada. Además el rey estaba estupendo. Ya sabes que es el mejor embajador que tenemos y que su agenda es la mejor agenda que tenemos en este país», recuerda con su habitual entrega a su amigo.

Aquello parecía el camarote de los hermanos Marx, cuentan en la Casa. Varios ministros, cuatro secretarios de Estado, una veintena de empresarios, unos diez periodistas... Y ninguno supo ver que, en primera fila del avión oficial, Rafael Spottorno y Javier Ayuso, mano a mano, iban corrigiendo el discurso de abdicación, en el que venían trabajando desde abril. Nadie tenía ni idea. Ni José Manuel García Margallo, ministro de Asuntos Exteriores, ni sus colegas de Industria, José Manuel Soria, y Fomento, Ana Pastor.

«Es el gobierno el que plantea esta gira, aunque la Casa del Rey tenga también mucho que decir. Las tres personas más interesadas eran estos tres ministros. Desde Fomento se estaba insistiendo desde hacía meses en que había que ir a Arabia Saudí porque había problemas con las obras del AVE a La Meca. La primera fase la estaban haciendo los chinos y cuando llegó el consorcio español se encontraron con que era una obra de todo a cien. Los plazos se iban a retrasar y había problemas. Y Soria quería que el rey le ayudara porque los de Abu Dahbi estaban muy cabreados por el cambio de legislación de las renovables y estaban a punto de presentar una demanda».

«Si te fijas —explica este confidente próximo a la Real Casa—, después de cada una de las operaciones de los últimos años, cuando el rey se ha sentido bien, ha viajado mucho. Tiene siempre la necesidad de demostrar que está bien. Después de la primera operación hicimos un auténtico maratón de viajes, 70.000 kilómetros en seis meses: Chile, Brasil, China, India... Luego volvió a estar mal y se paró. Le va la marcha cuando tiene que demostrar que está bien y todo esto nos vino fenomenal para que la gente no sospechara nada».

En medio de este maremágnum de actos oficiales y negociaciones *sotto voce*, los príncipes de Asturias celebran, tras una etapa de desencuentros, el décimo aniversario de su boda en La Almudena. En la víspera, el 21 de mayo, la Casa Real decide, por sorpresa, poner en marcha su cuenta oficial de Twitter. Otro paso extraño hacia la abdicación que muchos, dentro y fuera, no terminaban de entender y que también figuraba en la hoja de ruta de ese plan de comunicación ideado por Ayuso, exdirector de Comunicación del BBVA y, después, adjunto al director del diario *El País*.

Para este periodista situado durante dos años y medio en una atalaya tan excepcional como la de La Zarzuela, su obsesión era alcanzar los 100.000 seguidores en Twitter antes del día de la abdicación, cuando se hiciera pública la marcha del rey. «La gente de dentro de la Casa no lo entendió, porque pensaban que nos lanzábamos un poco precipitadamente a crear la cuenta. Nadie lo pilló internamente». Pero con el reclamo de una foto familiar de Felipe, Letizia y las infantas Leonor y Sofía saliendo de su casa al día siguiente, el del décimo aniversario de boda, el éxito estaba más que asegurado. En la imagen se podía ver cómo los príncipes, como una familia más, se dirigían al coche para llevar a sus hijas al colegio de Los Rosales. Leonor, con el uniforme y mochila rosa, y la infanta Sofía, más tímida y vergonzosa, arropada junto a su madre y mirando al suelo para esquivar al fotógrafo oficial de la Casa. En unas horas se superaron los 50.000 seguidores. «Fue un récord absoluto». Y esa misma noche, gracias también a la popular red, se pudo saber, en directo, que la real pareja había acabado su jornada cenando un plato de cuscús en el restaurante La Cantina, en El Matadero de Madrid. Varios comensales los cazaron y lo hicieron público al instante.

Rubalcaba telefonea a Susana Díaz

El día 25 de mayo, por la noche, tras la debacle que supone para el PSOE el resultado de las elecciones europeas, Alfredo Pérez Rubalcaba telefonea a la presidenta de Andalucía, Susana Díaz, y al de Asturias, Javier Fernández, para anunciarles su dimisión como secretario general del partido y, también, para adelantarles el relevo que ya está en marcha al frente de la Jefatura del Estado. Tienen que entender, y guardar en el secreto, por qué él va a anunciar al día siguiente que se va pero que se queda hasta la celebración de un congreso extraordinario del partido, dimitido y de cuerpo presente, para controlar toda la transición en el trono y liderar al grupo parlamentario en el debate entre monarquía y república que estaba por abrirse en sus filas y entre buena parte de sus votantes.

Y así se llega al jueves anterior a la abdicación, 29 de mayo. Si el calendario había sido el primer gran debate discutido y analizado entre todos, el encaje de bolillos final se hace esa misma tarde, a puerta cerrada, en el despacho del monarca. Solo hay dos escenarios posibles. La semana del 2 de junio o la del 9, que es, según apuntan los testigos, la que primero se había barajado. La última semana de mayo había quedado totalmente descartada por el rebufo de los resultados electorales, el descabalgamiento de Rubalcaba y la agitación interna dentro del PSOE. Pero tampoco se puede dilatar mucho más. Las primeras filtraciones ya han empezado a correr por algunas redacciones.

En torno a la mesa auxiliar del despacho de don Juan Carlos, bajo la mirada de *El atleta cósmico* pintado por Salvador Dalí y que ha permanecido durante casi cuatro décadas como fondo de numerosas audiencias, se sientan, además del monarca, el heredero, don Felipe, el presidente del Gobierno, Rajoy, el jefe de la Casa, Spottorno, y Alfredo Pérez Rubalcaba. Algunas versiones en el PSOE apuntan a que este último podría haber estado presente vía teléfono y no en persona. Pero a efectos prácticos da igual. Las más altas instancias del Estado activan el mecanismo.

«Yo ya le había contado a Spottorno que había rumores fuertes, que ya me habían llamado un par de personas, porque había llegado el rumor. Rafael lo contó en la reunión y Rajoy y Rubalcaba coincidieron en que había que actuar ya, rapidísimamente. Que había que buscar el primer día hábil para hacerlo. Y ese primer día hábil era el lunes 2 de junio. A mí me llamaron esa noche y ya quedamos el viernes a primera hora para poner todo en marcha». En la misma reunión, Spottorno también comenta que las indiscreciones ya han llegado hasta De la Vega y Javier Zarzalejos, ajenos a toda la operación, lo que aumenta todavía más los riesgos y acelera el desenlace inmediato.

«Daba todo un poco de vértigo. Yo es la palabra que suelo utilizar —confiesa, pasados los meses, Pérez Renovales—. Era un tema trascendental para la historia de España y no lo podías comentar con nadie. Ni para desahogarte ni para contrastar tu opinión. Estudiábamos los temas legales y los hablábamos con la Casa y con la vicepresidenta, pero en condiciones normales cualquiera hubiera consultado con letrados de las Cortes, del Consejo de Estado y con constitucionalistas, para ver qué les parecía tanto la fórmula a adoptar, como la solución y los trámites. Nada de eso podía hacerse. Por supuesto, leímos todo lo que se había escrito sobre el tema y hubo un momento en el que, habiendo leído todo y sopesando la autoridad de quien había escrito cada tema, llegábamos a la conclusión de que estábamos adoptando la solución correcta. Pero nadie te lo podía confirmar. A mí eso es lo que más preocupado me tenía, y con cierto vértigo: no poder consultar con nadie algo de tanta trascendencia y que, además, una vez que se hiciera público ya no había posibilidad de enmendarlo».

La familia real se pone de acuerdo, sincronizan sus horarios para estar en Madrid en el momento y lugar convenidos. El príncipe, recién aterrizado a las ocho de la mañana en la capital, tras asistir a su última toma de posesión, la número 69, de un presidente iberoamericano, el de El Salvador, Salvador Sánchez. La reina Sofía, por su parte, solo estaría durante unas horas en Madrid, pues partiría, a la hora de comer, rumbo a Nueva York para participar en un acto en Naciones Unidas. A última hora, se debate si el príncipe debe o no acudir a esa toma de posesión y correr el riesgo de un nuevo retraso en su vuelo por culpa de otra avería en los aviones oficiales —los *Air Morenés*, como los calificaban con guasa en la Casa—, pero se decide no cambiar el guión para no generar ninguna conjetura. Igualmente, la agenda de la Casa programa un acto de don Juan Carlos en Barcelona ese lunes, para seguir aparentando que todo sigue como siempre.

La operación ha sido un éxito y las intrigas palaciegas han llegado hasta el día D sin que nadie haya intuido el golpe de efecto. El último gran golpe de un rey que se marcha al desván de la historia sin hacer mucho ruido y en un momento en el que la sociedad reclama cambios acelerados a todos los niveles y rupturas radicales con los vicios del pasado.

12

El extraño papel de un rey jubilado

En el régimen juancarlista y bipartidista que surgió tras la Transición se ha extendido como la gangrena un término que se utiliza para referirse a los expresidentes del Gobierno. La célebre denominación de «jarrón chino», que hace referencia a esos personajes que tuvieron todo el poder y, una vez perdido el bastón de mando, son difíciles de colocar, porque en cualquier parte estorban y desentonan. ¿Y cómo se puede llamar a un exjefe del Estado al que tampoco se sabe dónde poner para que siga teniendo alguna utilidad y, al mismo tiempo, no ensombrezca o manche la labor de su heredero? Extraño calificativo habría que utilizar para referirse a un rey que se jubiló contra todo pronóstico.

¿Por qué Juan Caros I, que se ha caracterizado siempre por su fortaleza y cuyos voceros habían defendido hasta el infinito que jamás abdicaría, dado su carácter rudo y obstinado, acabó por tomar esta decisión sin precedentes recientes en España? ¿Qué pesó más en la conciencia del monarca: la erosión de la corona por los últimos escándalos, el cansancio propio de tantos años en el trono, lo maltrecho de su salud, la visión de Estado?

¿Fue un sacrificio personal por el bien del país o por el de la monarquía? ¿Acaso lo sucedido en la Pascua Militar de 2014, cuando se tambaleó ante sus compañeros militares, fue el aldabonazo definitivo? Evidentemente, no hay una sola respuesta a estas preguntas. Se trata, más bien, de un conjunto de factores aleados que empujaron a Juan Carlos a cambiar de opinión. Aunque, eso sí, no han faltado las teorías más peregrinas para explicar un hecho, la abdicación, cuyos motivos últimos solo conoce el protagonista.

Uno de los colaboradores más cercanos a Juan Carlos considera que, en efecto, lo ocurrido el 6 de enero de 2014 en el Palacio Real ante la plana mayor del Gobierno y las Fuerzas Armadas fue determinante en el ánimo del rey para ceder el testigo a su hijo. Aunque matiza que, según las palabras del propio interesado, hubo motivos más sólidos que influyeron en su pensamiento mucho más que su imagen de debilidad ante las cámaras.

«Cuando hablamos con el rey más adelante, para preparar el discurso de abdicación y ver las razones de su decisión, él nos dijo desde el principio que quería dejar muy claro que su marcha no era por motivos de salud, sino que era una decisión política». De hecho, el propio monarca quiso remarcar en su último discurso televisivo dirigido a los españoles que «no se marchaba por motivos de salud, sino porque pensaba que para los retos nuevos que tenía que afrontar España hacía falta otra persona más joven, con más fuerza, que es su hijo».

En definitiva, este colaborador de Juan Carlos I concluye que «la salud le afecta, por supuesto, pero si solo fuera por motivos de salud, habría abdicado un año antes, que es cuando realmente estaba mal. Abdicó cuando ya había salido de todo lo malo, ya había pasado varias operaciones y ya estaba en unas condiciones razonables para continuar reinando».

La caída en Botsuana y teorías peregrinas

La opinión más extendida en la corte es que el rey padre empezó a pensar en dejarlo «como consecuencia de las opiniones negativas y de su bajada de popularidad tras su accidente de Botsuana». La posterior imagen de un monarca avejentado y entristecido, que decidió pedir perdón ante las cámaras por su escapada junto a Corinna para que amainase el temporal, resultó demoledora. «A partir de ese momento es cuando empieza a reflexionar sobre la opción de abdicar —exponen conocedores de los hechos—. Como él valoraba extraordinariamente a su hijo, no le preocupaba el relevo, porque sabía que Felipe no lo iba a hacer mal. Estaba convencido de que lo iba a hacer fenomenal». No obstante, había resistencias al cambio entre los defensores de la corona.

Menos relevancia tuvieron, aunque influyeran en alguna medida, los asuntos familiares. ¿Ha tenido un papel relevante la reina Sofía para hacer ver a su esposo que debía abandonar? La periodista Pilar Urbano recuerda que la reina, en un tiempo no muy lejano, le aconsejaba al rey que no abdicara. «Un día en el que habíamos estado hablando de lencería, de toallas, de dónde le gustaba comprar y todas estas cosas que se dicen para salpimentar el libro, de pronto, cuando ya me iba, me dijo: "Ni el rey está cansado ni el príncipe está impaciente". Me pareció un titular bestial y me volví, porque estaba ya bajando la escalera. Estaba delante del general Cabrera. Me dijo que el rey no debe abdicar jamás».

En aquel momento la periodista escribía un libro sobre Sofía, *La Reina, muy de cerca*, y hablaban a menudo. «Me explicó que en la monarquía española hacía ya muchos años que no se producía la escena de un rey en su lecho de muerte con el presidente del Gobierno y el presidente de las Cortes diciendo: "El rey ha muerto, viva el rey". La reina decía que esa escena, con ese protocolo, era necesaria. Ella insistía en que la muerte lo jubilase. Al día siguiente, en otra entrevista, le dije: "Empecemos por aquí: ¿Reina viuda o rey viudo?". Ella decía que le daba igual pero que el rey debía morir en la cama. "Una vez que el rey ha muerto, el rey es Felipe y la reina Letizia. Y yo seré la reina Sofía"». Según esta tesis, la mala prensa del rey, que no lograba recuperar el favor del pueblo, y el republicanismo ascendente eran tales que llegó un momento en el que se estaba poniendo en juego el trono y ahí se inició un cambio de actitud de Sofía.

Hay teorías para todos los gustos que explican el adiós de Juan Carlos. Por ejemplo, otro periodista que conoce bien las andanzas de los miembros de la familia real insiste en que la verdadera razón de la abdicación es estrictamente amorosa. En concreto, apunta a la intención del rey de irse a vivir con su última amante conocida, la empresaria alemana de origen danés Corinna zu Sayn-Wittgenstein, toda vez que es pública y notoria la ruptura de facto de la relación conyugal con Sofía. Se trata, en definitiva, de la tesis que apunta a un hipotético divorcio en el matrimonio que ha ocupado el trono durante las últimas cuatro décadas. De hecho, en estas páginas ya se ha relatado cómo Juan Carlos se planteó el divorcio. «Se va por esto y no por ninguna razón de Estado, hay divorcio a la vista», asegura este informador acostumbrado a airear las vergüenzas de la Casa. Pero, de momento, ni hay divorcio ni la relación con Corinna sigue viva, lo que invita a poner en duda estas afirmaciones tan rotundas.

Otra teoría hasta ahora negada por los hechos para explicar la abdicación apunta a que en el momento de la renuncia estaban a punto de ser publicadas informaciones comprometidas y comprometedoras sobre el opaco patrimonio de Juan Carlos I y sobre sus oscuros negocios allende las fronteras nacionales. Esta posibilidad, por otra parte abonada por la histórica falta de transparencia en las cuentas reales y por las turbiedades que enlodaron a miembros de la corte del monarca, entronca con la opción de Corinna, dado que en algunos ambientes se asegura que ella es, ante todo y por encima de todo, socia del rey en algunos *business* de dudosa legalidad.

Más sólido parece el argumento que se refiere a los ejemplos que se han dado en otras monarquías europeas. En 2013 Alberto II de Bélgica cedió el paso a su hijo Felipe y Beatriz de Holanda hizo lo mismo con su primogénito Guillermo. En ambos casos el cambio se justificó como un necesario relevo generacional, al compás de los tiempos. Casos que habrían enseñado el camino a Juan Carlos, a pesar de la escasa tradición de abdicaciones en la historia de España, con solo media docena de precedentes. Y, en la mayor parte de los casos, se trató de abdicaciones forzosas, como la huida de Amadeo de Saboya, la renuncia desde el exilio de Isabel II a favor de su hijo Alfonso XII o la abdicación de Alfonso XIII, cuando ya no reinaba, en don Juan de Borbón.

Se impone, en suma, la tesis según la cual el rey tomó la decisión movido por varios motivos conjugados y, además, azuzado por personas cercanas, que le animaron a dar el paso. Un estrecho colaborador de la Casa aporta una clave decisiva: «Cuando cumplió setenta y cinco años, en 2013, no quería ni oír hablar del tema. En su entorno había bastantes que le decían: "Usted cómo lo va a dejar, si usted es imprescindible porque está el país en riesgo, solo usted puede solucionar la fractura de España, su hijo no está preparado…". Todo era miel para sus oídos. Y él pensaba que Corinna podía dejarle si abandonaba el trono, porque no es tonto y sabía que ella estaba con él por ser rey».

Es decir, un año y medio antes de dejarlo Juan Carlos ni se lo planteaba, pese a su error de Botsuana y al desgaste de la institución. ¿Qué cambió, entonces, para que decidiera marcharse? «Rafael Spottorno tuvo que hacer una labor de convencimiento extraordinaria. En compañía o complicidad de una serie de amigos, le convencieron para que cambiase su actitud. Le vendieron que su hijo estaba suficientemente preparado y es previsible que también le vendieran que así podría ver más a Corinna. Y a eso hay que sumar lo que pasó en la Pascua Militar y que él no veía mejoría en su salud en los últimos años».

Motivaciones aparte, fue una decisión histórica y casi imposible de prever, sin duda la más difícil en la vida de Juan Carlos I. Después de su renuncia al trono, empezaba una vida distinta, a la que había que encontrarle una brújula y un destino tras casi cuatro décadas de una misma rutina. En junio de 2014 se iniciaba la jubilación voluntaria de un hombre al que juzgará la historia por sus hechos y por sus gestos, como siempre ocurre con quienes ostentan la jefatura de un Estado, pero que afronta ahora una situación inaudita en la que tendrá que esforzarse para no cometer nuevos errores y para que no afloren algunos fantasmas de su pasado.

Un despacho en el Palacio Real

En su nueva vida, Juan Carlos también ha cambiado de despacho. Un viaje sin retorno desde el que siempre ha sido su lugar de trabajo, en la segunda planta de Zarzuela, hasta el Palacio de Oriente, donde se puede mover con mayor libertad y donde no incomodará a la función regia que ahora desempeña su hijo. Su nuevo espacio está situado junto al Patio del Príncipe, para que no tenga que subir y bajar ninguna escalera, en lo que antes eran las dependencias del jefe del Cuarto Militar de la Casa.

El problema es que el edificio central de Zarzuela sigue concebido como vivienda y lugar de trabajo. El despacho de Felipe VI está pegado, literalmente, a la vivienda del rey Juan Carlos. Si una visita acude a ver al rey es sencillo que se encuentre con su padre por el camino, con la preceptiva incomodidad que generaría una situación de esa guisa. La idea, según esta versión oficial, es que en la nueva estancia el rey emérito pueda recibir visitas y ordenar su agenda personal sin interferir con el nuevo monarca.

El nuevo despacho de Juan Carlos I está ubicado en las vetustas habitaciones del Palacio Real de Madrid. Se trata de cuatro estancias: vestíbulo, sala de espera, antedespacho y el despacho propiamente dicho. Allí, entre tapices y cuadros que en su día ordenó colocar el infante Sebastián Gabriel, bisnieto de Carlos III, se mueve el rey emérito en este «tiempo nuevo» que es el reinado de su vástago. Las obras de acondicionamiento del lugar costaron 21.000 euros, que corrieron a cargo de Patrimonio Nacional, institución dedicada a la conservación de los bienes de la monarquía. Aunque los trabajos se terminaron a principios de diciembre, el monarca jubilado empezó a utilizarlo con asiduidad en enero de 2015.[1]

Trabaje donde trabaje, el caso es que Juan Carlos se ha quedado bastante solo y sin demasiados actos a los que acudir. ¿A qué se dedica un rey que ya no es rey y que apenas tiene citas oficiales en su agenda? Es obvio que ya no puede dedicarse a lo que han sido las grandes pasiones de su vida: la caza con los Albertos y otros amigos escopeteros, el esquí, las regatas o los viajes a escondidas a países exóticos. En vez de esos caprichos, se han impuesto largas sesiones de rehabilitación, bien

---

[1] Consuelo Font y Cote Villar, «El rey Juan Carlos "deja" Zarzuela definitivamente», *El Mundo*, 28/II/2015.

en la piscina climatizada o bien sobre la cinta mecánica que Patrimonio Nacional le compró en 2008 y que incluye, entre otras cosas, pantalla de televisión TDT o acceso a internet.

No debe ser fácil asumir las limitaciones cuando uno ha vivido acostumbrado a las experiencias vertiginosas, a las tentaciones carnales, y a que la corte haya girado siempre en torno a sus deseos y tribulaciones. Y menos, acomodarse a la vida sin corona, apartarse forzadamente a un lado para no incordiar a su hijo, resignarse a que su teléfono ya no suene a todas horas ni se cuente con su real opinión para los asuntos de Estado y los de materia reservada. Esa misma sensación que experimentan tantos otros ministros y altos cargos el día que abandonan la cartera y tornan a sus rutinas. Es, por así decirlo, *el síndrome de jarrón chino*, pero elevado a la máxima potencia.

«El rey está muy solo, él se ha quejado, de hecho, de su soledad. Es un hombre que en estos momentos despide a la audiencia de los viernes y tiene todo el fin de semana en el que está en la soledad más absoluta». Así reflejaba un amigo del monarca sus últimos meses en palacio, según la versión que de ellos recogió para *El Mundo* la periodista Victoria Prego, pocos días después de anunciar su abdicación. «Los puentes se le hacen larguísimos. Son muchísimos los días en los que come solo en La Zarzuela».[2] Acaso retumbaban en su mente los versos de Cernuda: «*Cómo llenarte, soledad, / sino contigo misma*».

Además de los problemas de soledad típicos en una familia desestructurada como la suya y de la ausencia de actos oficiales en su agenda, hay que tener en cuenta que su séquito también es mucho más reducido ahora, acorde a su nueva función, para la que no hay guiones ni precedentes. Apenas dos o tres escoltas le acompañan en sus salidas y entradas de palacio. Una vez apartado del camino oficial y oficioso, los celosos guardianes de su seguridad, otrora tan desagradables, se muestran también más permisivos con quienes se cruzan con él para pedirle una foto o un *selfie* cuando lo sorprenden en cualquier lugar inesperado.

[2] Victoria Prego, «Últimos días de un rey», *El Mundo*, 9/VI/2014.

El buen comer no se olvida

Se sentirá solo, sí, y añorará la Jefatura del Estado, tal vez, pero sería injusto decir que está viviendo un panorama demasiado sombrío. Ahora es, de hecho, cuando más se le puede recordar que, según la frase hecha, vive como un rey. Con apenas una docena de actos oficiales en sus primeros meses apartado del trono, Juan Carlos I ha cultivado fuera de palacio uno de sus placeres prohibidos: la gastronomía. Si un ciudadano quiere encontrar al rey jubilado, debe buscar en los restaurantes de lujo ubicados en cualquier parte del país.

Sabido es que el buen comer, como un amor furtivo, nunca se olvida. Por ello no resulta sorprendente que unos cuantos españoles de la élite se hayan topado con él en los restaurantes con más renombre. En septiembre de 2014 Juan Carlos I apareció almorzando, primero, y comprando morcillas, después, en el restaurante Landa, ubicado en Burgos, concretamente en el kilómetro 235 de la carretera que une Madrid e Irún. Contaron las crónicas locales que el viejo rey degustó unos sabrosos huevos fritos con guindillas, lo que demuestra que su estómago sigue en plena forma. Después, apoyado en su bastón y con un pequeño séquito de escoltas y amigos no identificados, adquirió el embutido y se fotografió con una familia que quiso inmortalizar el momento.

La compra de morcillas supuso, de hecho, la reaparición del monarca jubilado en un momento en que se comentaba la posibilidad de su separación de Sofía. El diario italiano *La Repubblica* publicó que había «divorcio a la vista» y después otros medios transalpinos echaron más leña al fuego, con menciones a la bella Corinna. Aunque la realidad, después, sepultó dichas hipótesis, al menos temporalmente.

Poco después, el 12 de Octubre, en la primera Fiesta Nacional que vivía desde la barrera, el rey emérito no acudió a los fastos de la celebración y prefirió acudir al restaurante Amparito Roca, sito en Guadalajara, nuevamente en compañía de varios amigos y de sus guardaespaldas, para degustar el solomillo y las alubias que siempre pide allí. También en esta ocasión algunos clientes y los empleados del local que dirige el chef Jesús Velasco se fotografiaron con el rey jubilado. Imágenes que trascendieron después de que se hubiera especulado hasta la saciedad con el hipotético papel que el monarca jugaría en el desfile militar de la Castellana, y en la posterior recepción en el Palacio Real. Como suele ocurrir con la Casa del Rey, mucho ruido mediático y pocas nueces.

Tampoco pudo verse en actos oficiales a Juan Carlos durante el día de la Constitución. E igualmente en este caso, el monarca jubilado optó por darse un homenaje gastronómico de primer nivel, con una comida en el restaurante Arzak de San Sebastián, que cuenta con tres estrellas Michelin. El propio local emitió un comunicado: «Hemos recibido la visita del rey Juan Carlos. Ha comido en la mesa de la cocina del restaurante. Todo ha salido muy bien. Se han quedado muy contentos y nosotros también». Estuvo acompañado en la mesa por los doctores Anitua y Flores, de Vitoria, así como por el jefe de cocina del restaurante Ikea de la capital alavesa, Iñaki Moya. Todos ellos disfrutaron de angulas y otros manjares.[3]

Esta suerte de peregrinación gastronómica en fechas especiales de Juan Carlos también le ha llevado a conocidos restaurantes de otras latitudes. De hecho, en sus primeros meses sin corona la imagen del rey jubilado más comentada tuvo lugar en el lujoso The Ivy, situado en el exclusivo barrio de Beverly Hills, en Los Ángeles (California), durante las Navidades de 2014. El monarca retirado pasó la Nochevieja en este establecimiento, junto a un acompañante del que solo se conoce su espalda.

A mediados de enero de 2015, el rey emérito reapareció en el restaurante madrileño Zalacaín, uno de los más exclusivos de España, donde almorzó con su buen amigo Felipe González. En el interior del establecimiento el expresidente del Gobierno y el exjefe del Estado coincidieron

---

[3] La Agencia Efe informó sobre el menú que degustaron los comensales: «Morcilla de cerveza, pudin de *kabrarroka* con *kataifi* y galleta de lenteja con *ssam-jang*. Angulas y *codium*, *kokotxas* en hojas de bambú y ave de invierno con bellotas completaron la comida, que finalizó con una serie de postres como luna cuadrada, trufón de chocolate y limón negro».

con Jaime de Marichalar, pero no consta si este se atragantó al verlo, aunque no sería de extrañar, teniendo en cuenta los mimbres de la familia borbónica. También andaban por allí el presidente de ACS y del Real Madrid, Florentino Pérez, junto a algunos periodistas deportivos.

Unos días después Juan Carlos nuevamente eligió un restaurante con solera. Esta vez fue en Cáceres, en el célebre comedor del hotel Atrio, que cuenta con cinco estrellas. Sus compañeros de mesa y mantel fueron la infanta Elena y su amigo íntimo Miguel Arias. Los tres degustaron ravioli de zanahoria, gambas marinadas, huevo frito con caviar, cigalas, lubina asada y, como colofón, buñuelos fritos. Comida de reyes. Regentado por Toño Pérez y José Polo, Atrio es un restaurante que el rey padre ya había visitado con luz y taquígrafos en 1998, con motivo de su visita oficial a la famosa comarca de Las Hurdes. A buen seguro que, además, el monarca ha pasado por allí en alguna otra ocasión, durante sus habituales escapadas para cazar en la finca de Las Golondrinas, también frecuentada por los Grimaldi de Mónaco.[4]

La particular ruta por los mejores restaurantes de España continuó en marzo con otra visita al País Vasco, donde no se come mal del todo. Menos aún en los establecimientos que elige Juan Carlos I. En el primer fin de semana de ese mes el rey emérito visitó Vitoria, para comer con el lehendakari, Íñigo Urkullu, primero, y después se desplazó a San Sebastián, donde optó esta vez por el conocido restaurante Akelarre, propiedad del no menos célebre chef Pedro Subijana. Juan Carlos, el propio cocinero y cuatro médicos —Manuel Sánchez, un dermatólogo catalán de la clínica Planas, el dentista alavés Eduardo Anitua, y los traumatólogos Mikel Sánchez, también vitoriano, y Javier Albillos, donostiarra— dieron buena cuenta de la comilona.[5]

---

[4] Sergio Lorenzo, «El rey Juan Carlos visita Cáceres acompañado de la infanta Elena», *Hoy*, 8/II/2015.

[5] Consuelo Font, «Don Juan Carlos sigue con su ruta gastronómica: ahora, en el País Vasco», *La Otra Crónica*, 9/III/2015. En esa ocasión, degustaron gambas con vainas al fuego de orujo y zamburiñas con habitas, calamar en *risotto* con flor de mantequilla, *tartar* de buey, mero Umami y secreto ibérico a la brasa con zumo de pimiento rojo.

Con semejantes menús sobre la mesa y con un estado físico que no le permite otros caprichos como la caza, no resulta sorprendente que Su Majestad haya encontrado en la gastronomía una forma de llenar sus extraños días como rey sin trono. Las morcillas de Landa, el solomillo de Amparito Roca, las angulas de Arzak, los manjares de Zalacaín, la lubina asada de Atrio o las zamburiñas de Akelarre parecen platos de buen gusto para un hombre que en palacio no halla demasiada compañía. «*Por ti me encuentro ahora el eco de la antigua persona / que yo fui, / que yo mismo manché con aquellas juveniles traiciones / (...) te encuentro a ti, tú, soledad tan mía, / y tú me das fuerza y debilidad / como al ave cansada los brazos de la piedra*».

Un secretario millonario

Hasta el más solitario encuentra siempre algún aliado en alguna esfera. El colaborador más fiel del rey emérito, acompañante en su nueva etapa y custodio de todos sus secretos, es Alfonso Sanz Portolés, secretario general de la Casa entre 2011 y 2014 y reubicado, en el reinado de Felipe VI, en un cargo de nueva creación: jefe de la Secretaría General del Rey don Juan Carlos. Además, ejerce funciones de consejero diplomático de la Casa. Este hombre nacido en 1954, casado y padre de tres hijos, se licenció en derecho y posteriormente ingresó en la carrera diplomática, con destinos en las embajadas de España en Arabia Saudí y Sudáfrica. Desde 1989 ostentó varios cargos en el Ministerio de Asuntos Exteriores del gobierno de Felipe González, como asesor y director adjunto del Gabinete con los ministros Francisco Fernández Ordóñez y Javier Solana. El director era Rafael Spottorno, así que la sintonía entre ambos no ha nacido en la Casa del Rey, como pudiera parecer, sino que era anterior.

Sanz Portolés entró en La Zarzuela en 1993 y desde entonces ha ocupado diversos puestos, pero siempre cerca de Juan Carlos. Su trayectoria en la Casa ha consistido en cumplir, como en otros casos que ya hemos visto, todas las características del buen cortesano. Mucha prudencia, disponibilidad permanente, absoluta discreción, lealtad sin fisuras y, sobre todo, silencio. En septiembre de 2014, cuando en virtud de la Ley de Transparencia se publicaron los bienes de numerosos altos cargos de la Administración, muchos de sus compañeros en La Zarzuela se sorprendieron al conocer que el bueno de Alfonso atesoraba un patrimonio de casi 20 millones de euros. Es evidente que con el sueldo que la corona le ha pagado durante más de dos décadas resulta imposible alcanzar tamaña cifra.

La clave es que este consejero de dos reyes compagina sus puestos en Zarzuela con sus negocios familiares. Alfonso forma parte de una familia, los Sanz Portolés, que posee el Grupo Zaragoza Urbana, un imperio forjado por sus padres, Felipe y Pilar, desde los años cuarenta. Primero se dedicaron a la exhibición de películas, con más de treinta salas en la capital aragonesa, pero después se adentraron en el negocio de los hoteles, más jugoso y, sobre todo, más rentable. La compañía tiene en su haber cinco hoteles en Zaragoza y varios en Cádiz, amén de dos restaurantes, tres cafeterías, una línea de *catering* y diversos servicios inmobiliarios.[6]

Compañía Inmobiliaria y de Inversiones SA es la empresa matriz del conglomerado de la familia. Alfonso es uno de sus socios, con el 4,7 por ciento de las acciones, y, desde julio de 2009, ocupa el cargo de vicepresidente de la empresa. Su hermano, llamado Felipe, como el padre, es el consejero delegado y lleva las riendas tras el fallecimiento del cabeza de familia en los años setenta. Según consta en el Registro Mercantil, el activo total de esta compañía sobrepasa los 393 millones de euros. Así, no es de extrañar que el secretario personal de don Juan Carlos tenga una vivienda en Madrid valorada en 1,2 millones o que no tenga ni una sola deuda, préstamo o crédito pendientes.

Aparte de su abultado patrimonio, Sanz Portolés es un «hombre tranquilo», en palabras de Asunción Valdés,[7] que ha viajado por medio

---

[6] Cote Villar y Javier Ortega, «Alfonso Sanz, el secretario millonario del rey Juan Carlos», *La Otra Crónica*, 28/IX/2014.

[7] Asunción Valdés, «Alfonso Sanz Portolés, el hombre tranquilo», *La Nueva España*, 17/IX/2011.

mundo con diferentes miembros de la familia real como antigua jefa de Comunicación de Zarzuela. En su biografía destaca que está emparentado con el conocido *Schindler español.* Y es que Alfonso es sobrino de Ángel Sanz Briz, un diplomático destinado en la embajada de España en Budapest durante la Segunda Guerra Mundial. Sanz Briz, al igual que hiciera aquel Oscar Schindler que llevó al cine Steven Spielberg, se dedicó a salvar a judíos durante la cruda contienda. Se ha publicado que concedió visados a unas cinco mil personas, que lograron escapar del horror nazi. Casualidades de la vida, el padre de la gran amiga del rey, Corinna, era un húngaro-danés que ayudó a centenares de familias judías a pasar a Suecia para huir del Holocausto.

Aforado, pero con demandas por paternidad

La vida de Juan Carlos I está jalonada de sucesos anormales. Su existencia ha sido extraordinaria si se compara con la de cualquier ciudadano, pero también si se equipara con otros monarcas. Siempre ha roto moldes previos. Es el único rey español cuyo hermano murió junto a él en un trágico accidente, el único que volvió de un largo exilio pese a los deseos de su padre, el único que fue designado como jefe del Estado por un dictador como Franco, el único que frenó una asonada militar en una noche de infarto, el único que pidió perdón a los españoles ante las cámaras tras su lamentable accidente en Botsuana, el único que se jubiló sin una razón clara y contra pronóstico... Y ahora, como rey emérito, es el único monarca de la historia de España que se ha enfrentado en los tribunales a una demanda de paternidad.

Una vez que dejó el trono, Juan Carlos I perdió la inviolabilidad que le garantizaba la Jefatura del Estado, pero el PP y el PSOE, aliados en la operación secreta para el cambio de rey, encontraron un resquicio para aforar al monarca emérito. Existía cierta controversia sobre este asunto peliagudo y finalmente se optó por incluir dos enmiendas en la Ley Orgánica para la Reforma del Poder Judicial. Una «chapuza» jurídica, en palabras de Jesús Posada, presidente del Congreso. Como se ha contado en estas páginas, esa solución fue ideada por la vicepresidenta del Gobierno, Soraya Sáenz de Santamaría. Merced a este cambio legal, pasaron a ser aforados «la reina consorte o el consorte de la reina, los príncipes de Asturias», así como el «rey o la reina que hubiere abdicado y su consorte».

En la práctica, ese aforamiento significa que Juan Carlos I no está sometido a los tribunales ordinarios como cualquier otro ciudadano. Las causas judiciales del rey padre se estudiarán, admitirán y juzgarán, si es que alguna llega a juzgarse, en el Tribunal Supremo, en concreto en sus salas de lo Civil y de lo Penal. En otras palabras, cualquier caso que afecte al rey emérito estará en manos de los jueces del Supremo, colocados en sus cargos por el Consejo General del Poder Judicial (CGPJ), cuya composición deciden, a su vez, los partidos políticos. Una condena se antoja harto complicada, pero, a diferencia de lo que ocurría durante su reinado, ahora al menos se pueden presentar demandas contra el padre de Felipe VI.

Marta Gayá, Bárbara Rey o Corinna Larsen son las mujeres a las que más se ha mentado al hablar, siempre entre la realidad y la mera leyenda, de los amoríos del rey jubilado. Legendarias parecen las artes amatorias de Juan Carlos I, si se tiene en cuenta todo lo publicado al respecto durante sus años de reinado. No obstante, sus idas y venidas sentimentales poco importan en la corte de Felipe VI, a no ser, claro está, que la institución que representa se vea afectada. Y en los primeros días de 2015 estalló un escándalo judicial que evidentemente salpica a la corona: el Tribunal Supremo admitió a trámite el 15 de enero una demanda por paternidad interpuesta por la belga Ingrid Jeanne Sartiau y rechazó, asimismo, otra presentada por Albert Solá. Nuevamente, resulta fácil imaginar que al rey hijo, mucho más unido a su madre, no le hace ninguna gracia asistir a estas desventuras judiciales de su padre.

Ingrid Sartiau cuenta que su madre, Liliane Sartiau, mantuvo una relación amorosa con don Juan Carlos en 1965. El testimonio de la progenitora de la demandante consta en la causa. Según ella, en verano de ese año se encontraba de vacaciones en la Costa del Sol «cuando en una discoteca de renombre conocí a un hombre de treinta y un años de edad, muy gentil, guapo y dulce y apuesto, con los ojos azules, con el cual mantuve relaciones íntimas durante tres noches en un hotel de lujo». La edad no coincide con la del hoy rey emérito, que nació en 1938 y, por ello, tenía veintisiete años en esas fechas.

La madre de Ingrid Sartiau aseguró, en un documento registrado en Gante en 2012, que «el último día, el conserje del hotel, con el que hablé varias veces, me dijo que se trataba del príncipe Juan Carlos de España. Ante mi sorpresa y emoción, tuve el impulso de coger mi coche y regresar directamente a Bélgica». Liliane Sartiau asevera que «desde dichos encuentros íntimos hasta el nacimiento de mi hija no tuve ninguna otra relación sexual, lo que garantiza cien por cien que Ingrid es hija de Juan Carlos I. Certifico que las relaciones sexuales con Juan Carlos fueron sin protección anticonceptiva, ya que en esa época no existían».

Más rocambolesca es la historia del gerundense Albert Solá. Según explica a quien le quiera oír, nació en 1956 en un hospital de Barcelona, unas enfermeras se lo arrebataron a su madre y lo enviaron a Ibiza, allí fue entregado a otra familia que se lo llevó a Gerona y mucho después, en los noventa, se puso a investigar sus verdaderos orígenes... hasta llegar a la conclusión de que su madre era María Bach y su padre, el rey. Los dos presuntos hijos ilegítimos de Juan Carlos I se conocieron en 2012. Unieron sus fuerzas primero y, de hecho, compartían al abogado Jaume Pararols. Después surgieron desavenencias entre ambos y cada uno optó por un camino judicial por su cuenta y riesgo. En cuanto el rey dejó de ser inviolable, ambos llevaron sendas demandas ante el Alto Tribunal. Como era de esperar, el Ministerio Fiscal pidió que se archivasen las dos peticiones.

En un primer momento, el pleno de la Sala Civil del Supremo se reunió para tratar ambos asuntos y decidió, por un escaso margen de seis votos contra cinco —son doce miembros, pero uno no acudió—, admitir a trámite la demanda de Ingrid Sartiau y rechazar la de Albert Solá, porque la primera sí incluía un principio de prueba suficiente, pero no era así en el caso de la segunda. La demanda admitida incluía una petición al rey para que se sometiera a una prueba de paternidad. Los abogados del monarca recurrieron la decisión de los jueces y señalaron una serie de incorrecciones en la demanda. La Fiscalía se alineó nuevamente con las tesis del rey emérito, al recurrir también lo decidido por el tribunal y negar cualquier posibilidad de una prueba de paternidad.

Ya en marzo, la Sala Civil del Supremo, reunida por segunda vez en poco tiempo para abordar el asunto, archivó la demanda de Sartiau. Los jueces, en este caso con una mayoría de siete contra tres, decidieron aceptar y hacer suyos los argumentos del recurso de la defensa. Consideraron que ya no había suficientes principios de prueba. Pasó el susto para Juan Carlos y la Casa del Rey se limitó a expresar su «respeto a las decisiones judiciales». En todo caso, Solá afirma que acudirá a la justicia europea y, por ello, este culebrón todavía no ha acabado cuando se escriben estas líneas…

Si está claro que a Felipe VI esta batalla judicial le ha causado más de un disgusto, a buen seguro los problemas del rey emérito en el Tribunal Supremo habrán contribuido, todavía más, a desgastar su maltrecha relación con su esposa. Fiel a su modo de vivir sin hacer ruido y a soportar lo indecible, porque para eso la criaron, la reina Sofía se mantiene en un discreto plano en la corte de su vástago. Cuando toca, hace de abuela con las pequeñas Leonor y Sofía. Y durante la mayor parte del tiempo vive alejada de Juan Carlos I, como resulta lógico en cualquier familia hecha jirones.

Felipe VI le asigna un sueldo de oro

No todo se puede tener en esta vida, aunque se haya llevado una corona durante cuarenta años. Juan Carlos I sigue contando con los servicios de su querido Sanz Portolés, dispone todavía de un blindaje jurídico creado ad hoc y puede pasearse por los mejores restaurantes y lugares, pero ha visto cómo su hijo fulminaba a uno de sus cortesanos de cabecera. El marqués de San Saturnino y conde de Fontao, José Manuel Romero, ha salido por la puerta de atrás de Zarzuela. En los tiempos de Juan Carlos en el trono, este noble trabajaba como asesor jurídico de la Casa, a razón de 72.600 euros al año. De hecho, era el único adjudicatario de contratos que prestaba servicios a la corona a título estrictamente personal. Esta anomalía solo puede entenderse por la especial sintonía que el susodicho mantuvo y mantiene con el monarca emérito.

El conde de Fontao aguantó en el cargo hasta finales de 2014 porque su contrato era anual. En cuanto tuvo ocasión, en el momento de decidir los contratos para 2015, Felipe VI prescindió de los servicios del que fue, amén de amigo, hombre de confianza en asuntos jurídicos para el anterior jefe del Estado durante dos décadas. El letrado empezó su andadura en la Casa del Rey en 1993 y sus trabajos para ella terminaron quizás cuando el monarca jubilado necesitaba más ayuda jurídica. Entre las labores que llevó a cabo destacan sus intervenciones en el caso Urdangarin, como ya se ha contado en estas páginas, amén de algunos consejos inconfesables en otras lides. Esos servicios prestados a su progenitor no seducían al nuevo rey, enemigo de flagrantes tratos de favor y defensor, al menos en su primer año, de una monarquía más transparente y ética.

Una de cal y otra de arena. Porque si Juan Carlos I tiene motivos para quejarse del despido de un amigo que ordenó su vástago, ocurre todo lo contrario respecto al sueldo que le asignó. El rey emérito cobra 187.356 euros al año. Cantidad nada despreciable, que supera con creces los 128.808 que percibe la reina Letizia y los 105.396 de Sofía. Aunque su salario es ostensiblemente inferior a los 292.000 euros (140.519 de salario y 152.233 en gastos de representación) que ganó en sus últimos años en el trono, no parece que vaya a encontrar demasiadas dificultades económicas. Más, si cabe, si se tiene en cuenta que posee una fortuna imposible de calcular y de rastrear.

Juan Carlos I no necesita un plan de pensiones para sobrevivir y se aprovecha de los muchos posibles que atesora para viajar a lugares de lo más exótico allende nuestras fronteras. Quienes no conocen a fondo las amistades del rey jubilado se sorprendieron sobremanera en octubre de 2014, cuando apareció una fotografía suya en el palco de honor del estadio donde juega el Manchester City. Este equipo de fútbol es propiedad del jeque Mansour bin Zayed bin Sultan Al Nahyan, oriundo de Emiratos Árabes Unidos y perteneciente a la familia que gobierna Abu

Dahbi. Los vínculos entre el monarca y algunos países del Golfo Pérsico siempre se han caracterizado por su oscuridad, barnizada, además, con esa cantinela, quizás real o quizás leyenda, sobre los negocios que allí consigue para el gobierno y las empresas de España.

Precisamente a ese mismo rincón del planeta que se ha convertido en el mejor ejemplo del lujo desenfrenado, construido con petrodólares, Abu Dahbi, se desplazó un mes después para asistir a la última carrera del Mundial de Fórmula 1 y mostrar al respetable su sintonía con Fernando Alonso. Además del paso por California al final de año, en febrero de 2015 se escapó durante unos días a un resort de lujo en República Dominicana, donde se le pudo ver muy cerca de la periodista norteamericana Deborah Norville, un rostro desconocido en España, pero más que célebre en Estados Unidos, por sus trabajos en las poderosas cadenas NBC y CBS.[8] Parece ser que el monarca le ha cogido el gusto al Caribe, puesto que también pasó allí su primera Semana Santa fuera del trono. En concreto, se fue a tomar el sol en Barbados, junto a sus amigos cubanos, los hermanos Pepe y Alfonso Fanjul.[9]

No trascendió si en estos viajes a zonas más distantes contó con la compañía de algunos de sus amigos más íntimos, como el citado Miguel Arias, los Albertos (Cortina y Alcocer), Jaime Carvajal y Urquijo, Javier Benjumea Llorente o Jerónimo Páez. A todos ellos se les ha visto en algún momento junto al monarca desde su jubilación voluntaria, sobre todo en lugares de postín destinados a los grandes amos del dinero, como el restaurante Horcher o el Club Puerta de Hierro.

El destino es caprichoso y los papeles de Felipe VI y Juan Carlos I en la corte se han invertido. Porque ahora es el rey padre quien se desplaza a países latinoamericanos para representar a España en algunas tomas de posesión de los mandatarios que siempre recuerdan a la madre patria. Justo el mismo cometido que su heredero cumplió sin un solo

---

[8] María Eugenia Yagüe, «La misteriosa doble de Corinna con la que cena el rey Juan Carlos», *El Mundo*, 7/III/2015.

[9] Paloma Esteban, «El rey emérito repite en el Caribe y pasa la Semana Santa en Barbados», *El Confidencial*, 9/IV/2015.

borrón durante sus años de espera. Si a estos desplazamientos oficiales se le suman las escapadas de placer, tanto las que han trascendido como las que quedarán en secreto, por un lado las escalas de su ruta gastronómica y por otro sus visitas a viejos amigos, podría decirse que estamos ante un monarca eminentemente viajero.

Quien viaja como él busca la aventura y la diversión, pero también la compañía. En sus banquetes y sus viajes siempre estará rodeado de viejos amigos o de cortesanos de vía estrecha, pero en lo más hondo de su ser, preso de su pasado, ajado por los años y declinante en su salud, permanecerá solo, como un farero que le canta el mundo su soliloquio. «*Tú, verdad solitaria, / transparente pasión, mi soledad de siempre, / eres inmenso abrazo; / el sol, el mar, / la oscuridad, la estepa, / el hombre y su deseo, / la airada muchedumbre, / ¿qué son sino tú misma? / Por ti, mi soledad, los busqué un día; / en ti, mi soledad, los amo ahora*».

EPÍLOGO

De la salvación de Letizia y la transparencia de Felipe VI

La historia de la corte de Felipe VI y de su reinado se escribirá completa, sin fisuras ni errores de interpretación, solo cuando la perspectiva del tiempo permita la suficiente distancia como para hacer una valoración. Serán quizás otros quienes la escriban. Con estas líneas de trabajo periodístico, esbozadas a lo largo de diez meses de intensa aproximación a la Casa del Rey, nosotros solo hemos aportado unas bases sólidas para entender quiénes, cuántos y cómo son los personajes que viven por, para y de la corona. Es arriesgado pronosticar qué ocurrirá en el futuro tras los altos e impermeables muros de palacio —sobre todo, en un contexto social que demanda cambios a ritmo vertiginoso, que requerirá antes o después una reforma de sus normas de convivencia y en el que se tendrá que refrendar de nuevo la utilidad o no de una monarquía—. Pero a tenor de los testimonios recabados y los hechos narrados, y a pesar del duro retrato que muchas de las fuentes consultadas dibujan de la consorte del rey, creemos que paradójicamente Letizia Ortiz, la nieta del taxista y la hija de la sindicalista, puede acabar convirtiéndose en la salvadora de esta añeja institución.

Letizia posee una personalidad arrolladora, que imanta todas las miradas y desdibuja la figura de los otros miembros de la familia real, acaso porque muchos ciudadanos se identifican y empatizan con ella. En el inicio del reinado de su marido, es ella quien acapara las atenciones y concita las críticas más duras, quizás porque sus orígenes plebeyos aún no han sido aceptados en los círculos monárquicos y aristocráticos, o tal vez porque el pecado nacional de la envidia nunca se extinguirá en esta tierra sembrada por Caín. Si la corona permanece, con los años serán las hijas de ambos, la princesa de Asturias, Leonor, y la infanta Sofía, quienes tengan que superar el asfixiante escrutinio de la prensa rosa y la ciudadanía. Ahora, en 2015, es el tiempo de sus progenitores.

El día en que aceptó contraer matrimonio con el entonces príncipe, la asturiana sabía que su vida cambiaría radicalmente. Con una trayectoria profesional meteórica, perfectamente encarrilada y que se antojaba dilatada, decidió renunciar a su vocación periodística —quienes amamos este oficio sabemos que no es fácil dejarlo— para convertirse en mera acompañante del rey, sin más proyección que vivir siempre a la sombra de su marido. Una mujer hecha a sí misma, independiente y amante de la libertad se olvida de su modo de ver y sentir el mundo y pasa, de un día para otro, a formar parte de una institución, la corona, donde se cultivan valores radicalmente opuestos y cada uno de sus pasos, siempre protocolarios, van a ser observados con lupa por millones de ciudadanos.

Donde muchos ven una ambición inusitada, quienes escriben estas líneas ven entrega, y donde tantos y tantos críticos encuentran a una mujer despiadada, atisbamos un carácter pugnaz, sí, pero construido por los mazazos del destino. No parece sencillo entrar en el núcleo de los Borbones, esa familia desestructurada donde casi todos, cada uno por motivos dispares, no veían con buenos ojos su llegada. Ni debe de ser fácil aguantar durante una década los desplantes del rey, algunos en público y otros en privado, unos verbales y otros solo con la mirada. Sin ir más lejos, ahí están los desaires que Juan Carlos I hizo a su nuera durante los actos de abdicación y proclamación en junio de 2014, cuando le negó un beso y un saludo ante las cámaras para mostrar su desdén hacia ella.

A pesar de los lujos y las ventajas de palacio, que no pueden olvidarse y que casi todos desearíamos, tampoco resulta precisamente apetecible para una mujer de clase media sumarse a un grupo de amigos adinerados, acostumbrados a volar en *jet* privado a París para acudir a un restaurante, a desplazarse a remotos bosques de Ucrania para cazar lobos o a tener sirvientes que retiran su ropa interior de la alcoba. Menos agradable aún debe ser enterarse, porque en la corte siempre hay oídos que luego dan cuenta de lo que escuchan, de que algunos de esos amigos íntimos de tu esposo te apodan *la chacha* porque desprecian tu origen y tu condición.

Letizia Ortiz ha mostrado evidentes defectos y ha cometido múltiples fallos desde que llegó a la corte, allá por 2003. No le han ayudado ni le benefician su obsesión por controlar todo lo que sobre ella se publica, sus enfrentamientos con algunos medios de comunicación, su perenne imprudencia en las distancias cortas, su falta de diplomacia en determinadas discusiones con empleados de la Casa o su empeño por no respetar algunas costumbres de la corona, tales como su particular pelea contra las estancias en Mallorca o su gusto por no informar de ciertos movimientos a los servicios de seguridad, como si por momentos olvidase que al entrar en esta familia renunció a una vida normal y no fuera capaz de gobernar sus impulsos. Sin embargo, su discurrir en La Zarzuela obtendría en un examen un aprobado alto y hasta casi un notable si se comparase con los escarceos en Botsuana de Juan Carlos I o las presuntas corruptelas de los duques de Palma.

En el particular universo que rodea a la corona, no son pocos quienes ven en esa mandíbula de acero y esa mirada gélida el germen de la traición y ponen el acento en la crisis que la pareja atravesó en 2013 y en el inexplicado papel de su cuñado, Jaime Arturo del Burgo, en la vida de los reyes. No obstante, hasta el momento la reina ha vencido los obstáculos mencionados, como esa picadora de carne que es la prensa del corazón, y ha logrado orillar a los cortesanos que no le convenían y marcar líneas rojas que, a la postre, han ayudado a su marido a llegar limpio de toda paja al trono. Con su quehacer diario, ha barnizado de cierta modernidad una institución esencialmente anacrónica e injusta. Por ejemplo, al conservar y cuidar un grupo de amigas propio, un compartimento estanco al de esa pandilla de la élite que mantiene el rey, y que ha oxigenado sobremanera esta relación amorosa entre seres antagónicos.

A lo largo de este camino, la reina ha sufrido dos tragedias familiares que sin duda han endurecido, más si cabe, su regio y recio carácter. Primero llegó la muerte de su hermana. Es imposible adentrarse en la mente de la reina para saber si, como parece, en algunos momentos le asaltará un inevitable e injusto sentimiento de culpabilidad, pero es evidente que esta tragedia ha dejado en ella una cicatriz indeleble. Como permanente es la huella de la particular *vendetta* que ejecutó su primo al desvelar en un libro temas escabrosos como el de su intervención en la clínica Dator antes de casarse con Felipe de Borbón.

Las luces y las sombras del matrimonio entre Felipe y Letizia existían antes de que Juan Carlos I decidiera abdicar y ceder el testigo de la Jefatura del Estado a su hijo. Y, como ocurre con cualquier pareja, seguirán existiendo en este nuevo reinado de los Borbones. Se han escrito miles de páginas sobre sus problemas, algunas de ellas más cercanas a la leyenda que a la realidad. Y en puridad, solo a ellos corresponde calibrar la marcha de su vida en común, más allá del peso de la corona.

Durante años, décadas incluso, el matrimonio de los reyes eméritos, don Juan Carlos y doña Sofía, fue un absoluto fracaso ocultado tras una escenificación impostada en la que la prensa jamás se atrevió a entrar, ni de forma remota con la misma crudeza con la que se escrutan ahora los pasos de Letizia. Y pese a todo, la institución seguía cumpliendo su papel. Por largo tiempo, y hasta la aparición en escena de la explosiva Corinna —cuando todo empezó a salirse de sus raíles—, al anterior rey hasta se le jaleaba en determinados ambientes por sus célebres conquistas. Síntoma de los reflejos todavía machistas que este país aún esconde en sus entrañas y que, de cara a Letizia, se han destapado —en algunos casos— sin complejos de ningún tipo.

Ocurre, sin embargo, que la familia real adolece de una enfermedad endémica: las esferas personal e institucional se entrelazan y retroalimentan de manera que la una afecta a la otra y viceversa. Por ello, aunque la reina se adaptase aún mejor a su papel de consorte y el matrimonio funcionase a las mil maravillas, el futuro de ambos, cuya privacidad no existe por definición, sigue ligado al de la monarquía que representan.

No deben olvidar esa responsabilidad, aunque los asuntos de alcoba solo les conciernan a ellos.

¿Tiene futuro la monarquía?

Felipe VI es un gran desconocido para los españoles porque sobre su figura se han publicado demasiados mitos o versiones edulcoradas. Su auténtica personalidad solo se conoce tras los muros de palacio. La opacidad de la monarquía es otro de sus defectos endémicos. En este libro tratamos de desbrozar ese conjunto de verdades a medias sobre el monarca para aportar unos cuantos trazos sobre su verdadera esencia y, sobre todo, describir, uno a uno, todos los círculos que orbitan a su alrededor, como la élite adinerada, sus amigos íntimos de la navegación o sus compañeros de aprendizajes militares.

El rey ha llegado al trono en tiempos convulsos. Hartos de la crisis y de la corrupción, los ciudadanos reclaman cambios profundos a los representantes de las instituciones del Estado. Enfermo en casi todas sus partes, el régimen político nacido en la Transición se marchita a gran velocidad, casi agoniza y puede morir si los españoles, soberanos, así lo demandan en las urnas. En dicho contexto, el monarca trabaja para huir de los usos corruptos y, de hecho, ha apartado de su lado, al menos aparentemente, a quienes se han visto implicados en asuntos turbios. Para colmo, Felipe VI tiene por delante el reto nada sencillo que plantean los independentistas catalanes, más dispuestos que nunca a separar Cataluña del resto de España. Intención que choca con la unidad que simboliza la Corona.

Quizás para un hijo resulte doloroso pensar que su mejor virtud será no parecerse a su padre. Aunque duela, esa es la principal característica de los primeros pasos de Felipe VI como rey. Y, a nuestro juicio, esa imagen de transparencia y ejemplaridad es la que el monarca debe mantener para que los españoles perciban que su forma de ocupar el trono se diferencia realmente de las costumbres de su progenitor. Proteger con sus influencias a amigos corruptos, atesorar un patrimonio opaco o llenar el papel cuché merced a sus engaños y desprecios a su esposa durante años son comportamientos inaceptables para un jefe del Estado, sea rey, presidente de una república o líder supremo de una tribu.

En su proclamación como rey, Felipe habló de «una nueva monarquía para un tiempo nuevo» y se refirió a la necesaria ejemplaridad que él y todos los miembros de su familia deben observar cada día. En los primeros meses de reinado ha cumplido su promesa. Se ha alejado de los amigos con causas abiertas en los tribunales y no ha movido hilo alguno —que se sepa— para ayudar a conocidos en apuros. Ha apostado por mejorar la transparencia en las cuentas de la institución, aunque en ese terreno aún queda mucho trecho por recorrer. Ha echado de su corte a tipos cuya presencia era anómala o dañina, como Carlos García Revenga y el conde de Fontao. Se ha bajado el sueldo un 20 por ciento respecto a lo que cobraba su padre.

Y, por encima de todo, ha mantenido la dolorosa lejanía con su hermana, la infanta Cristina, que sigue perdidamente enamorada del *torrentiano* Iñaki Urdangarin. Entre los cortesanos de Felipe VI cunde y se extiende la teoría de que Cristina hubiera tenido muy sencillo mejorar su relación con la corona y, por ende, con su hermano. Era tan sencillo como haber renunciado a sus derechos dinásticos, fuera nada más estallar el escándalo de Nóos o fuera después. Pero su cerrazón en ese sentido, su insistencia en presentarse como víctima y en respaldar a su marido y defender la presunta inocencia de ambos han agrietado demasiado las relaciones familiares. Quizá de forma ya irremediable. Uno de los principales problemas del rey en el futuro será afrontar una posible condena judicial a los ya exduques de Palma.

Otro de sus desafíos ineludibles es trabajar para que se entierren definitivamente antiguos usos habituales en las relaciones de la corona, como los movimientos soterrados para que los medios no publiquen informaciones, como la estrecha cercanía a poderes fácticos o como los favores anómalos a los mandamases del Ibex 35. Si quiere permanecer en el tiempo, la monarquía debe participar activamente con su ejemplo y no solo con su discurso en la necesaria regeneración del país, de forma que se acaben para siempre los tremendos males que arrastra nuestra democracia, tales como el capitalismo de amiguetes, los negocios turbios de los poderosos y las corruptelas en general.

Felipe VI se ha rodeado de un grupo de profesionales con experiencia en La Zarzuela. Liderado por dos amigos del monarca, Jaime Alfonsín, jefe de la Casa, y Jordi Gutiérrez, director de Comunicación, el núcleo duro del palacio trabaja cada día para subrayar esas diferencias con el pasado y mantener así un futuro. Los reyes y sus hijas Sofía y Leonor viven en Zarzuela rodeados y protegidos por estos hombres, la mayoría con galones en los hombros y fajines en la cintura que muestran sus categorías militares. La máxima de todos ellos es la frase de *El Quijote* que el monarca citó en su discurso de proclamación, el 19 de junio de 2014: «No es un hombre más que otro si no hace más que otro».

No obstante, en estos tiempos de cambios profundos esa sentencia tal vez pueda volverse en su contra y todos esos esfuerzos no sean suficientes para consolidar el futuro de la monarquía. Como se narra en estas páginas al detalle, el bipartidismo sí garantizó la transición borbónica de 2014 y, de paso, blindó el futuro de Juan Carlos I, que, como ya no tiene el cuerpo para cacerías, vive su plácida jubilación entre restaurantes y viajes de lujo. La operación secreta entre PP, PSOE y la corona para lograr el cambio de rey, sin protagonismo alguno de los ciudadanos, salió a la perfección para los interesados, sí, pero retrotrae a tiempos pretéritos y quizás no sea suficiente para otorgar la legitimidad democrática que necesita la Jefatura del Estado. Más tarde o más temprano y de una manera u otra, los españoles tendrán que decidir el destino de la corte de Felipe VI.

Este libro se terminó de imprimir
en octubre de 2015